司法行政典型案例评析

主　编　陈　凯

副主编　李春燕　　叶建丰

浙江工商大学出版社 | 杭州
ZHEJIANG GONGSHANG UNIVERSITY PRESS

图书在版编目(CIP)数据

司法行政典型案例评析 / 陈凯主编. —杭州:浙江工商大学出版社,2019.5

ISBN 978-7-5178-3217-1

Ⅰ.①司… Ⅱ.①陈… Ⅲ.①司法—行政—案例—中国 Ⅳ.①D926.105

中国版本图书馆 CIP 数据核字(2019)第084292号

司法行政典型案例评析
SIFA XINGZHENG DIANXING ANLI PINGXI

主　编　陈　凯

副主编　李春燕　叶建丰

责任编辑	徐　凌
封面设计	林朦朦
责任印制	包建辉
出版发行	浙江工商大学出版社
	(杭州市教工路198号　邮政编码310012)
	(E-mail:zjgsupress@163.com)
	(网址:http://www.zjgsupress.com)
	电话:0571-88904980,88831806(传真)
排　版	杭州朝曦图文设计有限公司
印　刷	杭州宏雅印刷有限公司
开　本	880mm×1230mm　1/32
总印张	9
字　数	218千
版印次	2019年5月第1版　2019年5月第1次印刷
书　号	ISBN 978-7-5178-3217-1
定　价	39.80元

序

　　司法行政机关是我国国家政权的重要组成部分,在我国司法体系和法治建设中占有重要地位。为贯彻落实全面依法治国的基本方略,统筹行政立法、行政执法、法律事务管理和普法宣传,推动政府工作纳入法治轨道,2018年中国共产党第十九届中央委员会第三次全体会议通过的《深化党和国家机构改革方案》提出,将司法部和国务院法制办公室的职责整合,重新组建司法部,作为国务院组成部门,其主要职责是:负责有关法律和行政法规草案起草,负责立法协调和备案审查、解释,综合协调行政执法,指导行政复议和应诉,负责普法宣传,负责监狱、戒毒、社区矫正管理,负责律师、公证、司法鉴定和仲裁管理,承担国家司法协助等。在这些职能中,公共法律服务职能最具特色,它要求司法行政机关为人民群众提供公益性、均等性、普惠性、便利性的基本法律服务,满足人民群众不断增长的法律服务需求。为全面履行这一职能,司法行政机关必须加强对法律职业资格考试、律师、基层法律服务、法律援助、司法鉴定、公证等事务的管理。那么,司法行政机关应当如何履行这一职能呢?

　　事实上,与其他行政机关一样,在依法治国成为国家的基本治国方略之后,特别是伴随着法治政府、法治国家和法治社会建设进程的稳步推进,依法行政成为司法行政机关的基本行为准则。换言之,公共法律服务职能的履行,也必须坚持依法行政。无疑,依法行政以有法可依为前提。目前,我国有关公共法律服务的法律规范体系已日臻完善,除《律师法》《公证法》《全国人民代表大会常务委员会关于司法鉴定管理问题的决定》《法律援助条例》等法律、行政法规外,还包括《律师事务所管理办法》《基层法律服务工作者管理办法》《公证机构执业管理办法》《司法行政机关行政处罚程序规定》等部门规章,以及大量的地方立法,如《浙江省司法鉴定管理条例》《杭州市法律援助条例》,等等。

当然,"徒法不足以自行",司法行政机关依法行政水平的高低与司法行政人员是否具有深厚的法治意识和缜密的法治思维具有密切关系。为了提高司法行政人员的法治意识和法治思维,研习司法行政案例是一种有效的方法。通过一个个活生生的案例,我们不仅可以了解其他司法行政机关是如何管理司法行政事务的,而且能够洞察人民法院对司法行政行为进行合法性审查的理路,进而做出适当的执法裁量。同时,法院裁判文书公开制度也为案例检索提供了便利。于是,我们萌生了编写《司法行政典型案例评析》一书的想法。

《司法行政典型案例评析》精选了来自中国裁判文书网的28个案例,分为"法律职业资格考试""律师管理""基层法律服务管理""法律援助""司法鉴定管理"和"政府信息公开"六大类,逐一进行评析。在评析时,本书除介绍案情和法院审理情况外,重点对争议焦点进行法理解读,同时指出其对司法行政机关的启示意义,以期对司法行政人员有所裨益。当然,对司法行政工作感兴趣的其他人员,也可以通过该书管窥司法行政工作的点点滴滴。

本书编写人员来自杭州市司法局、浙江财经大学、西北政法大学和浙江警官职业学院。在编写过程中,编写人员仔细斟酌,认真修改,但因学识有限,本书难免会存在一些纰漏。对此,我们期待大家的批评和指正。

此外,特别感谢浙江工商大学出版社为本书的出版付出的努力!

编写组
2019年5月

CONTENTS 目录

3 基层法律服务管理

4 法律援助

5 司法鉴定管理

6 政府信息公开

1

法律职业资格考试

案例1 王某某诉司法部司法考试报名资格争议案①

案情

上诉人(一审原告):王某某

被上诉人(一审被告):司法部

司法部于2016年6月5日发布164号公告,规定符合以下条件的人员可以报名参加国家司法考试:(1)具有中华人民共和国国籍;(2)拥护《中华人民共和国宪法》,享有选举权和被选举权;(3)具有完全民事行为能力;(4)高等学校法律专业本科毕业或者高等学校非法律专业本科毕业并具有法律专业知识;(5)品行良好。该公告同时规定,普通高等学校2017年应届本科毕业生可以报名参加国家司法考试。

王某某系北京师范大学成人高等教育高起本夜大学的学生,于2012年2月入校,学制五年,2016年6月王某某学籍状态为在籍。2016年6月,王某某登录由司法部负责研发的司法考试网上报名系统,因填报报名信息时学历信息处仅有"已毕业或2016年应届毕业"以及"普通高等学校2017年应届毕业"两种类别可供选择,王某某无法填报报名信息。因未被允许参加2016年司法考试,王某某于2016年6月20日以北京市司法局、司法部、司法部考试司作为被申请人向司法部申请行政复议。司法部于2016年6月27日作

---

① 来源:北京市高级人民法院(2017)京行终1887号行政判决书。

出《行政复议申请处理告知函》,认为王某某提出的行政复议申请不符合《行政复议法》第七条的规定,根据《行政复议法》第十七条的规定,决定不予受理王某某的行政复议申请。

王某某不服,提起行政诉讼,请求法院撤销司法部拒绝其以2017年成人教育本科应届毕业生的名义报名参加2016年司法考试的行为,并判决司法部履行法定职责,接受其以2017年成人教育本科应届毕业生的名义报名。同时,一审程序中,王某某还对司法部164号公告中"普通高等学校2017年应届本科毕业生可以报名参加国家司法考试"的规定的合法性提出一并审查请求。

审理

一审法院经审理认为:

第一,关于本案被告资格的问题,司法部主张,根据《国家司法考试工作规则》第四条、第八条第(一)项、第(二)项的规定,王某某所诉拒绝其报名的行为是北京市司法局的行为。然而,本案中,王某某通过司法部网站登录国家司法考试信息服务平台的网上报名系统,因填报报名信息时学历信息处仅有"已毕业或2016年应届毕业"以及"普通高等学校2017年应届毕业"两种类别可供选择,王某某不属于上述两类人员,故无法完成填报和提交报名信息,司法部亦认可司法考试网上报名系统是由其负责开发,且现有证据不能证明王某某无法完成报名系北京市司法局的审核行为所致,因此,司法部的前述主张缺乏事实根据,王某某将司法部列为本案被告并无不当。

第二,根据《法官法》《检察官法》《律师法》《公证法》的规定,为建立和规范国家司法考试制度,最高人民法院、最高人民检察院、司法部印发《国家司法考试实施办法》。根据该办法第五条、第十五条第(四)项的规定,国家司法考试由司法部负责实施,报名参加国家司法考试的人员应当符合高等院校法律专业本科毕业或者高等院校非法律专业本科毕业并具有法律专业知识这一条件。王某某报名时系成人高等教育学生,尚未毕业,不符合《国家司法考试实施办法》的上述规定,也不符合164号公告中关于高等学校本科毕业的报名条件的规定,故王某某请求法院撤销司法部拒绝其报名参加2016年司法考试的行为,并判决司法部接受其以2017年成人教育本科应届毕业生的名义报名缺乏依据,对其诉讼请求不予支持。

第三,关于164号公告允许普通高等学校2017年应届本科毕业生报名参加司法考试一事,因王某某并非普通高等学校2017年应届本科毕业生,故164号公告中的上述规定并非本案被诉行政行为的依据,王某某请求对此规定的合法性进行审查的行为不符合《行政诉讼法》第五十三条第一款的规定。

综上,一审法院判决驳回王某某的诉讼请求。

王某某不服一审判决,提起上诉,诉称一审判决认定事实错误和适用法律错误,请求二审法院撤销一审判决,确认司法部拒绝其报名参加2016年国家司法考试的行为违法,责令司法部履行法定职责,接受王某某报名参加司法考试。具体来说,一方面,《国家司法考试实施办法》规定报名条件为"高等院校法律专业本科毕业或者高等院校非法律专业本科毕业并具有法律专业知识",只能证明报名资格包含"毕业",而未解释何为"毕业",一审判决认定上诉人的学籍状态不属于"毕业"情形是错误的。另一方面,司法部拒绝上诉人参加2016年国家司法考试行为缺乏法律依据,《国家司法考试实施办法》既不是规章,又不是行政机关有权制定的规范性文件,不应在本案中予以适用。同时,164号公告对学历的区分是不合理的,一审判决未对164号公告相关条款的合法性进行审查,属于适用法律错误。

二审法院除认可一审判决认定的事实外,还确认:2008年12月18日,司法部办公厅发布了《关于允许普通高等学校2009年应届本科毕业生参加国家司法考试的答问意见》。该意见系根据中央统一部署和司法部有关改革意见精神,征求了最高人民法院政治部、最高人民检察院政治部和教育部主管部门的意见后,对2008年国家司法考试允许普通高等学校2009年应届本科毕业生参考的政策进行了政策解释。

二审法院认可司法部的被告资格,并将本案争议的焦点概括为王某某是否符合2016年国家司法考试报名条件。

首先,《法官法》(2001年)第五十一条、《检察官法》(2001年)第五十四条规定,国家对初任法官、检察官和取得律师资格实行统一的司法考试制度。国务院司法行政部门会同最高人民法院、最高人民检察院共同制定司法考试实施办法,由国务院司法行政部门负责实施。据此,最高人民法院、最高人民检察院、司法部于2008年8月8日发布《国家司法考试实施办法》,该办法第十五条第(四)项规定,报名参加国家司法考试的人员,必须符合高等院校法律专业本科毕业或者高等院校非法律专业本科毕业并具有法律专业知识的条件。该办法是最高人民法院、最高人民检察院和司法部根据法律授权,并结合国家司法考试工作的实际和需要而制定的,符合上述法律的规定,是司法部组织国家司法考试工作的依据。《国家司法考试实施办法》关于"报名条件"中"高等院校法律专业本科毕业或者高等院校非法律专业本科毕业并具有法律专业知识"的规定,也是人民法院处理国家司法考试报名争议所应当适用的规范依据。王某某认为该办法不是规章,也不是行政机关有权制定的规范性文件,因而不是在本案中予以适用的主张,缺乏法律依据。

其次,164号公告是司法部为组织2016年国家司法考试而发布的,对当年国家司法考试报名条件、考试成绩及资格授予等事项予以公告。该公告在报名条件中规定报考人员需具备"高等学校法律专业本科毕业或者高等学校非法律专业本科毕业并具有法律专业知识"条件,并表示"普通高等学校2017年应届本科毕业生可以报名参加国家司法考试",后者也是王某某一并提出合法性审查的规定。对此,根据《国家司法考试实施办法》的规定,"高等院校法律专业本科毕业或者高等院校非法律专业本科毕业并具有法律专业知识"是国家司法考试的报考条件之一。但在2008年,最高人民法院、最高人民检察院和司法部考虑到法检机关每年均面向在校大四学生招录公务员,为促进司法考试制度与法检机关招录普通高校应届毕业生的用人制度相衔接,在当年的国家司法考试公告中规定"普通高等学校2009年应届本科毕业生可以报名参加国家司法考试",且该制度一直延续至今。按照经征求最高人民法院、最高人民检察院和教育部意见,并由司法部办公厅发布的《关于允许普通高等学校2009年应届本科毕业生参加国家司法考试的答问意见》的规定,该政策出台的本意并不涉及未毕业的参加自学考试、成人高等学历教育的学生和在读的以同等学力(即专科毕业)考取的硕士研究生。由此可见,164号公告规定"普通高等学校2017年应届本科毕业生可以报名参加国家司法考试",是最高人民法院、最高人民检察院和司法部在法律授权范围内,结合司法考试制度和法检机关招录普通高校毕业生用人制度衔接的实际,而对《国家司法考试实施办法》中有关司法考试报名资格的一种调整和完善,本身并不违反法律的规定,可以作为本案判断王某某是否符合报考国家司法考试条件的依据。一审判决认为164号公告并非本案被诉行政行为的依据确有不当,但该不当并未侵害王某某的合法权益,也并不影响该公告在本案中作为评价、判断王某某是否符合报考当年国家司法考试资格的依据来适用。因此,王某某认为164号公告仅仅规定"普通高等学校2017年应届本科毕业生可以报名参加国家司法考试",而将2017年毕业的成人高等学历教育的学生排除在可以报名的范围之外,因而构成违法的主张,缺乏法律依据。

最后,按照164号公告载明的2016年国家司法考试报名条件,报考人员需具备"高等学校法律专业本科毕业或者高等学校非法律专业本科毕业并具有法律专业知识"的条件,"普通高等学校2017年应届本科毕业生可以报名参加国家司法考试"。根据《高等教育法》第五十八条的规定,高等学校的学生思想品德合格,在规定的修业年限内学完规定的课程,成绩合格或者修满相应的学分,准予毕业。可见,上述条件中的"毕业",是指学生在学校学习期满、达到规定要求并通过审核,结束在校学习的情形。根据《普通高等学校设置暂行条例》第二条第一款的规定,普通高等学校是指以通过国家规定的专门入学考试的高级中学毕业学生为主要培养对象的全日制大学、独立设置的学院、高等专科学校和高等职业学校。由此可知,164号公告中"普通高等学校2017年应届本科毕业生",是指经过全国普通高等学校统一招生录取、全日制大学或独立设置的学院在校本科学生、2017年结束在校学习毕业的情形。本案中,王某某报名参加2016年国家司法考试时,系国家成人高等教育本科在读学生,虽然可能于2017年本科毕业,但在报名时并未毕业,既不符合高等学校本科毕业的条件,也不符合"普通高等学校2017年应届本科毕业生"的条件,因此,司法部认定其报名不符合当年国家司法考试报名条件,并无不当。综上,二审法院判决驳回上诉,维持一审判决。

◆ 评析

本案是当事人对司法行政机关不准予国家司法考试报名而提起的行政诉讼,其争议焦点如下:

一、王某某作为成人高等教育的应届本科毕业生,是否符合《国家司法考试实施办法》及司法部 2016 年 164 号公告中的报考条件?

根据《法官法》《检察官法》《律师法》《公证法》的规定,为建立和规范国家司法考试制度,最高人民法院、最高人民检察院、司法部于 2008 年印发《国家司法考试实施办法》。根据该办法第五条、第十五条第(四)项的规定,国家司法考试由司法部负责实施,报名参加国家司法考试的人员应当符合高等院校法律专业本科毕业或者高等院校非法律专业本科毕业并具有法律专业知识这一条件。根据《高等教育法》(2015 年)第五十八条的规定,高等学校的学生思想品德合格,在规定的修业年限内学完规定的课程,成绩合格或者修满相应的学分,准予毕业。可见,上述条件中的"毕业",是指学生在学校学习期满、达到规定要求并通过审核,结束在校学习的情形。本案中,王某某报名时仍为在读学生,不符合《国家司法考试实施办法》的上述规定。至于应届毕业生的考试资格方面,按照164 号公告载明的 2016 年国家司法考试报名条件,"普通高等学校2017 年应届本科毕业生可以报名参加国家司法考试",此处的"应届本科毕业生"被限缩在"普通高等学校"之范围。那么何为"普通高等学校"呢?根据《普通高等学校设置暂行条例》第二条第一款的规定,普通高等学校是指以通过国家规定的专门入学考试的高级中学毕业学生为主要培养对象的全日制大学、独立设置的学院、高等专科学校和高等职业学校。由此可知,164 号公告中"普通高等学校 2017 年应届本科毕业生",是指经过全国普通高等学校统一招生录取、全日制大学或独立设置的学院在校本科学生、2017 年结束在校学习毕业的情形。本案中,王某某报名参加 2016 年国家司法考试时,系国家成人高等教育本科在读学生,虽然可能于 2017 年本科毕业,但不符合"普通高等学校 2017 年应届本科毕业生"的条件。

二、164号公告是否可以作为被诉行政行为的依据？

二审法院认为，164号公告规定"普通高等学校2017年应届本科毕业生可以报名参加国家司法考试"，是最高人民法院、最高人民检察院和司法部在法律授权范围内，结合司法考试制度和法检机关招录普通高校毕业生用人制度衔接的实际，而对《国家司法考试实施办法》中有关司法考试报名资格的一种调整和完善，本身并不违反法律的规定，可以作为本案判断王某某是否符合报考国家司法考试条件的依据。也就是说，在二审法院看来，164号公告是基于法律授权的一项行政规范性文件，具有合法性，因而其包含的政策调整可以作为作出某项行政行为的依据。

那么，行政规范性文件是否可以作为行政行为的依据呢？立法的滞后性和原则性决定了法律、法规甚至规章并不能及时回应和满足行政管理的需要。这样，允许行政机关在坚持依法行政的同时进行合理探索和创新，制定相应的行政规范性文件，具有相当的必要性。也正因此，在日常的行政执法过程中，行政规范性文件作为行政执法的依据，已经是不争的事实。而且，人民法院也将行政规范性文件作为行政案件的裁判依据。如，自2000年3月10日起施行的《最高人民法院关于执行〈行政诉讼法〉若干问题的解释》（法释〔2000〕8号，2018年2月8日废止）第六十二条规定："人民法院审理行政案件，可以在裁判文书中引用合法有效的规章及其他规范性文件。"最高人民法院于2004年5月18日印发的《关于审理行政案件适用法律规范问题的座谈会纪要》（法〔2004〕96号）也指出："人民法院经审查认为被诉具体行政行为依据的具体应用解释和其他规范性文件合法、有效并合理、适当的，在认定被诉具体行政行为合法性时应承认其效力；人民法院可以在裁判理由中对具体应用解释和其他规范性文件是否合法、有效、合理或适当进行评述。"《行政诉讼法》(2014年)第三十四条第一款规定："被告对作出的行政行为负有举证责任,应当提供作出该行政行为的证据和所依据的规范性文件。"第五十三条建立了行政规范性文件附带审查制度,并在第六十四条规定："经审查认为本法第五十三条规定的规范性文件不合法的,不作为认定行政行为合法的依据。"①可见,行政规范性文件是可以作为行政行为的依据的。因此,本案中,二审法院根据《国家司法考试实施办法》,结合164号公告的产生背景和目的,对164号公告中"普通高等学校2017年应届本科毕业生可以报名参加国家司法考试"的合法性进行审查,并认可其合法性,从而认定该164号公告可以作为被诉行政行为的依据,是具有充分的法律依据的。

三、对164号公告等具有政策意涵的行政规范性文件如何进行合法性审查?

164号公告引发的争议,本质上是公民对特定行政规范性文件中所蕴含的公共政策的质疑,因为这类公共政策往往蕴含着解决公共问题的行动方案,其直接作为指导和规范自身或下级行政机关的行为依据,这就产生了法院如何看待公共政策价值取向和行政规范性文件的合法性问题。"学界通过对案例的考察和学理反思,大致提出从主体权限、规范内容、制定程序等三个方面对行政规范性文件进行合法性审查的构思,特别是在规范内容上,法院可以从是否违反上位法,是否违反法律基本原则,是否有事实依据,目的与手段是否相称等多个方面加以审查,并在其中运用当然解

---

① 自2018年2月8日起施行的《最高人民法院关于适用〈行政诉讼法〉的解释》(法释〔2018〕1号)第一百条第二款规定："人民法院审理行政案件,可以在裁判文书中引用合法有效的规章及其他规范性文件。"这同样肯定了合法的行政规范性文件在行政诉讼中的法律地位。

释、目的解释等法学方法。"①目前,根据《最高人民法院关于适用〈行政诉讼法〉的解释》(法释〔2018〕1号)第一百四十八条的规定,人民法院对规范性文件进行一并审查时,可以从规范性文件制定机关是否超越权限或者违反法定程序、作出行政行为所依据的条款以及相关条款等方面进行。具体来说,有下列五种情形之一的,可以认定为规范性文件不合法:一是超越制定机关的法定职权或者超越法律、法规、规章的授权范围的;二是与法律、法规、规章等上位法的规定相抵触的;三是没有法律、法规、规章依据,违法增加公民、法人和其他组织义务或者减损公民、法人和其他组织合法权益的;四是未履行法定批准程序、公开发布程序,严重违反制定程序的;五是其他违反法律、法规以及规章规定的。

> **司法行政执法提示**
>
> 　　司法行政机关在依据行政规范性文件作出行政行为时,应关注该行政规范性文件的合法性情况,并在发生争议时充分披露该行政规范性文件产生的缘由和考虑要素,从而提升行政行为的合法性和可接受性,实现司法行政管理的良好效果。

（撰稿人:赵　玮）

---

① 谭清值:《公共政策决定的司法审查》,《清华法学》2017年第2期。

案例2　赵某某诉内蒙古自治区兴安盟司法局不履行司法考试成绩核查职责案[①]

案情

上诉人(原审原告):赵某某

被上诉人(原审被告):内蒙古自治区兴安盟司法局

赵某某于2015年9月19日、20日参加了在内蒙古自治区兴安盟司法局报名的2015年国家司法考试。司法部《2015年司法考试公告》确定11月下旬由司法部国家司法考试办公室公布考试成绩。2015年11月19日,《司法部国家司法考试办公室公告》发布(以下简称《公告》),确定成绩公布时间为2015年11月21日,应试人员可自11月21日上午8时起,通过司法部网站、中国普法网和中国普法微信公众号查询本人成绩,登录司法部网站自行下载打印成绩单。应试人员对考试成绩有异议的,可在自考试成绩公布之日起十五日内,向报名地司法行政机关提出分数核查书面申请。分数核查范围包括试卷四和参加试卷一、试卷二、试卷三考试无考试成绩的试卷。赵某某认为其考试成绩应当通过当年360分的分数线,但兴安盟司法局并未通知其办理相关证书,遂于2016年2月16日到兴安盟司法局查询,发现其考试成绩为:试卷一47分,试卷二40

[①] 来源:内蒙古自治区兴安盟中级人民法院(2016)内22行终58号行政判决书。

分,试卷三32分,试卷四40分,总分159分。赵某某就考试成绩核查事项向兴安盟司法局工作人员进行咨询,兴安盟司法局工作人员告知了赵某某考试成绩核查的时间和核查范围等相关内容。赵某某认为其参加了十年司法考试,付出了艰辛和努力,2015年的司法考试成绩应当超过360分,其不知症结所在,诉至法院,请求判令兴安盟司法局对赵某某2015年参加考试的一、二、三卷基础答卷及涂题卡、第四卷进行彻查,重新统计分数;倘若过了分数线,请为其办理相关证书。

审理

一审法院经审理认为,依据2008年9月16日发布的《国家司法考试工作规则》第五十五条"设区的市级、直辖市的区（县）或者直辖市司法行政机关应当自考试成绩公布之日起十五日内受理应试人员的分数核查申请。分数核查申请超过规定期限的,不予受理"及《公告》第一项中"应试人员对考试成绩有异议的,可自考试成绩公布之日起十五日内向报名地司法行政机关提出分数核查的书面申请"的通告,兴安盟司法局为受理分数核查申请的司法行政机关,依法受理应试人员符合条件的分数核查申请属于其职责范围;2015年国家司法考试成绩公布时间为2015年11月21日,赵某某应当在2015年12月6日前向兴安盟司法局提出书面申请,申请分数核查,而赵某某在2016年2月16日才去兴安盟司法局咨询,至向人民法院提起诉讼时未向兴安盟司法局提出过分数核查的申请。依据《国家司法考试工作规则》第五十六条"对于计算机评阅的客观性试卷,不进行分数核查;但因客观试卷无成绩时,提出分数核查申请,应当受理"的规定,赵某某的客观性试卷,即试卷一、试卷二、试卷三有成绩,其请求核查上述试卷不符合规定;赵某某主张兴安盟司法局没有依据《国家司法考试工作规则》第四条、第五十九条的规定通知其司法考试成绩的行为违法,因其提交的《国家司法考试工作规则》系司法部于2005年6月21日发布,已于2008年9月16日废止,且依据2008年9月16日发布的《国家司法考试工作规则》第五十五条的规定,应试人员申请分数核查的起算时间为"自考试成绩公布之日",因此兴安盟司法局是否通知了赵某某考试成绩,与分数核查申请提出的起算时间不具有关联性,兴安盟司法局该行为是否合法与本案无关,不在本案的审查范围;兴安盟司法局认为赵某某请求"彻查"答卷及答题卡没有法律依据,因赵某某虽然在诉讼请求中使用了"彻查",但其本意仍是对司法考试成绩存有异议,其使用的"彻查"与"核查"并无原则区别。综上,赵某某未在法定期限内向兴安盟司法局提出分数核查申请,且其核查请求超出了规定的分数核查范围,故赵某某申请兴安盟司法局履行法定职责的理由不成立,判决驳回赵某某的诉讼请求。

赵某某不服一审判决,提起上诉称,根据《国家司法考试工作规则》第五十二条第一款"考试成绩登录完毕后由司法部公布并委托各地司法行政机关书面通知应试人员"的规定,被上诉人并没有按照此规定在规定时间内书面通知上诉人;《国家司法考试工作规则》第三十七条第一款、第二款违背《宪法》第三十三条第二款、第三款的规定;一审法院以《国家司法考试工作规则》第五十五条驳回上诉人的诉讼请求是错误的,判定"被告认为原告请求彻查答卷及答题卡没有法律依据,其使用彻查与核查并无原则区别"也是错误的。

被上诉人兴安盟司法局主张一审判决对事实认定清楚,适用法律正确,请求驳回上诉人的上诉请求。

二审法院确认了一审法院查明的事实,认为本案争议焦点有四个:

第一,兴安盟司法局是否有向赵某某通知查询考试成绩及通知核查成绩义务的问题。司法部于2015年11月19日发布的国家司法考试办公室《公告》规定:"2015年国家司法考试成绩于11月21日公布,应试人员可自11月21日上午8时,通过司法部网站自行下载打印成绩通知单。应试人员对考试成绩有异议的,可自考试成绩公布起十五日内,向报名地司法行政机关提出分数核查书面申请。"该公告已向所有应试人员公开,且上诉人称自己从2006年就开始参加司法考试,可以认定其对查询考试成绩时间及核查成绩规定应当知道。换言之,兴安盟司法局已经以公告形式通知赵某某查询考试成绩及核查考试成绩时间。赵某某提出自己没有看到该公告、知情权被剥夺的抗辩理由,法院不予支持。

第二,赵某某是否在规定的司法考试成绩核查时间内申请核查问题。2015年国家司法考试成绩公布时间为2015年11月21日,依据司法部2008年9月16日发布的《国家司法考试工作规则》第五十五条的规定,应试人员申请分数核查为考试成绩公布之日起十五日内,赵某某应当于2015年12月6日前向兴安盟司法局提出分数核查书面申请。赵某某于2016年2月16日去兴安盟司法局咨询,已超过核查分数申请时间。赵某某提出《国家司法考试工作规则》第五十五条违反《宪法》第三十三条第二款的规定,因该条款系对应试人员权利的维护,该主张不成立。

第三,兴安盟司法局是否延误赵某某办理司法考试证件问题。兴安盟司法局出具的赵某某2015年司法考试成绩单显示,其总分159分,未通过司法考试分数线,不属于通过司法考试分数应予办证人员。另外,赵某某提出该成绩不是自己的真实成绩,但未能举证证明。

第四,赵某某向兴安盟司法局提出彻查并重新统计分数问题。依据司法部2008年9月16日发布的《国家司法考试工作规则》第三十七条第二款"举行考试之日起满六个月且分数核查工作结束,并报经批准后,由司法部国家司法考试工作机构组织销毁答卷(答题卡)"的规定,2015年国家司法考试时间为2015年9月19日,至2016年3月19日已满六个月,至赵某某起诉时,司法考试试卷已按规定销毁。赵某某提出彻查并重新统计分数的请求,已无实际意义,该请求本院不予支持。

综上,二审法院认为上诉人的上诉理由不能成立,判决驳回上诉,维持原判。

评析

本案的争议主要是司法行政机关是否履行了司法考试成绩核查职责,以及《国家司法考试工作规则》中的时限安排是否合法合理等问题。

一、司法行政机关是否履行了司法考试成绩核查的告知义务?

司法部于2015年11月19日发布的国家司法考试办公室《公告》规定:"2015年国家司法考试成绩于11月21日公布,应试人员可自11月21日上午8时,通过司法部网站自行下载打印成绩通知单。应试人员对考试成绩有异议的,可自考试成绩公布起十五日内,向报名地司法行政机关提出分数核查书面申请。"该公告已向所有应试人员公开,且赵某某称自己从2006年就开始参加司法考试,故对考试公告、查询考试成绩时间及核查成绩等事项之规定应当知晓。笔者认可一审法院的判断,即赵某某提出自己没有看到该公告、知情权被剥夺等诉讼理由不能成立。公告作为一种信息传递方式,依托于相关利害关系人的主动参与,这是现代国家治理中节约有限行政资源的必要方式。赵某某作为司法考试的参加人,理应足够关心且谨慎了解相关工作规则,因个人疏忽而造成相关权利受到损害的后果,应当由个人承担。换言之,国家司法考试办公室已经以《公告》形式通知所有应试人员查询考试成绩及核查考试成绩时间,即履行了司法考试成绩核查的告知义务。

二、《国家司法考试工作规则》对司法考试分数核查时限的安排是否合法合规?

《国家司法考试工作规则》对司法考试分数核查进行时限安排是一种事务性安排,处于司法部职权范围内,是司法部的法定职责。就核查时限安排是否合理问题,根据行政诉讼的基本原理,只要不能证明行政规范性文件中的具体规则侵害了行政相对人的某项权益,且具体规则内容不存在明显不合理的情形,司法机关原则上就要尊重该行政规范性文件制定机关的意志。在本案中,赵某某提出《国家司法考试工作规则》第五十五条违反《宪法》第三十三条第二款的规定。《宪法》第三十三条第二款是公民的平等权条款,即:"中华人民共和国公民在法律面前一律平等。"国家司法考试办公室《公告》规定的司法考试分数核查时限适用于所有考生,因此并不存在侵害平等权问题。至于赵某某的分数知情权是否受到侵害,需要从司法行政机关是否履行了告知义务进行判断。前述分析显示,尚不存在支持兴安盟司法局未履行法定职责的证据。同时,《国家司法考试工作规则》有关司法考试分数核查时限的安排是对司法考试程序的细化,也是整个司法考试程序的一个环节,并不存在明显不合理的情形,因此应当认可司法部的时限安排。

司法行政执法提示

司法行政机关在处理司法考试分数核查请求时,应当恪守时限要求,并在公告时进行详尽说明,以履行勤勉告知义务和说明理由义务,降低相应的行政法律风险。

(撰稿人:赵　玮　胡晶伟)

案例 3　蔡某诉珠海市司法局不予受理司法考试成绩查询申请案①

案情

上诉人（原审原告）：蔡某

被上诉人（原审被告）：珠海市司法局

被上诉人（原审被告）：珠海市人民政府

2015年6月3日，司法部发布《司法部公告》（第154号）。2015年11月19日，《司法部国家司法考试办公室公告》（以下简称《公告》）发布，载明："根据司法部《国家司法考试工作规则》，分数核查的范围包括试卷四和参加试卷一、试卷二、试卷三考试但无考试成绩的试卷。"蔡某参加了2015年的司法考试，并于当年11月26日向珠海市司法局提交《司法考试成绩查分申请》，要求核查其试卷一、试卷二、试卷三和试卷四的分数，并载明已查知四卷的分数依次为68分、66分、52分和74分，总分260分。申请查分的理由是："本人去年的分数311分，经过一年的学习，不可能大幅度地降分；有考生试卷二57分，试卷四128分，本人对试卷四的评分体系以及客观公正性产生了合理怀疑。"同时，蔡某提出，如不予查分，请给出具体法律依据。

珠海市司法局收到蔡某的查分申请后，对其试卷四的查分申

---

① 来源：广东省珠海市中级人民法院（2016）粤04行终108号行政判决书。

请按照程序处理完毕,并将复查的结果通过电子政务短信综合服务平台发送给蔡某。珠海市司法局对蔡某试卷一、试卷二、试卷三的查分申请,于2015年12月1日作出《不予受理告知书》,载明:根据《国家司法考试工作规则》第五十六条"对于计算机评阅的客观性试卷,不进行分数核查"和2015年《司法部国家司法考试办公室公告》中"分数核查范围包括试卷四和参加试卷一、试卷二、试卷三考试但无考试成绩的试卷"的规定,由于蔡某试卷一、试卷二、试卷三均有成绩,所以《司法考试成绩查分申请》中"现申请核对试卷一、试卷二、试卷三分数"的要求,不符合《国家司法考试工作规则》和2015年《公告》的相关规定,珠海市司法局对蔡某的申请不予受理。同时,告知蔡某有申请行政复议和提起行政诉讼的权利。珠海市司法局于2015年12月1日向蔡某送达了《不予受理告知书》。

蔡某对珠海市司法局的《不予受理告知书》表示不服,于2015年12月1日向珠海市人民政府提交了行政复议申请书,请求撤销《不予受理告知书》,并责令珠海市司法局为蔡某核查司法考试各卷的分数。珠海市人民政府依法受理蔡某的行政复议申请后,于2016年1月26日作出珠府行复(2015)379号《行政复议决定书》,维持了珠海市司法局作出的《不予受理告知书》。蔡某不服该复议决定,提起行政诉讼,请求如下:(1)撤销珠海市司法局作出的《不予受理告知书》;(2)撤销珠海市人民政府作出的珠府行复(2015)379号行政复议决定书;(3)对司法部的《国家司法考试工作规则》进行附带审查,并向司法部提出司法建议;(4)对司法部的2015年《公告》进行附带审查,并向司法部提出司法建议。

审理

诉讼中,一审法院去函司法部,调查以下事项:一是《国家司法考试工作规则》(司法通〔2008〕143号)是否属于规章;二是《国家司法考试工作规则》第五十六条第一款规定"对于计算机评阅的客观性试卷,不进行分数核查;但因客观性试卷无成绩时,提出的分数核查申请,应当受理",制定该条款的目的、依据及理由。司法部于2016年4月26日复函称:(1)《国家司法考试工作规则》(司法通〔2008〕143号)不属于规章,属于司法部规范性文件;(2)国家司法考试前三卷是客观卷,标准答案是唯一的、排他的,并采用机器阅卷。因此,对前三卷不进行分数核查。但对于参加了年度考试的考生,若出现前三卷成绩为零分或缺考的特殊情形,如考生申请分数核查,考试机构应依照规定程序受理并予以核查。

最终,一审法院认为,本案争议的焦点是《不予受理告知书》的法律适用是否正确。最高人民法院、最高人民检察院、司法部联合发布的《国家司法考试实施办法》(司发〔2008〕11号,以下简称《实施办法》)第五条规定:"国家司法考试由司法部负责实施。"第十二条第二款规定:"国家司法考试的报名、考场设置、考试纪律、命题、监考、评卷等考务工作的规则,由司法部依据本办法规定。"《国家司法考试工作规则》(司发通〔2008〕143号)系司法部作为国家司法考试的法定授权的主管和实施机关,依据《实施办法》第十二条第二款的授权制定的规范性文件,并未与《实施办法》相抵触。《国家司法考试工作规则》第五十五条第一款规定:"设区的市级、直辖市的区(县)或者直辖市司法行政机关应当自考试成绩公布之日起十五日内受理应试人员的分数核查申请。分数核查申请超过规定期限的,不予受理。"第五十六条规定:"对于计算机评阅的客观性试卷,不进行分数核查;但因客观性试卷无成绩时,提出的分数核查申请,应当受理。"进而,2015年的《公告》依据《实施办法》和《国家司法考试工作规则》的规定公告分数核查的范围:"分数核查的范围包括试卷四和参加试卷一、试卷二、试卷三但无考试成绩的试卷。"蔡某参加2015年的国家司法考试,因其试卷一、试卷二、试卷三均有成绩,珠海市司法局对其查询试卷一、试卷二、试卷三分数的申请作出《不予受理告知书》的行政行为认定事实清楚,符合《国家司法考试工作规则》和《公告》的规定。蔡某认为珠海市司法局的《不予受理告知书》和被告珠海市人民政府的《行政复议决定书》违反了《行政许可法》第五条"设定和实施行政许可,应当遵循公开、公平、公正的原则",剥夺了蔡某的救济权;违反了《国务院关于印发全面推进依法行政实施纲要的通知》(国发〔2014〕10号)中"要严格遵循法定程序,依法保障行政管理相对人、利害关系人的知情权、参与权和救济权"的规定;违反了《中共中央关于全面推进依法治国若干问题的决定》中关于深入推进依法行政,加快建设法治政府的相关规定;违反了《国家司法考试工作规则》第五条之程序严谨的规定;司法部的《国家司法考试工作规则》和《公告》不让考生核查试卷一、试卷二、试卷三分数之规定违反了国家法律、法规和国务院规范性文件的规定,违反了有权利必有救济的原则。因蔡某未能提供证据证明其上述主张,法院对其辩解依法不予采纳。

同时,司法部的《国家司法考试工作规则》和《公告》合法、有效、合理、适当。第一,司法部具有制定两份规范性文件的法定职权。《实施办法》第十二条第二款规定:"国家司法考试的报名、考场设置、考试纪律、命题、监考、评卷等考务工作的规则,由司法部依据本办法规定。"故司法部系国家司法考试的法定授权的主管和实施机关,有权依据上述规定对"国家司法考试的报名、考场设置、考试纪律、命题、监考、评卷等考务工作的规则"作出细化规定。第二,两规范性文件的内容与上位法的规定并不抵触。在法律、法规和规章对"国家司法考试的报名、考场设置、考试纪律、命题、监考、评卷等考务工作的规则"未作明确规定的情况下,司法部依据《实施办法》的授权对司法考试的工作规则作出细化规定,与上位法的规定并不冲突,且涉及国家司法考试工作规则方面的规定并不属于《立法法》规定的法律、法规和规章的保留事项。因此,上述两份规范性文件合法、有效。第三,两份规范性文件对查询分数的规定合理、适当。《国家司法考试工作规则》第五十六条规定:"对于计算机评阅的客观性试卷,不进行分数核查;但因客观性试卷无成绩时,提出的分数核查申请,应当受理。"《公告》中亦明确"分数核查的范围包括试卷四和参加试卷一、试卷二、试卷三但无考试成绩的试卷"。因国家司法考试前三卷是客观卷,标准答案是唯一的、排他的,并采用机器阅卷。因此,对前三卷有成绩的不进行分数核查。但对于出现前三卷成绩为零分或缺考的特殊情形,如考生申请分数核查,考试机构应依照上述规定程序受理,并予以核查。

综上,一审法院认为,珠海市司法局作出的《不予受理告知书》事实清楚,证据确凿,依据充分;珠海市人民政府作出的珠府行复〔2015〕379号《行政复议决定书》认定事实清楚,程序合法;司法部《国家司法考试工作规则》(司发通〔2008〕143号)和2015年11月19日发布的《国家司法考试办公室公告》合法、有效、合理、适当。判决驳回蔡某的诉讼请求。

蔡某不服一审判决,提出上诉称:一审法院程序明显违法,适用法律错误。一审法院在开庭传票上,没有出现代理审判员吴某某,却出现在行政判决书上,没有书面告知其合议庭组成人员的变动。被诉两个文件不让考生复查卷一、卷二、卷三分数的规定和二被上诉人不让蔡某进行全面复查的具体行政行为,明显违反了《宪法》第五条和第二十七条、《行政许可法》第五条以及《全面推进依法行政实施纲要》关于依法行政的基本要求,还违反了《中共中央关于全面推进依法治国若干问题的决定》关于深入推进依法行政、加快建设法治政府的相关规定,以及以公开为常态、不公开为例外的原则。一审不认定被诉行政行为违法,反而驳回蔡某的诉讼请求,实属错判。此外,蔡某缴纳了考试费,享有核对、核查分数的权利。故请求撤销原审判决,支持其在一审中提出的四项请求。

珠海市司法局答辩称:答辩人具有组织实施国家统一司法考试工作的法定职权,作出的《不予受理告知书》所依据的事实清楚、证据确凿,适用法律、法规正确,符合法定程序;司法部发布的《国家司法考试工作规则》和2015年发布的《公告》合法有效,而且两份文件对查询分数的规定是合理、适当的,应予适用。请求维持一审判决。珠海市政府未提交书面答辩状,在二审法庭调查中称:根据被诉的两个文件,考生有渠道对其分数进行核实,相关规定保障了考生的参与权和知情权,没有违反上位法,是合法有效的。

另外,二审法院查明,一审法院于2016年3月1日向蔡某发出的《行政诉讼合议庭组成人员及书记员通知书》中告知,代理审判员程某担任审判长,与代理审判员吴某某、人民陪审员李某组成合议庭。2016年4月14日开庭笔录记载,在审判人员询问"原定合议庭组成人员程某因其他工作安排,现变更为吴某某,双方是否清楚"后,蔡某回答说:"清楚,无异议。"

二审法院认为,珠海市司法局依法具有开展司法考试考务工作职权;一审判决就《国家司法考试工作规则》合法、有效、合理、适当所作评述和行政复议程序合法之认定,均符合司法审查要求。依照《行政诉讼法》第八十七条关于全面审查的原则,二审还需审查的是《不予受理告知书》适用法律与《公告》关联的内容。对此,二审法院认为,案涉关于分数核查范围的公告内容不符合规范性文件的本质特征,不可诉。具体来说,《国家司法考试工作规则》第五十六条规定:"对于计算机评阅的客观性试卷,不进行分数核查;但因客观性试卷无成绩时,提出的分数核查申请,应当受理。"《公告》关于分数核查范围的公告内容,虽然也涉及考生的权利与义务,且具有普遍约束力,但是,其内容是重述《国家司法考试工作规则》第五十六条规定之内容,充其量是对《国家司法考试工作规则》

第五十六条规定适用之说明。换言之,《公告》关于分数核查范围的内容,是对成绩查询与核查工作的具体部署,相对《国家司法考试工作规则》第五十六条规定而言,并未减损考生权利、增设考生义务。故此,关于分数核查范围的公告内容对考生合法权益明显不产生实际影响,因而不可诉,蔡某关于附带审查2015年《公告》的起诉应予驳回。一审法院未就案涉关于分数核查范围的公告内容是否属于规范性文件予以识别,经实体审理后亦未支持蔡某的诉讼请求,因此二审无必要裁定驳回蔡某关于附带审查《公告》的起诉。综上,判决驳回上诉,维持原判。

◁ **评析**

本案主要涉及以下三个法律问题:

一、《国家司法考试工作规则》和司法部2015年发布的《公告》规定的分数核查范围是否合规?

笔者赞同法院的观点,认为《国家司法考试工作规则》和司法部2015年发布的《公告》是合法、有效、合理、适当的。理由如下:第一,司法部具有制定两规范性文件的法定职权。《实施办法》第十二条第二款规定:"国家司法考试的报名、考场设置、考试纪律、命题、监考、评卷等考务工作的规则,由司法部依据本办法规定。"故司法部系国家司法考试的法定授权的主管和实施机关,有权依据上述规定对"国家司法考试的报名、考场设置、考试纪律、命题、监考、评卷等考务工作的规则"作出细化规定。第二,两份文件的内容与上位法的规定并不抵触。在法律、法规和规章对"国家司法考试的报名、考场设置、考试纪律、命题、监考、评卷等考务工作的规则"未作明确规定的情况下,且涉及国家司法考试工作规则方面的规定并不属于《立法法》规定的法律、法规和规章的保留事项,司法部可以依据《实施办法》的授权对国家司法考试工作规则作出细化规定。

第三,两份规范性文件对查询分数的规定合理、适当。《国家司法考试工作规则》第五十六条规定:"对于计算机评阅的客观性试卷,不进行分数核查;但因客观性试卷无成绩时,提出的分数核查申请,应当受理。"《公告》中亦明确"分数核查的范围包括试卷四和参加试卷一、试卷二、试卷三但无考试成绩的试卷"。因国家司法考试前三卷是客观卷,标准答案是唯一的、排他的,并采用机器阅卷。因此,对前三卷有成绩的不进行分数核查。但对于出现前三卷成绩为零分或缺考的特殊情形,如考生申请分数核查,考试机构应依照上述规定程序受理,并予以核查。综上,基于司法部的职权行为,《国家司法考试工作规则》和《公告》在未违反上位法和上位行政规范性文件的前提下,对具体工作作出细化规定,可以被认定为合法、有效的文件。

二、如何识别行政规范性文件?

对于如何识别行政规范性文件,可以参照《浙江省人民政府法制办公室关于认定行政规范性文件的指导意见》,从以下三个方面进行把握[①]:

第一,识别"行政性",宜从文件的制定主体、文件的内容是否属于行政管理的范围及是否作为行政管理的依据等方面把握。

第二,识别"外部性",宜从文件调整对象是否属于行政机关、财政拨款的单位及其所属人员以外的公民、法人或者其他组织等方面把握。调整对象不是指行政规范性文件发布的对象,而是指行政规范性文件中管理内容涉及的对象。

第三,识别"规范性",宜从"一定时期内反复适用""普遍约束力""涉及权利义务"等方面把握。"一定时期"包括几天、几个月或

---

① 参见《浙江省人民政府法制办公室关于认定行政规范性文件的指导意见》(浙府法发〔2013〕30号)。

者几年;"反复适用性"是指文件作出的规定,自实施之日起的一个时间段内,对同类事项可多次适用;"普遍约束力"是指行政规范性文件的内容适用于不确定的公民、法人或者其他组织;"涉及权利义务"的内容,主要是指直接或者间接对公民、法人或者其他组织作出禁止性、允许性、强制性事项,以及相应的权利义务或者责任。

三、2015年《公告》是否可诉?

本案中,二审法院认为,2015年《公告》的内容不符合规范性文件的本质特征,不可诉。理由在于,《国家司法考试工作规则》第五十六条规定:"对于计算机评阅的客观性试卷,不进行分数核查;但因客观性试卷无成绩时,提出的分数核查申请,应当受理。"《公告》关于分数核查范围的公告内容,虽然也涉及考生的权利与义务,且具有普遍约束力,但是,其内容是重述《国家司法考试工作规则》第五十六条规定之内容,充其量是对《国家司法考试工作规则》第五十六条规定适用之说明。换言之,《公告》关于分数核查范围的公告内容,是对成绩查询与核查工作的具体部署,相对《国家司法考试工作规则》第五十六条规定而言,并未减损考生权利、增设考生义务。故此,关于分数核查范围的公告内容对考生合法权益明显不产生实际影响,因而不可诉,不具有附带性审查的意义。

笔者认为,二审法院的观点值得商榷。一方面,从法律效果角度看,规范性文件可以被划分为创制性文件、解释性文件、指导性文件和告知性文件。其中,告知性文件的目的是"告知相对人或下级行政主体需要知道的事项,而并未设定、变更、消灭或确认权利义务"[1]。也就是说,前文所述规范性文件应当"涉及权利义务"的内容,只是强调作为规范性文件,其内容必须与权利义务相关;至于其对权利义务的影响样态——如,与其上位法相比,对权利义务

---

[1] 叶必丰、刘道筠:《规范性文件的种类》,《行政法学研究》2000年第2期。

有所增减,或权利义务未发生任何变化——并不影响它成为规范性文件。进言之,行政机关可以通过直接复述上位法规范的方式,将上位法即将在特定的时间、空间产生的法律效果告知行政相对人,即以履行"通知职责"为目的制定规范性文件。本案中,2015年《公告》关于分数核查范围的公告内容,是司法部将成绩查询与核查工作的具体部署情况告知给行政相对人的一种方式,就属于告知性文件。另一方面,根据《行政诉讼法》(2014年)第十三条和第五十三条的规定,公民、法人和其他组织不能对规范性文件直接提起行政诉讼,但可在对行政行为提起行政诉讼的同时,一并请求对作为该行政行为依据的规范性文件进行附带审查。可见,在行政诉讼中,规范性文件"不可单独诉""不可脱离诉"。本案中,蔡某不能对2015年《公告》直接提起行政诉讼,但若该《公告》是珠海市司法局作出《不予受理告知书》的依据,那么蔡某在对珠海市司法局作出的《不予受理告知书》提起行政诉讼的同时,就有权对《公告》申请附带审查。

司法行政执法提示

司法行政机关基于职权制定对行政相对人具有普遍约束力的规范性文件时,应当慎重把握两个方面:一是该规范性文件是否有充分的上位法依据;二是对实际操作中是否会对行政相对人的知情权等程序参与权有相应的影响,应做审慎考量。

(撰稿人:赵 玮 严 斌)

案例 4　王某某诉重庆市黔江区司法局法律职业资格行政许可案[①]

◆ 案情

上诉人(原审原告):王某某

被上诉人(原审被告):重庆市黔江区司法局

2015年6月3日,司法部在其官方网站就2015年国家司法考试的相关内容进行了公告,对报名条件、报名方式及时间、报名材料、考试费、准考证、考试时间、考试成绩与资格授予等相关内容进行了公示。其中有如下公告内容:"一、报名。(一)报名条件:1、符合以下条件的人员,可以报名参加国家司法考试。(1)具有中华人民共和国国籍……(4)高等学校法律专业本科毕业或者高等学校非法律专业本科毕业并具有法律专业知识……2.有下列情形之一的人员,不得报名参加国家司法考试,已经办理报名手续的,报名无效。(1)因故意犯罪受过刑事处罚的……(4)提供虚假证明材料或者以其他形式骗取报名的。……(三)报名材料:报名人员报名时应当具有以下材料:1.本人有效居民身份证;2.本人毕业证书。本人毕业证书应当能够在全国高等学校学生信息咨询与就业指导中心网站查询或认证……3.申请享受放宽政策人员,须具有放宽报名学历条件地方户籍。网上报名时,应上传户口簿首页及本人

[①] 来源:重庆市第四中级人民法院(2016)渝04行终144号行政判决书。

页电子照片……5.司法行政机关要求的其他材料。报名人员应当如实、准确填报个人信息,对上述报名信息作出真实有效承诺……三、考试成绩与资格授予……参加国家司法考试成绩合格,经审核符合资格授予条件的人员,由司法部授予法律职业资格,颁发《法律职业资格证书》。具体事宜由司法部国家司法考试办公室另行公告。"

2015年6月9日,重庆市司法局在其官方网站发布《重庆市司法局关于2015年国家司法考试有关事项的公告》,该公告确定的报名方式为网上报名;在考区设置上,重庆市设主城考区、万州考区、黔江考区、涪陵考区、北碚考区、永川考区等六个考区考点为报名地;报名程序方面,报名人员在报名前,先行登录教育部中国高等教育学生信息网(网址:www.chsi.com.cn)对本人学历进行查询,不能取得查询结果的,应向全国高等学校学生信息咨询与就业指导中心申请办理《中国高等教育学历认证报告》。并指出,认证需要一定时间,请及时申请,以免成绩合格后延误资格申请。既不能查询,也不能办理认证的,视为不符合报名条件,当年考试成绩无效。

前述公告发布后,王某某报名参加2015年国家司法考试,其报名信息确认表显示:报名地为黔江区,户籍所在地为重庆市酉阳土家族苗族自治县,选择享受放宽地方政策,学历为本科,毕业院校为重庆广播电视大学,专业为法学,毕业时间为2010年10月,非全日制,毕业证书编号3XXXXXX9,毕业证书类型为电视大学毕业证书,毕业证书编号无法在学信网上查询。王某某的本次报名通过了审核,随后在黔江区新华中学考点参加了司法考试。2015年11月,国家司法考试成绩公布,王某某的考试成绩总分为329分。

2015年11月19日,司法部国家司法考试办公室就2015年国家司法考试成绩公布、合格分数线、申请授予法律职业资格、颁发

《法律职业资格证书》等事项发布公告。该公告确定的2015年国家司法考试合格分数线为360分。放宽报名学历条件地方合格分数线分为四档,除规定的10省(区)外,全国放宽报名学历条件地方合格分数线为315分。关于法律职业资格申请及证书颁发,该公告规定:"完成网上申请程序后,应于2015年12月16日至30日,到报名地司法行政机关指定地点现场提交申请材料,申请授予法律职业资格。报名时户籍在放宽报名学历条件地方,符合放宽合格分数线条件的申请人完成网上申请程序后,应于12月16日至30日,到户籍所在地市级司法行政机关指定地点现场提交申请材料,申请授予法律职业资格。……申请授予法律职业资格人员,应当如实填写《2015年国家司法考试法律职业资格授予申请表》,本人应现场提交下列材料……(五)司法行政机关要求的其他材料。……申请授予法律职业资格人员经审核符合授予条件的,司法部授予法律职业资格,颁发《法律职业资格证书》。在规定期限内未提出申请且无正当理由的,视为自行放弃,司法行政机关不再办理。"

2015年11月23日,重庆市国家司法考试办公室发布公告,在该公告的第三部分(法律职业资格申请与证书颁发)规定:"完成网上申请后,应试人员应于2015年12月16日至30日,到报名地司法局现场提交申请材料,申请授予法律职业资格。报名时户籍在本市放宽报名学历条件地区、符合放宽合格分数线条件、在本市报名参加考试的申请人,由本人到报名地司法局提交申请材料,申请授予法律职业资格。"

2015年12月11日,司法部司法考试司发出通知,要求规范法律职业资格审核认定工作,该通知明确2015年法律职业资格申请材料现场受理及初审、复审工作于12月16日至30日进行;并要求对不符合规定条件的,应出具《补正材料通知书》或《不受理单》,对受理或不受理情况人员统一登记备查。通知同时附有《补正材料通知书》样本,对于提交的学历(毕业证书)信息材料未能通过教育部学历认证机构核验的人员,补正材料通知书要求:"依据《行政许可法》第三十二条第一款第(三)项、第(四)项规定,请你于2016年1月30日前向本机关补正提交由教育部全国高等学校学生信息咨询与就业指导中心出具的中国高等教育学历认证报告(网址:http//www.chsi.com.cn)。如无正当理由不能或逾期提交的,视为你自动放弃申请,本机关不再受理你的法律职业资格申请。"

王某某根据其司法考试成绩及司法部和重庆市司法局的公告,在司法部指定网站填写相关资料、申请授予法律职业资格,其选择的申领地为重庆市黔江区。司法部国家司法考试司对王某某的学历信息、户籍信息在前述网站上进行了核验,并标示了相应的信息符号,显示王某某的学历信息异常,提示初审机关对申请表的学历信息与其申请材料信息进行核实。

2015年12月21日,王某某向黔江区司法局现场提交资料,接受初审。黔江区司法局经审核,认为其提交的学历(毕业证书)信息材料未能通过教育部学历认证机构核验,未予受理,并进行了法律职业资格申请不受理情况登记,王某某在该登记表上签名。同时,黔江区司法局向王某某出具并送达《法律职业资格申请补正材料通知书》(以下简称《补正材料通知书》),要求王某某于2016年1月30日前补正提交由教育部全国高等学校学生信息咨询与就业指导中心出具的中国高等教育学历认证报告(网址:http//www.chsi.com.cn),无正当理由不能或逾期提交的,视为自动放弃申请,将不再受理其法律职业资格申请。王某某收到黔江区司法局的通知后,未在通知所规定的期限内向黔江区司法局提交通知所要求的材料。

2016年6月11日,王某某向司法部提出申请,要求司法部颁发法律职业资格证书。司法部收到王某某的该申请后,转批重庆市司法局。因其申请未能得到批准,王某某于2016年6月16日向黔江区法院提起诉讼。

◁ 审理

一审中,黔江区司法局在法定期限内向法院提供了如下证据:1.司法部公告(第154号);2.重庆市司法局关于2015年国家司法考试有关事项的公告(2015年6月9日发布);3.司法部国家司法考试办公室公告(2015年11月19日发布);4.关于进一步规范法律职业资格审核认定工作的通知及附件(司考通〔2015〕6号);5.工作指导意见(考试司于2015年12月15日发布);6.王某某的司法考试报名表、报名信息确认表、报名凭证、户籍信息确认表、成绩通知单、法律职业资格授予申请表;7.法律职业资格申请受理情况登记表;8.王某某于2016年6月11日向司法部递交的关于请求司法部颁发法律职业资格证书的申请。王某某向法院提供了如下证据:1.本科毕业证书及学籍档案;2.成绩通知单;3.法律职业资格申请;4.法律职业资格申请补正材料通知书;5.广播电视大学的证明;6.专科毕业证书;7.2006年王某某第一次报名参加司法考试的准考证;8.2014年王某某第二次报名参加司法考试的准考证;9.2015年王某某第三次报名参加司法考试的报名凭证和准考证。同时,经一审法院指定,黔江区司法局在一审庭审后补充提交了重庆市司法考试办公室于2015年11月20日的公告一份,证明黔江区司法局具有法律职业资格证书申请材料的受理、初审、报送及证书的发放职能。

根据黔江区司法局、王某某在审理过程中的举证、质证情况,一审法院作如下认定:黔江区司法局提供的第1、2、4份证据,确系黔江区司法局作出具体行政行为的依据,且系规范性文件,现王某某要求对其合法性进行审查,经审查,《国家司法考试实施办法》系最高人民法院、最高人民检察院与司法部共同印发,其效力层次等同于部门规章,该办法第十五条规定,符合以下条件的人员,可以报名参加国家司法考试……(四)高等院校法律专业本科毕业或者高等院校非法律专业本科毕业并具有法律专业知识;……。黔江区司法局提供的第1、2、4份证据中关于司法考试报名条件的规定,就"高等院校法律专业本科毕业或者高等院校非法律专业本科毕业并具有法律专业知识"作了规范,以教育行政主管部门认定的结果为依据,并未增设限制性条件,不违反上位法的规定,可以作为本案认定事实的依据。黔江区司法局补充提交的证据,其形成于被上诉人发出通知之前,且与司法部官网关于申领法律职业资格证书在申领地方面的可选项相吻合,其内容真实、来源合法、与本案具有关联,由法院指定其提交,符合法律规定,予以认定。黔江区司法局提交的其他证据,其内容真实、来源合法、与本案具有关联,予以认定。王某某提供的法律职业资格申请、法律职业资格申请补正材料通知书、报名凭证及三份准考证,双方对其来源的合法性、内容的真实性均无异议,且与本案待证事实具有关联,予以认定。王某某提供的成绩通知单,虽系王某某自行打印,但其内容真实,能够反映王某某参加国家司法考试所取得的考试成绩,予以认定。王某某提供的本科毕业证书及学籍档案、广播电视大学的证明、专科毕业证书,因其毕业证书在教育行政部门确定的专门机构不能查询或认证,无法确认其真实性,不予认定。

一审法院认为,本案的争议焦点有如下三个:

一、黔江区司法局的行为是自己职责范围内的行为还是接受委托的行为。《法律职业资格证书管理办法》第四条第三款规定:地(市)司法局负责本地区法律职业资格证书申请材料的受理、初审、报送及证书的发放。重庆市司法局在其2015年11月20日有关法律职业资格证书申请等事项的公告中亦明确:"报名时户籍在本市放宽报名学历条件地区、符合放宽合格分数线条件、在本市报名参加考试的申请人,由本人到报名地司法局提交申请材料,申请授予法律职业资格。"黔江区司法局是重庆市司法局确定的12个报名地司法局之一,本案中王某某在报名时选择的报名地及申请法律职业资格证书时选择的申领地均为重庆市黔江区,故黔江区司法局具有对王某某的法律职业资格证书申请材料进行受理、初审等法定职责,所以黔江区司法局关于只是代司法部初审的辩解不成立。

二、王某某的起诉是否符合受理条件。首先,王某某是本次行政许可的申请人,其认为自己的合法权益受到损害,故有权以自己的名义提起诉讼,系适格的原告;其次,《最高人民法院关于审理行政许可案件若干问题的规定》第四条规定:"行政许可依法须经下级行政机关或者管理公共事务的组织初步审查并上报,当事人对不予初步审查或者不予上报不服提起诉讼的,以下级行政机关或者管理公共事务的组织为被告。"本案中,黔江区司法局具有对王某某的法律职业资格证书申请材料进行受理、初审等法定职责,且以自己的名义作出了《补正材料通知书》,故黔江区司法局系本案适格的被告;再次,王某某于2015年12月21日收到黔江区司法局作出的《补正材料通知书》,现于2016年6月16日向黔江区法院提起诉讼,并未超过6个月的起诉期限;最后,黔江区司法局作出的《补正材料通知书》虽属行政许可过程中的告知补正申请材料等程序性行为,但该通知行为会导致行政许可程序对申请人事实上终止的法律后果,属于人民法院应当受理的范畴。因此,王某某的起诉符合受理条件。

三、黔江区司法局向王某某发出的《补正材料通知书》是否合法。根据《行政许可法》第十二条第(三)项的规定,从事法律职业,应当取得行政许可,对此双方均无异议。王某某的学历信息因未能在教育行政主管部门查询或认证,其实质是王某某未能证明其符合《国家司法考试实施办法》所要求的报名参加国家司法考试的学历条件。王某某诉称其在填写报名表时已经明确其学历不能查询而司法行政机关仍然同意其参加司法考试,视为已经认可其符合《国家司法考试实施办法》所要求的报名参加国家司法考试的学历条件。经查,对于国内教育机构学历的确认,一种是直接在全国高等学校学生信息咨询与就业指导中心的官网上查询,另一种是通过该机构进行认证。王某某虽然明确其学历无法在学信网上查询,但并不能排除其学历能够通过认证的可能,且即使王某某的学历在其报名时未能通过认证,也不能排除其学历在申请法律职业资格时能够通过认证的可能,故司法行政机关准予其参加国家司法考试,未侵害其合法权益,并无不当,王某某诉称司法行政机关已经认可其学历的主张不成立。《行政许可法》第三十二条规定:"行政机关对申请人提出的行政许可申请,应当根据下列情况分别作出处理……(四)申请材料不齐全或者不符合法定形式的,应当当场或者在五日内一次告知申请人需要补正的全部内容,逾期不告知的,自收到申请材料之日起即为受理;……"王某某申请授予法律职业资格,黔江区司法局具有初审的职能,王某某提交的申请材料不齐全,缺少证明其符合报名参加国家司法考试的学历条件的材料,黔江区司法局予以一次性书面告知并按照司法部的规定给予了一定的宽限期,符合法律规定。关于王某某要求判令黔江区司法局受理其于2015年12月21日提出的法律职业资格的申请的问题,涉及行政权的行使,在黔江区司法局于2015年12月21日发出的《补正材料通知书》经确认是否合法前,王某某的该项诉求不宜在本案中一并处理。即便《补正材料通知书》被依法撤销,是否受理申请人的申请,应由黔江区司法局依法作出处理,若王某某对黔江区司法局做出的处理决定不服,可另行要求权利救济。因此,根据《行政诉讼法》第六十九条的规定,判决驳回王某某的诉讼请求。

王某某不服一审判决,提出上诉称:(1)一审法院认定事实错误。《国家司法考试实施办法》没有规定申请法律职业资格需要通过教育部学历认证机构的核验,王某某是要求黔江区司法局受理法律职业资格申请,一审法院将报名条件与颁证受理条件两个并无关联的事项混为一谈是错误的。(2)一审法院未对黔江区司法局提供的第1、2、4份证据的有关条款进行合法性审查。黔江区司法局提供的第1、2、4份证据和上位法冲突,一审法院在未对该三份规范性文件的相关条款进行合法性审查的情况下就认定合法是错误的,遗漏了对规范性文件进行审查的诉讼请求。(3)一审法院审判程序违法。一审法院违反行政诉讼法关于依职权调取证据的规定,在庭后指定黔江区司法局提交的重庆市司法考试办公室2015年11月20日公告超过了举证期、答辩期,违反了行政诉讼法第四十条规定,违背了客观中立的立场,该份证据未经当庭质证,不能作为定案的依据,且在一审法庭调查过程中,旁听人员多次发言,审判长未加制止。(4)一审法院适用法律错误。王某某分别于2006、2014、2015年参加国家司法考试,并在报名时获黔江区司法局及上级部门审查通过,2015年王某某考试成绩达到照顾分数线,司法部通过官网授予其C证法律职业资格,被上诉人无视前述行政行为存在,以所谓补正材料通知书敷衍上诉人,违背了信赖保护原则,适用法律错误。(5)王某某在二审开庭前要求查阅一审合议庭笔录,二审法院不予准许,程序违法。因此,请求撤销一审判决,发回重审或改判撤销黔江区司法局作出的《补正材料通知书》并判令黔江区司法局受理王某某关于颁发法律职业资格证书的申请。

被上诉人黔江区司法局答辩称:(1)一审判决认定事实清楚。王某某虽然先后自行三次通过网上报名参加了司法考试,但其报名参加考试不等于就具有授予法律职业资格的条件,法律职业资格的授予需要按照相应的条件依法办理。王某某的学历不能经过认证,是王某某自己的原因所致。(2)一审法院审判程序合法。根据行政诉讼法的规定,为了查明案件事实,法院有权要求当事人提供或者补充证据,何况一审法院要求黔江区司法局提交的公告属于规范性文件,不存在违反行政诉讼法第四十条的情形,对双方提交的证据,法院均组织各方进行了质证,不存在未经质证的情况。(3)黔江区司法局一审提交的第1、2、4份证据系规范性文件,来源合法,文件的内容和上位法不存在任何冲突,一审法院认为该三份规范性文件合法正确。(4)一审判决适用法律正确。司法部《法律职业资格证书管理办法》对法律职业资格证书申请材料的受理、初审、复审、报送有明确的规定,黔江区司法局有对法律职业资格申请材料进行受理、初审的法定职权,因王某某提交的申请材料不齐全,缺少证明其符合申请授予法律职业资格证书的学历条件材料,黔江区司法局以一次性书面告知的方式要求其补正材料符合法律规定,作出的《补正材料通知书》是合法的,一审驳回其诉讼请求适用法律正确。综上,请求二审法院驳回王某某的上诉请求。

二审庭审中,王某某对一审开庭过程中黔江区司法局提交的证据未发表新的质证意见,但对黔江区司法局在一审庭后补充提交的重庆市司法考试办公室公告,王某某认为其只发表了书面的不予质证的意见,该公告未经当庭质证,收集及质证程序违法;黔江区司法局对王某某在一审庭审中提交的证据未发表新的质证意见。经本院审查认为:黔江区司法局一审提交的证据1、2、3、4、5及经法院指定补充提交的重庆市司法考试办公室的公告属规范性文件,不属证据,一审法院作为证据认定不当,应予纠正。一审法院对黔江区司法局提交的其他证据和王某某提交的证据评判理由充分,符合证据规则,认证正确,本院予以支持。

二审查明的事实与一审查明的事实一致。二审法院认为，本案是因行政机关实施行政许可产生行政争议的案件。黔江区司法局有作出本诉《补正材料通知书》的法定职权，王某某的起诉符合行政诉讼的受理条件，双方对此已无争议，本案争议焦点是：(1)一审法院审判程序是否合法。(2)一审法院是否对规范性文件合法性进行了审查。(3)黔江区司法局作出的本诉《补正材料通知书》是否合法。

一、一审法院审判程序是否合法。第一，王某某主张一审法院违反《行政诉讼法》第四十条的规定，指定黔江区司法局补充提交重庆市司法考试办公室于2015年11月20日的公告，该份公告超过举证期、答辩期，未经当庭质证，一审法院将其作为判决依据，审判程序违法。《行政诉讼法》第三十九条规定："人民法院有权要求当事人提供或者补充证据。"第四十条规定："人民法院有权向有关行政机关以及其他组织、公民调取证据。但是，不得为证明行政行为的合法性调取被告作出行政行为时未收集的证据。"根据上述规定，人民法院要求当事人提供或补充证据与人民法院主动调取证据分属不同概念，人民法院为了查清案件事实，有权要求当事人提供或补充证据，这是法律赋予人民法院的法定职权，不受举证期限、答辩期限的限制，其适用的对象、原则、程序、方式均不同于人民法院主动调取证据的规定。本案中，黔江区法院为了查清案件事实，指定黔江区司法局补充提交重庆市司法考试办公室于2015年11月20日的公告，并不是人民法院主动调取证据。此外，《行政诉讼法》第三十四条第一款规定："被告对作出的行政行为负有举证责任，应当提供作出该行政行为的证据和所依据的规范性文件。"根据该规定，规范性文件不属于证据，一审法院指定黔江区司法局提交的是重庆市司法考试办公室2015年11月20日的公告，该公告是针对不特定对象发布的具有普遍约束力、能反复适用的规范性文件,不是行政诉讼法规定的证据范畴。因此,王某某主张一审法院存在违反行政诉讼法第四十条规定的情形不成立。第二,王某某主张一审庭审中旁听人员多次发言,法庭未予以制止也未采取相应司法强制措施,属审判程序违法的问题。经查,该主张属于法庭纪律问题,且一审法院也未将旁听人员发言记入庭审笔录,王某某的该项主张和本案处理结果之间没有利害关系。第三,王某某主张二审法院没有准许其查阅一审合议庭笔录,属审判程序违法的问题。经查,根据《最高人民法院关于保守审判工作秘密的规定》第三条、第六条的规定,合议庭笔录属审判工作秘密,其无权查阅。

二、一审法院对规范性文件的合法性是否进行了审查。根据王某某的书面申请及一审庭审笔录,王某某一审时申请对《司法部公告》(第154号)第一条第(三)项"报名材料"第2目及《重庆市司法局关于2015年国家司法考试的有关事项的公告》第四条第(一)项"报名准备"、《关于进一步规范法律职业资格审核认定工作的通知》(司考通〔2015〕6号)进行合法性审查。在二审中,其放弃了对司考通〔2015〕6号进行审查的要求,增加了对《重庆市司法局关于2015年国家司法考试的有关事项的公告》第六条第(三)项第1目进行审查的要求。王某某认为上述条款与《国家司法考试实施办法》相冲突,因为《国家司法考试实施办法》第十五条并未规定报名参加国家司法考试需要报名者的学历证书能够在全国高等学校学生信息咨询与就业指导中心网站查询或认证,并且《国家司法考试实施办法》第十六条对不符合报名条件的情形进行了否定的列举,也无关于学历网上查询或认证的规定,因此上述规范性文件条款属于在上位法之外增设新的义务。经查,一审法院在证据认证部分对王某某申请的规范性文件相应条款进行了审查,认为并未增设限制性条件,不违反上位法的规定,可以作为认定案件事实的依据。

对王某某在一审提出的对上述规范性文件进行审查的诉讼请

求,经查,《国家司法考试实施办法》第十五条规定:"符合以下条件的人员,可以报名参加国家司法考试……(四)高等院校法律专业本科毕业或者高等院校非法律专业本科毕业并具有法律专业知识……"因此报名参加国家司法考试需要满足该条规定的学历条件。教育部《普通高等学校学生管理规定》第三十六条规定:"学校应当执行高等教育学历证书电子注册管理制度,每年将颁发的毕(结)业证书信息报所在地省级教育行政部门注册,并由省级教育行政部门报国务院教育行政部门备案。"第六十七条规定:"对接受成人高等学历教育的学生、港澳台侨学生、留学生的管理参照本规定实施。"《教育部关于当前加强高等学校学历证书规范管理的通知》第七条规定:"国家和省级教育行政部门要加强对高等教育学历证书的监督与管理,严格学历证书电子注册制度……"《教育部办公厅关于进一步完善高等教育学历证书电子注册制度的通知》第一条规定:"高等教育学历证书实行电子注册是加强学历证书管理所采取的重要措施……学历证书电子注册制度在遏制伪造学历证书、规范高等学校办学行为、维护国家高等教育声誉、保护高等学校及广大学生权益以及为用人单位服务等方面所发挥的重要作用……"《教育部关于重申中国高等教育学生信息网是学历证书查询唯一网站的公告》规定:"从2001年起,我国开始对高等教育学历证书实行电子注册制度……教育部重申:'中国高等教育学生信息网'(网址:http://www.chsi.com.cn)是我国高等教育学历证书查询的唯一网站,'全国高等学校学生信息咨询与就业指导中心'是教育部授权开展高等教育学历认证工作的专门机构。"根据上述规定,我国自2001年始对高等教育学历证书实施电子注册管理制度,对学历证书的真实性、合法性、有效性进行管理,凡不能在"中国高等教育学生信息网"进行查询或者不能在"全国高等学校学生信息咨询与就业指导中心"进行认证的学历证书,国家不承认其真实性、合法性、有效性,虽然《国家司法考试实施办法》第十五条对学历证书的真实性、合法性、有效性未明确规定,但报名者的学历必须是真实、合法、有效的,是报名参加国家司法考试的当然要求。因此《司法部公告》(第154号)中第一条第(三)项"报名材料"的第2目及《重庆市司法局关于2015年国家司法考试的有关事项的公告》中第四条第(一)项"报名准备"部分对报名者的学历要求能够在全国高等学校学生信息咨询与就业指导中心网站上查询或者能够在该机构办理学历认证的规定并不违反上位法的规定。综上,一审法院对王某某申请的规范性文件审查结论正确,但在证据认证部分进行表述,格式上存在瑕疵,法院予以纠正。

关于在二审中王某某提出对《重庆市司法局关于2015年国家司法考试的有关事项的公告》第六条第(三)项第1目进行审查的要求,根据《最高人民法院关于适用〈行政诉讼法〉若干问题的解释》第二十条规定,王某某在二审中提出该项请求,法院不予支持。

三、黔江区司法局作出的本诉《补正材料通知书》是否合法。法律职业资格证是从事法律职业需要取得的行政许可,黔江区司法局对王某某请求司法部授予法律职业资格证书的申请具有受理、初审的法定职权,各方对此均无争议。《行政许可法》第三十一条:"申请人申请行政许可,应当如实向行政机关提交有关材料和反映真实情况,并对其申请材料实质内容的真实性负责……"《法律职业资格证书管理办法》第六条:"申领法律职业资格证书,应当如实填写《法律职业资格证书申领表》,并提交以下材料:(一)本年度国家司法考试成绩通知书;(二)申请人身份、学历证明原件(由受理机关验审后退回)及复印件。"第七条:"地(市)司法局应当对申请人提交的申请材料进行初审。对申请材料完整、符合申领法律职业资格证书条件的,报省(区、市)司法厅(局)复审。对材料不完整的,应当退回申请人,并要求申请人在省(区、市)司法厅(局)

规定的期限内补齐材料,逾期未补齐材料的,视为自动放弃申领资格……"《司法部公告》(第154号)第一条第(三)项第2目:"……本人毕业证书应当能够在全国高等学校学生信息咨询与就业指导中心网站查询或认证。"《重庆市司法局关于2015年国家司法考试的有关事项的公告》第四条第(一)项规定:"……既不能查询,也不能办理认证的,视为不符合报名条件,当年考试成绩无效。"根据上述规定,王某某在向黔江区司法局提出授予法律职业资格证书申请时,应当对其所提交学历的真实性负责,王某某在向黔江区司法局申请法律职业资格证书过程中,虽然提交2015年度国家司法考试成绩通知书、身份证、学历证原件及复印件,但我国自2001年开始实行高等教育学历电子注册制度,但凡不能在全国高等学校学生信息咨询与就业指导中心网站上查询或者认证的学历证书,国家不承认其学历的真实性、合法性、有效性,黔江区司法局在收到王某某的法律职业资格申请后,经初审,发现王某某提交的毕业证书信息材料未能通过教育部学历认证机构的核验,要求其补正提交全国高等学校学生信息咨询与就业指导中心的认证报告,符合上述规定。因此,黔江区司法局依据《行政许可法》第三十二条第一款第(三)项、第(四)项作出本诉《补正材料通知书》,认定事实清楚,程序合法,适用法律正确。

关于王某某诉称的其先后三次取得司法部颁发的报名参加国家司法考试的准考证,2015年司法部通过官网授予其C证法律职业资格,黔江区司法局的《补正材料通知书》违背了信赖保护原则的主张,经查,根据《法律职业资格证书管理办法》第三条、第六条、第七条的规定,申请人申请法律职业资格证书,首先需报名参加国家司法考试,在通过国家司法考试后,再向有关的地(市)司法局提出授予法律职业资格的申请,由相关的地(市)司法局受理该申请并对申请人的材料进行初审,初审通过后再报省(区、市)司法厅

（局）复审。本案中,王某某虽取得司法考试准考证,考试成绩也达到规定的分数线,但是否能够获得法律职业资格证书,还需黔江区司法局对其提交的法律职业资格申请材料的真实性、合法性、有效性进行初审。黔江区司法局经过初审,发现王某某提交的学历证书无法通过教育部学历认证机构的核验,通知其补正学历认证材料,符合上述规定。因此,王某某的该项主张不成立。

综上,一审法院认定事实清楚,审判程序合法,适用法律正确,王某某提出的上诉理由不成立,二审法院判决驳回上诉,维持原判。

评析

本案的争议焦点主要是:

一、黔江区司法局作出的《补正材料通知书》是否合法?

法律职业资格授予包含两次审核过程,分别处于国家统一司法考试前和司法考试成绩发布后的两个阶段。尽管这两个阶段的审核过程都共同指向对申请人司法考试资格的依法审查,但却有明显不同的规范目的。在司法考试报名时的资格审查,主要目的是初步确立司法考试报名人的基本资格,属于形式审查范畴;在司法考试成绩发布后正式申请法律职业资格证书的审核阶段,主要目的是对欲申请法律职业资格的申请人资质进行真实性审查,以保证资格授予的公平公正,属于实质审查范畴。本案中,黔江区司法局作出的《补正材料通知书》便属于实质审查的一个环节。根据《行政许可法》(2003年)第三十一条"申请人申请行政许可,应当如实向行政机关提交有关材料和反映真实情况,并对其申请材料实质内容的真实性负责……"《法律职业资格证书管理办法》第六条"申领法律职业资格证书,应当如实填写《法律职业资格证书申领表》,并提交以下材料:(一)本年度国家司法考试成绩通知书;(二)申请人身份、学历证明原件(由受理机关审验后退回)及复印件",

第七条"地(市)司法局应当对申请人提交的申请材料进行初审。对申请材料完整、符合申领法律职业资格证书条件的,报省(区、市)司法厅(局)复审。对材料不完整的,应当退回申请人,并要求申请人在省(区、市)司法厅(局)规定的期限内补齐材料,逾期未补齐材料的,视为自动放弃申领资格……"《司法部公告》(第154号)第一条第(三)项第2目"……本人毕业证书应当能够在全国高等学校学生信息咨询与就业指导中心网站查询或认证",《重庆市司法局关于2015年国家司法考试的有关事项的公告》第四条第(一)项"……既不能查询,也不能办理认证的,视为不符合报名条件,当年考试成绩无效"等规定,在行政许可的实质审查程序中,申请人有义务证明自己符合申请条件。本案中,提交补正材料是申请人证明自己符合报名条件的方式,相关补正材料是司法行政机关进行实质性审查的重要依据。因此,司法行政机关作出《补正材料通知书》具有合法性。

二、司法局不授予法律职业资格证书的行为是否侵害了当事人的信赖利益?

所谓信赖利益保护原则,是指当个人对行政机关作出的行政行为已产生信赖利益,并且这种信赖利益因其具有正当性而应得到保护时,行政机关不得撤销这种信赖利益,而如果撤销就必须补偿其信赖利益损失。在这里,信赖利益保护原则高于法律优先原则,法律优先原则受到一定程度弱化。信赖利益保护原则的基本含义就是政府实施行政行为也必须诚实信用。根据《行政许可法》(2003年)的明确规定,行政相对人依法取得的行政许可受法律保护,行政机关不得擅自改变已生效的行政许可。不过上述情形的前提是,基于法律法规或行政机关的先行行为而产生了行政相对人对后续行政行为的期待利益。但在本案中,考试报名阶段的初审仅仅是进行了形式审查,而形式审查仅仅是使行政相对人获得了考试资格,让行政相对人获得参加考试的机会,而后期的复核程序是对行政相对人的申请资料进行基于真实性状况的实质审查,从而最终确认相关申请人的法律地位。基于此,报名审查的通过并不能确保相关资料的真实性,也就无法在实质上确认报名申请人是适当的法律职业资格申请人。换言之,报名审查的通过并不是对法律职业资格审查通过的默许,因此不能被认定为一种先行行为,而产生后续的法律职业资格证授予的义务。根据《法律职业资格证书管理办法》第三条、第六条、第七条的规定,申请人申请法律职业资格证书,首先需报名参加国家司法考试,在通过国家司法考试后,再向有关的地(市)司法局提出授予法律职业资格的申请,由相关的地(市)司法局受理该申请并对申请人的材料进行初审,初审通过后再报省(区、市)司法厅(局)复审。本案中,王某某虽取得司法考试准考证,考试成绩也达到规定的分数线,但是否能够获得法律职业资格证书,还需黔江区司法局对其提交的法律职业资格申请材料的真实性、合法性、有效性进行初审。黔江区司法局经过初审,发现王某某提交的学历证书无法通过教育部学历认证机构的核验,通知其补正学历认证材料,符合上述规定。

司法行政执法提示

地(市)司法局承担本地区法律职业资格证书申请材料的受理、初审、报送及证书的发放等职能。当申请材料不齐全时,应当要求申请人进行补正。在法律职业资格考试报名阶段,司法行政机关对申请人提交的材料进行形式审查;在法律职业资格证书申领阶段,司法行政机关应当对申请人提交的材料进行实质审查。

(撰稿人:赵　玮　黄建成)

2

律师管理

案例5 邓某某诉南充市司法局不予受理律师执业申请案①

案情

原告:邓某某

被告:南充市司法局

邓某某于2013年参加司法部组织的政法系统统一考试,取得法律职业资格证书,2014年2月邓某某退休,2015年5月4日,邓某某向南充市司法局政务服务窗口提交律师执业证申报材料。南充市司法局经审核,于2015年5月19日作出《关于不予受理邓某某同志律师执业申请的通知》,内容是"邓某某同志:你于2015年5月4日向市司法局政务服务窗口提交的律师执业证申报材料,经审核该申报材料中提供的'中华人民共和国法律职业资格证书'不符合中华人民共和国律师法第五条第(二)项申请律师执业应当具备'通过国家统一司法考试'之规定,故不予受理你的律师执业申请"。

邓某某不服《关于不予受理邓某某同志律师执业申请的通知》,于2015年7月6日提起行政诉讼,请求判令撤销该通知,并责令南充市司法局受理律师职业申请。邓某某的理由主要是:第一,只要通过了司法部组织的政法系统统一考试就可以成为法官和检

---

① 来源:四川省南充市顺庆区人民法院(2015)顺庆行初字第100号行政判决书。

察官。这说明两种司法考试都具有合法性,都具有"一考三通"的效力。因此,通过司法部组织的政法系统统一考试人员同样也可以当律师。第二,南充市司法局不予受理律师执业申请行为的本质是对司法部组织的政法系统统一考试的合法性的否认,但作为省、县(市)的司法行政部门,在司法部没有明确规定的情况下,无权否认司法部的法律职业资格证书。根据《律师法》的规定,市司法局只能审查律师执业申请材料是否符合要求,然后将材料呈报到省司法厅,该不该办理应由省司法厅作出书面决定,市司法局无权作出不予受理通知。

审理

南充市顺庆区人民法院受理后,被告南充市司法局提交答辩状:(1)根据《国家司法考试实施办法》第二条规定,国家司法考试必须是"国家统一组织的"司法考试,其根本特征有二,一是以国家的名义进行组织,二是在全国统一实施。原告邓某某参加的考试只是政法系统内部的司法考试。(2)根据《国家司法考试实施办法》第七条规定,"国家司法考试……在考试3个月前向社会公布",原告邓某某参加的考试因未向社会公布,也不符合国家司法考试的特征。(3)根据《国家司法考试实施办法》第二条规定,"初任法官、初任检察官,申请律师执业和担任公证员必须通过国家司法考试,取得法律职业资格",这一规定说明从事上述特定法律职业所需的法律职业资格证的效力及于全国,而原告邓某某的资格证书效力限于本市,这说明原告未通过国家司法考试并取得该特定职业的职业资格。综上,不予受理原告的申请是合法的。

南充市顺庆区人民法院经审理认为,根据《律师法》第五条"申请律师执业,应当具备下列条件……(二)通过国家统一司法考试"、《国家司法考试实施办法》第二条"国家司法考试是国家统一组织的从事特定法律职业的资格考试。初任法官、初任检察官,申请律师执业和担任公证员必须通过国家司法考试,取得法律职业资格。法律、行政法规另有规定的除外"之规定,原告邓某某提供的其于2013年司法部为其颁发的法律职业资格证书,是司法部在法院、检察院两类系统内部组织的职业资格考试,目的是解决法院、检察院系统内案多人少的矛盾,面向具有实际处理案件的能力但限于客观条件没有时间系统学习参加全国组织的司法考试的人员,原告于2013年取得的《法律职业资格证书》仅限于在法院工作期间具有审理案件的资格凭证,其效力不同于国家统一组织的司法考试所取得的法律职业资格,现原告未通过国家统一司法考试,并不具备从事律师执业的条件。因此,原告的主张证据不足,理由不能成立。被告根据《律师法》第五条的规定,作出的不予受理的行政行为,事实清楚,证据充分,符合法律规定。依照《行政诉讼法》第六十九条"行政行为证据确凿,适用法律、法规正确,符合法定程序的,或者原告申请被告履行法定职责或给付义务理由不成立的,人民法院判决驳回原告的诉讼请求"之规定,判决驳回邓某某的诉讼请求。

判决书送达后,邓某某和南充市司法局在法定期限内均未提出上诉。

评析

本案是当事人对司法行政机关不予受理律师执业申请而提起的行政诉讼,其争议焦点如下:

一、在律师执业许可程序中,负责初审的司法行政机关是否有权决定不予受理律师执业申请?

《司法行政机关行政许可实施与监督工作规则(试行)》第七条规定:"司法行政机关接到行政许可申请后,应当按照下列事项对是否受理该项申请进行审查……（四）申请人是否按照法律、法规、规章规定提交了符合规定种类、内容的申请材料，以及申请材料是否有明显的错误；（五）申请人提供的申请材料是否符合规定的格式、数量。"从前述列举的款项可以看出，在律师执业行政许可受理环节，司法行政机关要对申请材料逐项进行审查，其中包括"符合规定种类、内容的申请材料"。

《司法行政机关行政许可实施与监督工作规则（试行）》第八条第一款规定："对行政许可申请，经审查，按下列情形分别处理……（五）对符合《行政许可法》第三十二条第五项①规定的，应当予以受理。"同时，该条第二款规定："司法行政机关应当以书面形式作出受理或者不予受理行政许可申请的决定，并加盖本机关印章和注明日期，送达申请人。"该条款意味着，初审单位有权对申请是否符合受理条件做出具体判断，进而做出受理决定或不予受理决定。

二、司法行政机关对律师执业申请进行形式审查还是实质审查？

司法行政机关面对当事人的律师执业申请，是进行形式审查还是实质审查？

实践中，关于行政机关在行政许可中的审查责任，主要有三种观点：一是应该对材料的真实性进行审查（实质性审查）；二是应该对材料的真实性进行必要的审查（有限的实质性审查）；三是除法律法规有特殊规定的以外，只作形式审查。目前，持第二种观点的人居多，本案例的判决就反映了这种观点。该判决建立在"行政许

① 《行政许可法》（2003年）第三十二条规定："行政机关对申请人提出的行政许可申请，应当根据下列情况分别作出处理……（五）申请事项属于本行政机关职权范围，申请材料齐全、符合法定形式，或者申请人按照本行政机关的要求提交全部补正申请材料的，应当受理行政许可申请。……"

可机关应当审查内容实质的真实性和一致性"的基础之上。这种观点认为,行政许可机关应该进行必要的实质性审查,其尺度是以"应当能够发现"为标准。

形式审查,即行政机关对申请人提交的材料是否齐全和是否符合法定形式进行审查。实质审查,指行政机关应对申请人提供的材料在内容上的真实性、合法性进行审查。如,申请人提交了身份证复印件和原件,如果对此采用形式审查,那么行政机关只需将身份证复印件与原件进行比对;如果对此进行实质审查,那么行政机关就需要到颁发该身份证的公安机关核实身份证原件,以确定它是否具有"真实性、合法性"。《行政许可法》(2003年)第三十四条规定:"行政机关应当对申请人提交的申请材料进行审查。申请人提交的申请材料齐全、符合法定形式,行政机关能够当场作出决定的,应当当场作出书面的行政许可决定。根据法定条件和程序,需要对申请材料的实质内容进行核实的,行政机关应当指派两名以上工作人员进行核查。"可见,实质审查与形式审查之间具有递进关系。也就是说,对任何行政许可申请,行政机关都要进行形式审查,但实质审查程序的启动和实施,还需要两个必备条件:其一是行政裁量,即是否实施实质审查,由行政机关根据行政活动的需求作出裁量。其二是具有实施实质审查的现实基础,即核查申请材料的真实性的专业性能力和必备人财物基础。此外,根据《行政许可法》(2003年)第五十六条的规定,行政机关在实施企业或者其他组织的设立登记许可时,需要在对申请材料的实质内容进行核实的,则应当进行实质审查。当然,在实际工作中,如何处理形式审查与实质审查的适用条件,需要在实践中不断提炼其区分标准,且有待立法与相关立法解释的进一步明确规范。

综上,《行政许可法》(2003年)已经确立了以"形式审查"为一般原则,以"实质审查"为特殊原则的审查原则,即"除法律法规有特殊规定的以外,行政机关只进行形式审查"。本案中,按照《律师法》(2012年)的要求,申请人应当提供法律职业资格证书。因此,司法行政机关的审查重点是申请人有没有法律职业资格证书。这属于形式审查的范畴。

三、如何理解《律师法》(2012年)第五条第一款第(二)项的"国家统一司法考试"?

《律师法》(2012年)要求律师执业资格申请人必须"通过国家统一司法考试,获得资格证书"。这样,明确"国家统一司法考试"的内涵和外延,就成为司法行政机关正确实施律师执业资格许可的前提。事实上,作为部门规章的《国家司法考试实施办法》已对"国家统一司法考试"的内涵和外延作出界定。该办法第二条规定:"国家司法考试是国家统一组织的从事特定法律职业的资格考试。"这一规定至少包含了以下三方面的信息:第一,"司法考试"是一种法律职业资格考试。至于涵盖的是哪几种法律职业资格,需要通过对"特定"进行解释来限缩范围。第二,司法考试仅仅是一种资格考试,不能等同于任职考试。通过了司法考试,只是具备了获得一种法律职业的初步可能性,除此之外,还有诸如培训、实习、考试(考核)、分流等程序要求,同样不可或缺。第三,"司法考试"是国家统一组织的,这充分表明了司法考试的权威性,也通常指向某一种考试,而不能泛化理解为所有国家组织的统一考试[1]。因此,通过体系解释可以发现,"国家统一司法考试"不能被简单理解为"国家部委组织的统一的司法考试",原告的诉求是对这一概念的错误理解。

---

[1] 赵云芬:《司法考试制度及其价值分析》,《当代法学》2003年第3期。

> **司法行政执法提示**
>
> 　　在律师执业行政许可程序中,初审是"行政许可"的一个重要环节,司法行政机关应当对提交的相关资料进行形式审查和必要的实质审查。如果申请人的材料具有形式上的不完整,或明显缺乏真实性,司法行政机关可以做出不予受理决定,但需要强化说理过程。

(撰稿人:赵　玮　叶建丰)

案例6 湖南A律师事务所诉湖南省司法厅注销律师事务所决定案[①]

案情

上诉人(原审原告):湖南A律师事务所
被上诉人(原审被告):湖南省司法厅
原审第三人:长沙市司法局

2004年5月7日,湖南省司法厅批准设立湖南某某律师事务所。2005年5月,该律师事务所更名为湖南A律师事务所(以下简称A律所)。2012年10月24日,长沙市司法局作出《限期接受年度检查考核通知》,要求A律所在收到通知之日起七日内向市司法局提出年度考核申请并提交相关考核资料,并于同日将《限期接受年度检查考核通知》送达给合伙人喻某某,喻某某在送达回执备注栏注明"因A律所已经三年未考核,A律所已无相关工作人员。合伙人几年不见面,实际已散架,请司法局将本材料另交其他二位合伙人"。

2013年4月15日,A律所召开合伙人会议并作出《会议纪要》,主要内容有:魏某、游某两名合伙人退伙;蒋某变动到其他所执业;截至2013年4月15日,A律所律师各自承办案件所产生的权利义

---

① 来源:湖南省长沙市中级人民法院(2014)长中行终字第00375号行政判决书。

务由各自承受,未结案件由承办律师变动到其他所继续承办。
2013年5月27日,游某、蒋某经批准变动至其他律师事务所。2013
年7月26日,魏某变动至其他律师事务所。长沙市司法局调查后
认为A律所仅剩喻某某一名合伙人,不能保持《律师法》规定的律
所设立条件。2013年8月22日,长沙市司法局在《潇湘晨报》上向
"A律所及合伙人喻某某"刊登《限期整改通知书》,限期A律所补充
二名合伙人并办理相关手续,逾期不能补充二名合伙人或者提出
申请但未提交相应资料的,按照相关规定处理。2013年12月13
日,长沙市司法局查明A律所已不能保持律师事务所的法定设立
条件,于是向湖南省司法厅报送《长沙市司法局关于提请注销A律
所的审查意见书》及相关材料。2013年12月27日,湖南省司法厅
作出湘司许〔2013〕83号《关于注销A律所的决定书》。A律所不服,
诉至法院。

审理

　　一审法院经审理认为,《律师法》第十五条规定,设立合伙律师
事务所,除应当符合本法第十四条规定的条件外,还应当有三名以
上合伙人,设立人应当是具有三年以上执业经历的律师。《律师法》
第二十二条规定,律师事务所有下列情形之一的,应当终止:(一)
不能保持法定设立条件,经限期整改仍不符合条件的。《律师事务
所管理办法》第七条规定,设立普通合伙律师事务所,除应当符合
本办法第六条规定的条件外,还应当具备下列条件……(二)有三
名以上合伙人作为设立人。《律师事务所管理办法》第二十九条规
定,律师事务所有下列情形之一的,应当终止:(一)不能保持法定
设立条件,经限期整改仍不符合条件的。长沙市司法局查明A律
所已不能保持律师事务所的法定设立条件,先后向A律所作出《限
期接受年度检查考核通知》和《限期整改通知书》,要求A律所限期

接受年度检查考核并补充合伙人。A律所未在规定的时间内申请接受年度检查考核和补充合伙人,长沙市司法局据此向湖南省司法厅报送《长沙市司法局关于提请注销湖南A律所的审查意见书》及相关材料。湖南省司法厅根据长沙市司法局呈报的相关材料核实情况后作出的注销A律所的决定事实清楚,证据确凿,适用法律法规正确,判决驳回A律所的诉讼请求。

A律所对一审判决不服,提出上诉称:根据《律师法》第二十二条和《律师事务所管理办法》第三十条之规定,被上诉人依职权只能作出注销A律所执业证书的决定。被上诉人直接作出注销A律所的决定违反了法律规定。不经法定程序直接注销A律所,意味着A律所所有的权利义务都被非法注销,损害了A律所出资人及工作人员的合法权益,也损害了A律所的客户、债权人的合法权益,将造成A律所的债权无从主张、债务无人承担的严重后果。原审判决认定被上诉人作出的决定合理、合法是错误的。请求撤销原审人民法院作出的(2014)芙行初字第136号行政判决书并依法改判。

被上诉人湖南省司法厅未提交书面答辩意见。

原审第三人长沙市司法局辩称:(1)一审判决认定事实清楚,适用法律准确,审理程序合法。(2)上诉人的上诉理由均不成立:①上诉人执业许可证被注销前已名存实亡;②上诉人因怠于行使清算职责才被注销;③注销上诉人执业许可证属被上诉人法定职责;④执业许可证被注销并不消除其清算职责。请求法院依法查明事实,驳回上诉,维持原判。

长沙市中级人民法院经审理认为,本案中,原审第三人长沙市司法局查明上诉人A律所已不能保持律师事务所的法定设立条件,先后向上诉人作出《限期接受年度检查考核通知》和《限期整改通知书》,要求其限期接受年度检查考核并补充合伙人。上诉人未在规定的时间内申请接受年度检查考核和补充合伙人,不能保持法定设立条件,经限期整改仍不符合条件,依照《律师法》第十五条、第二十二条,《律师事务所管理办法》第七条、第二十九条的规定,依法应当终止。《律师法》第二十二条同时规定,律师事务所终止的,由颁发执业证书的部门注销该律师事务所的执业证书。《律师事务所管理办法》第三十条规定,律师事务所在终止事由发生后,应当向社会公告,依照有关规定进行清算,依法处置资产分割、债务清偿等事务。律师事务所应当在清算结束后十五日内提交材料,办理注销手续。根据前述规定,被上诉人在上诉人符合律师事务所应当终止的情况下,可以作出注销律师事务所执业证书的决定。但律师事务所的注销手续应当由律师事务所履行法定程序后申请办理,被上诉人不能直接作出注销律师事务所的决定。因此,被上诉人作出湘司许〔2013〕83号决定书注销上诉人A律所,违反了法定程序,影响了上诉人进行清算、处置资产分割等权利,依法应当撤销。原审判决驳回原告诉讼请求错误,也应予以撤销。据此,判决撤销长沙市芙蓉区人民法院作出的(2014)芙行初字第136号行政判决书和湖南省司法厅作出的湘司许〔2013〕83号《关于注销A律所的决定书》。

◇ 评析

本案是当事人对司法行政机关注销律师事务所决定不服而提起的行政诉讼,其争议焦点如下:

一、A律所是否符合被注销的条件?

行政许可的注销是行政许可制度的内容之一,是行政许可的实体权利灭失后的一种程序性行为。注销行政许可的前提是特定客观事实的出现,与被许可人取得行政许可是否合法无关。根据《行政许可法》(2003年)第七十条的规定,有下列六种情形之一的,行政机关应当依法办理有关行政许可的注销手续:一是行政许可有效期届满未延续的;二是赋予公民特定资格的行政许可,该公民死亡或者丧失行为能力的;三是法人或者其他组织依法终止的;四是行政许可依法被撤销、撤回,或者行政许可证件依法被吊销的;五是因不可抗力导致行政许可事项无法实施的;六是法律、法规规定的应当注销行政许可的其他情形。在注销行政许可时,行政机关应当说明理由,收回行政许可证件或者予以公告。

毫无疑问,《行政许可法》(2003年)关于行政许可的注销的规定同样适用于律师事务所的注销。而且,《律师法》(2012年)还对注销律师事务所的事由之一——律师事务所的终止作出专门规定。具体来说,《律师法》(2012年)第二十二条规定了律师事务所应当终止的四种情形①。

第一,律师事务所不能保持法定设立条件,并且经限期整改仍不符合条件。这种情形的构成,必须满足两个条件:一是律师事务所不能保持法定设立条件。至于律师事务所的"法定设立条件",《律师法》(2012年)第十四条至第十六条予以明确规定,即设立任何类型的律师事务所都必须具备下列条件:(1)有自己的名称、住所和章程;(2)有符合本法规定的律师;(3)设立人应当是具有一定的执业经历,且三年内未受过停止执业处罚的律师;(4)有符合国务院司法行政部门规定数额的资产。而且,设立合伙律师事务所,除具备前述条件外,还应当有三名以上合伙人,设立人应当是具有三年以上执业经历的律师;设立个人律师事务所,除具备前述条件外,设立人还应当是具有五年以上执业经历的律师。二是经限期整改仍不符合条件。也就是说,当律师事务所不能保持法定设立条件时,司法行政机关应当给予其限期整改的机会。只有当律师

---

① 《律师法》(2017年)对律师事务所终止情形的规定与《律师法》(2012年)完全一致,且均为第二十二条。

事务所未在规定期限内进行整改,或虽进行了整改,但仍未达到法定设立条件时,司法行政机关才可以注销之。

第二,律师事务所执业证书被依法吊销。吊销是适用于比较严重的行政违法行为的行政处罚。《律师法》(2012年)第五十条和第五十一条第二款规定了应当吊销律师事务所执业证书的九种情形:(1)律师事务所违反规定接受委托、收取费用,情节特别严重的;(2)律师事务所违反法定程序办理变更名称、负责人、章程、合伙协议、住所、合伙人等重大事项,情节特别严重的;(3)律师事务所从事法律服务以外的经营活动,情节特别严重的;(4)律师事务所以诋毁其他律师事务所、律师或者支付介绍费等不正当手段承揽业务,情节特别严重的;(5)律师事务所违反规定接受有利益冲突的案件,情节特别严重的;(6)律师事务所拒绝履行法律援助义务,情节特别严重的;(7)律师事务所向司法行政部门提供虚假材料或者有其他弄虚作假行为,情节特别严重的;(8)律师事务所对本所律师疏于管理,造成严重后果,情节特别严重的;(9)律师事务所因违反《律师法》规定,在受到停业整顿处罚期满后二年内又发生应当给予停业整顿处罚情形的[①]。

第三,律师事务所自行决定解散。律师事务所合伙人经协商,可以自行决定解散律师事务所。

第四,法律、行政法规规定应当终止的其他情形。

本案中,A律所是一家合伙律师事务所。从查明的事实看,A律所仅剩一名合伙人,已不符合合伙律师事务所必须具有"三名以上合伙人"的基本要求。同时,面对这种情形,长沙市司法局先后向A律所作出《限期接受年度检查考核通知》和《限期整改通知

---

① 《律师法》(2017年)第五十一条和第五十二条第二款的规定与此完全相同。

书》,要求其限期接受年度检查考核并补充合伙人。然而,遗憾的是,A律所并未在规定的时间内申请接受年度检查考核和补充合伙人。可见,A律所已不能保持法定设立条件,并且经限期整改仍不符合条件。此时,根据《律师法》(2012年)第二十二条的规定,A律所应当终止。相应地,A律所已符合应当注销的条件。

二、注销律师事务所应当遵循什么程序?

《律师法》(2012年)没有详细规定司法行政机关注销律师事务所的程序,只是在第二十二条第二款中明确规定:"律师事务所终止的,由颁发执业证书的部门注销该律师事务所的执业证书。"这便产生一个问题:司法行政机关注销律师事务所,是依职权的行政行为,还是依申请的行政行为?

对此,《律师事务所管理办法》(2012年)有所规定。该规章第三十条分四款对律师事务所的注销工作作出规范,即:"律师事务所在终止事由发生后,应当向社会公告,依照有关规定进行清算,依法处置资产分割、债务清偿等事务。因被吊销执业许可证终止的,由作出该处罚决定的司法行政机关向社会公告。因其他情形终止、律师事务所拒不公告的,由设区的市级或者直辖市的区(县)司法行政机关向社会公告。""律师事务所自终止事由发生后,不得受理新的业务。""律师事务所应当在清算结束后十五日内向所在地设区的市级或者直辖市的区(县)司法行政机关提交注销申请书、清算报告、本所执业许可证以及其他有关材料,由其出具审查意见后连同全部注销申请材料报原审核机关审核,办理注销手续。""律师事务所被注销的,其业务档案、财务账簿、本所印章的移管、处置,按照有关规定办理。"由上可知,律师事务所的注销程序虽因其终止原因的不同而略有差异,但核心程序是相同的,即:律师事务所或司法行政机关发布终止公告——律师事务所进行清算——律师事务所向所在地设区的市级或者直辖市的区(县)司法行政机关提交注销申请书等材料——律师事务所所在地设区的市级或者直辖市的区(县)司法行政机关出具审查意见,报原审核机关审核——原审核机关作出注销决定,收回律师事务所执业许可证或者予以公告。可见,律师事务所的注销属于依申请的行政行为。

就本案而言,长沙市司法局在查明A律所已不能保持律师事务所的法定设立条件后,直接向湖南省司法厅报送《长沙市司法局关于提请注销A律所的审查意见书》及相关材料,湖南省司法厅随后作出湘司许〔2013〕83号《关于注销A律所的决定书》。可见,在A律所根本没有进行清算,也没有向长沙市司法局提交注销申请书、清算报告、本所执业许可证以及其他有关材料的情况下,长沙市司法局直接启动律师事务所注销程序,湖南省司法厅作出湘司许〔2013〕83号《关于注销A律所的决定书》。因此,根据《律师事务所管理办法》(2012年)第三十条的规定,湖南省司法厅注销A律所的行政行为已构成程序违法。

需补充说明的是,与《律师事务所管理办法》(2012年)相比,《律师事务所管理办法》(2016年)就律师事务所的注销程序做了修改,不仅规定了依申请注销,还规定了依职权注销(即强制注销)。具体来说,律师事务所在终止事由发生后,应当向社会公告,依照有关规定进行清算,依法处置资产分割、债务清偿等事务。律师事务所应当在清算结束后十五日内向所在地设区的市级或者直辖市的区(县)司法行政机关提交注销申请书、清算报告、本所执业许可证以及其他有关材料,由其出具审查意见后连同全部注销申请材料报原审核机关审核,办理注销手续。律师事务所拒不履行公告、清算义务的,由设区的市级或者直辖市的区(县)司法行政机关向社会公告后,可以直接报原审核机关办理注销手续①。

┌─────────────────┐
│ **司法行政执法提示** │
└─────────────────┘

　　出现法定情形后,律师事务所应当终止。律师事务所终止事由发生后,司法行政机关应当依法办理律师事务所的注销手续。

（撰稿人:李春燕　叶建丰）

---

① 《律师事务所管理办法》(2016年)第三十二条。《律师事务所管理办法》(2018年)延续了2016年版的规定。

案例 7　赵某某诉天津经济技术开发区司法局行政处罚案①

案情

上诉人（原审原告）：赵某某
被上诉人（原审被告）：天津经济技术开发区司法局
原审第三人：白某某，系赵某某的代理律师

2011年1月14日，白某某律师接受赵某某的委托，担任其与刘某某、张某某房屋租赁合同纠纷一案的一审诉讼代理人。后来，赵某某对白某某的诉讼代理工作不满，于2012年10月29日在天津某律师事务所办公场所内与白某某交涉。在谈话过程中，白某某提议由赵某某出钱请托上诉法院法官，并对一审法官作出污蔑性评价。天津市滨海新区人民法院、天津市第二中级人民法院在赵某某和白某某的诉讼代理合同纠纷中，均对执业律师白某某的不当言行进行了事实确认和批评。因赵某某就诉讼代理合同纠纷向天津市人民检察院第二分院提起申诉，2014年4月28日，该院向天津市滨海新区司法局发出津检二院发建字〔2014〕23号《检察建议书》，建议对律师白某某的行为予以调查和处理。2014年5月4日，赵某某也向天津市滨海新区司法局提交举报信，举报白某某的违法行为。因白某某及其律师事务所应属天津经济技术开发区司法

---

① 来源：天津市第二中级人民法院（2015）二中行终字第156号行政判决书。

局管理,故天津市滨海新区司法局于 2014 年 5 月 8 日向天津经济技术开发区司法局移送白某某涉嫌教唆行贿一案。2014 年 5 月 12 日,天津经济技术开发区司法局对白某某涉嫌教唆当事人行贿予以立案,依法展开调查收集有关证据,并履行了对白某某进行处罚告知、听证告知等程序。白某某在接到天津经济技术开发区司法局的通知后,主动到天津经济技术开发区司法局处配合调查,并提交相关材料。天津经济技术开发区司法局于 2014 年 5 月 28 日作出津开司罚决字〔2014〕第 1 号《行政处罚决定书》,决定给予白某某停止执业三个月的行政处罚,但未向举报人赵某某送达该《行政处罚决定书》,亦未主动告知处理结果。后经赵某某要求,天津经济技术开发区司法局于 2014 年 5 月 29 日向其出具《答复举报人通知书》,告知其所举报事项的处理结果。赵某某对该行政处罚不服,向天津市司法局提起行政复议申请,天津市司法局电话答复称,赵某某并非利害关系人,故未作书面行政复议决定。赵某某不服,提起行政诉讼。

审理

一审法院认为,根据《律师法》第四条的规定,司法行政部门依照本法对律师、律师事务所和律师协会进行监督、指导,根据天津经济技术开发区管委会津开批〔2014〕264 号《关于政策研究室职能设置、内设部门和人员编制的批复》规定,天津经济技术开发区政策研究室加挂天津经济技术开发区司法局牌子,贯彻国家有关司法行政工作的方针、政策和法律、法规,管理全区律师工作、法律援助工作及公证工作。开发区司法局具备独立的行政主体资格,是开发区的司法行政部门,对开发区的律师进行管理属其法定职责。

被告天津经济技术开发区司法局在接到天津市滨海新区司法局移交的国家检察机关作出的检察建议和当事人的举报后,依法开展了对涉嫌教唆诱导当事人行贿的执业律师立案调查,收集了相关证据,对举报人和被举报人分别进行了调查询问,在作出处罚决定前依法进行了处罚告知和听证权利告知,并依法向被处罚人履行送达职责,其行政程序合法。原告主张被告未向其告知处罚结果,未向其释明被告作出行政处罚的法律依据,虽然无明确的程序性法律规定,被告应当向举报人送达该行政处罚决定。但原告作为举报人,同时是违法行为的受害人,基于正当程序原则,被告作为国家行政机关,有责任将处理结果及法律依据以适当的方式及时告知举报人即本案的原告,但被告仅向原告告知了最终结果,并未告知作出处理的法律依据等,应当予以改进。另,原告作为白某某教唆诱导行贿行为的对象和受害人,虽未按照第三人的意思实施行贿进而导致财产损失,但对第三人的违法行为的惩处直接影响到受害人对实现公平正义之期待,原告与被告作出的行政处罚决定具有法律上的利害关系,其诉权依法应予保护。

被告经调查后认定,2012 年 10 月 29 日,在天津某律师事务所办公场所内,白某某在与原告赵某某的谈话内容中,具有诱导当事人行贿的言辞,但并未实际行贿;接到被告通知后,白某某能够向司法行政部门主动报告有关情况,配合案件调查,其在行政程序中所调查事实清楚,据以作出具体行政行为的证据充分。根据《律师法》第四十九条的规定:"律师诱导当事人行贿的,由设区的市级或者直辖市的区人民政府司法行政部门给予停止执业六个月以上一年以下的处罚……"根据《律师和律师事务所违法行为处罚办法》第三十八条的规定:"律师主动报告,积极配合司法行政机关查处违法行为的,可以从轻或者减轻行政处罚。"被告据此对白某某作出停止执业三个月的行政处罚,适用法律法规正确。综上,判决驳回赵某某的诉讼请求。

赵某某不服一审判决,提起上诉,请求撤销原审判决,撤销被上诉人作出的津开司罚决字〔2014〕第1号《行政处罚决定书》,并重新作出处罚。赵某某对被上诉人天津经济技术开发区司法局具有作出被诉行政处罚的主体资格、法定职权以及被上诉人作出被诉行政处罚所依据的事实及履行的程序没有异议,但主张《律师法》第四十九条规定的处罚标准为六个月以上,即便被上诉人同时适用《律师和律师事务所违法行为处罚办法》第三十八条的规定进行处罚,也不能低于六个月。

被上诉人天津经济技术开发区司法局答辩称,赵某某与白某某之间的言行发生在两个人之间,并没有实际实施向法官行贿的行为,并未发生实际的危害结果,且白某某有主动报告和积极配合的情形,符合《律师和律师事务所违法行为处罚办法》第三十八条第二款的规定。故请求驳回上诉,维持原审判决。

原审第三人白某某同意原审判决意见,请求维持原审判决。

二审程序中,天津市第二中级人民法院经审理认为,根据《律师法》第四条、《律师和律师事务所违法行为处罚办法》第二条规定,被上诉人具有作出本案被诉行政处罚的主体资格和法定职权。根据《律师法》第四十九条第一款第(二)项规定:"律师有下列行为之一的,由设区的市级或者直辖市的区人民政府司法行政部门给予停止执业六个月以上一年以下的处罚,可以处五万元以下的罚款;有违法所得的,没收违法所得;情节严重的,由省、自治区、直辖市人民政府司法行政部门吊销其律师执业证书;构成犯罪的,依法追究刑事责任……(二)向法官、检察官、仲裁员以及其他有关工作人员行贿,介绍贿赂或者指使、诱导当事人行贿的……"根据《律师和律师事务所违法行为处罚办法》第三十八条第一款第(二)项规定:"律师、律师事务所有下列情形之一的,可以从轻或者减轻行政处罚……(二)主动报告,积极配合司法行政机关查处违法行为的……"被上诉人经调查后认定,原审第三人作为执业律师,在与案件当事人谈话时,具有诱导当事人行贿的言辞,违反了《律师法》第四十九条的规定。原审第三人接到被上诉人通知后,能够主动报告有关情况,配合案件调查,根据《律师和律师事务所违法行为处罚办法》第三十八条的规定,被上诉人对原审第三人作出停止执业三个月的处罚,系在法定处罚种类和幅度内作出的,适用法律正确。被上诉人作出被诉行政处罚依法履行了立案、调查、告知、决定、送达等相关程序,程序合法。综上,被上诉人作出的津开司罚决字〔2014〕第1号《行政处罚决定书》,证据充分、程序合法、适用法律正确。原审判决并无不当,判决驳回上诉,维持原判。

评析

本案是当事人因司法行政机关对被投诉律师作出的行政处罚不服而提起的行政诉讼,其争议焦点如下:

一、如何判断起诉人是否具有行政诉讼的原告资格?

行政诉讼的原告资格,是指符合法律规定的条件,能够向人民法院提起行政诉讼的资格。简言之,即公民、法人或者其他组织获得行政诉讼的原告这一主体身份所必须满足的条件。

行政诉讼原告资格的设定,关系到公民、法人或者其他组织的合法权益的保护,也关系到司法资源的合理配置。我国对行政诉讼原告资格的规定也在历次修法中得到不断完善。在有关行政诉讼原告资格的认定方面,主要考量起诉人与被诉行政行为是否具有"法律上的利害关系"。《最高人民法院关于执行〈行政诉讼法〉若干问题的解释》(法释〔2000〕8号)明确了行政诉讼的原告资格,即第十二条规定:"与具体行政行为有法律上利害关系的公民、法人或者其他组织对该行为不服的,可以依法提起行政诉讼。"基于此,如何理解与具体行政行为具有"法律上的利害关系"就成为判断起诉人是否具有行政诉讼原告资格的关键。一般认为,判断"法律上的利害关系",可以从三个方面进行考虑:一是自己的合法权益受到侵害;二是有确定的具体行政行为;三是合法权益受到侵害与具体行政行为之间存在明确的内在联系,即损害是由具体行政行为造成的,并且具体行政行为必然导致该损害。在本案中,赵某某不仅是举报人,同时也是白某某实施的违法行为的受害人,而且对白某某违法行为的惩处直接影响到赵某某对实现公平正义之期待,因此,赵某某与天津经济技术开发区司法局作出的行政处罚决定具有法律上的利害关系,即具有行政诉讼的原告资格。

需要补充说明的是,《行政诉讼法》(2014年)较《最高人民法院关于执行〈行政诉讼法〉若干问题的解释》(法释〔2000〕8号)对行政诉讼的原告资格有不同表述,其第二十五条第一款规定:"行政行为的相对人以及其他与行政行为有利害关系的公民、法人或者其他组织,有权提起诉讼。"那么,从"法律上的利害关系"到"利害关系",是否意味着对利害关系的判断可以进行更为广义的理解,即是否意味着放宽了行政诉讼的原告资格?笔者认为,就诉讼而言,它所解决的都是法律争议。因此,与其说这是行政诉讼原告资格的扩展,不如说是立法技术的改进。

二、司法行政机关是否有义务将举报人投诉事项的处理结果及法律依据以适当的方式及时告知举报人?

保障当事人的行政程序参与权是正当程序的核心,也是从根本上保障行政相对人实现实体权利的重要方法。参与,以当事人知情为前提。因此,基于维护或救济行政相对人权利的需要,课予行政机关向当事人通报行政行为过程的义务就显得尤为必要。即行政相对人基于维护自身权利的需要而寻求行政机关的必要干预时,行政机关就有义务将相关事项的办理程序、依据及结果详尽通知当事人。本案中,赵某某是举报人,更是白某某实施的违法行为的受害人,天津经济技术开发区司法局对白某某拟作出的行政处罚决定直接影响到赵某某对实现公平正义的期待。此时,天津经济技术开发区司法局应当启动正当程序,不仅有义务听取赵某某的陈述,而且有义务将对白某某的行政处罚结果及法律依据以适当方式告知赵某某。

三、在何种情形下,可以减轻适用行政处罚?

《行政处罚法》(2009年)第四条第二款规定:"设定和实施行政处罚必须以事实为依据,与违法行为的事实、性质、情节以及社会危害程度相当。"这就是行政处罚的过罚相当原则,该原则是行政处罚公正原则的必然要求和具体体现。

行政处罚的过罚相当原则体现于行政处罚的设定与实施的全过程。其中,行政处罚的减轻与从轻制度的设置便是其一。行政处罚的从轻,指行政机关在法定处罚种类和幅度内,对违法行为人适用较轻种类或者较小幅度的处罚;行政处罚的减轻,指行政机关在法定处罚种类和幅度以下,对违法行为人进行处罚。可见,行政处罚的从轻或减轻对当事人的权益影响程度有重大不同。为防止行政机关滥用行政处罚权,《行政处罚法》(2009年)第二十七条第一款对从轻和减轻处罚的情形作出明确规定,即:"当事人有下列情形之一的,应当依法从轻或者减轻行政处罚:(一)主动消除或者减轻违法行为危害后果的;(二)受他人胁迫有违法行为的;(三)配合行政机关查处违法行为有立功表现的;(四)其他依法从轻或者减轻行政处罚的。"这一规定有其积极意义,但将从轻处罚与减轻处罚的适用情形同等对待,给实践中的法律适用带来了困难。

律师行政处罚作为行政处罚在律师管理领域的运用,当然也要遵守《行政处罚法》(2009年)的相关规定。就律师行政处罚的从轻和减轻适用而言,《律师和律师事务所违法行为处罚办法》(2010年)第三十八条第一款规定:"律师、律师事务所有下列情形之一的,可以从轻或者减轻行政处罚:(一)主动消除或者减轻违法行为危害后果的;(二)主动报告,积极配合司法行政机关查处违法行为的;(三)受他人胁迫实施违法行为的;(四)其他依法应当从轻或者减轻处罚的。"将《律师和律师事务所违法行为处罚办法》(2010年)的规定与《行政处罚法》(2009年)对比后可以发现,有两个问题值得关注:一是在对行政机关的约束力度方面,《行政处罚法》(2009年)使用的是"应当",而《律师和律师事务所违法行为处罚办法》(2010年)使用的是"可以"。《律师和律师事务所违法行为处罚办法》作为部门规章,不能作出与《行政处罚法》不一致的规定。对此,建议司法部尽快修订《律师和律师事务所违法行为处罚办法》(2010年)。二是在从轻或者减轻行政处罚的适用情形方面,《律师和律师事务所违法行为处罚办法》(2010年)基本上是在重复《行政处罚法》(2009年)的规定,《行政处罚法》(2009年)之"配合行政机关查处违法行为有立功表现的"规定与《律师和律师事务所违法行为处罚办法》(2010年)之"主动报告,积极配合司法行政机关查处违法行为的"规定是什么关系?后者是否是对前者的具体化?笔者认为,《行政处罚法》(2009年)中"配合行政机关查处违法行为有立功表现的"之规定包含两个要件:一是违法行为人配合查处违法行为,二是违法行为人的配合行为达到"立功"的程度。因此,与其将《律师和律师事务所违法行为处罚办法》(2010年)之"主动报告,积极配合司法行政机关查处违法行为的"规定理解为是对《行政处罚法》(2009年)之"配合行政机关查处违法行为有立功表现的"规定的具体化,不如理解为是对《行政处罚法》(2009年)之"其他依法应当从轻或者减轻处罚的"规定的具体化。

就本案而言,《律师法》(2012年)第四十九条规定:"律师有下列行为之一的,由设区的市级或者直辖市的区人民政府司法行政部门给予停止执业六个月以上一年以下的处罚,可以处五万元以下的罚款;有违法所得的,没收违法所得;情节严重的,由省、自治区、直辖市人民政府司法行政部门吊销其律师执业证书;构成犯罪的,依法追究刑事责任……(二)向法官、检察官、仲裁员以及其他有关工作人员行贿,介绍贿赂或者指使、诱导当事人行贿的……"天津经济技术开发区司法局经调查后认定,原审第三人白某某作为执业律师,在与案件当事人赵某某谈话时,具有诱导当事人赵某某行贿的言辞。显然,原审第三人白某某违反了《律师法》(2012年)第四十九条第一款第二项的规定,应当承担相应的法律责任。不过,原审第三人白某某接到天津经济技术开发区司法局的通知后,能够主动报告有关情况,配合案件调查,根据《律师和律师事务所违法行为处罚办法》(2010年)第三十八条的规定,对"主动报告,积极配合司法行政机关查处违法行为的"违法行为人,司法行政机关可以从轻或减轻处罚。在这种情况下,天津经济技术开发区司法局对原审第三人白某某作出停止执业三个月的处罚,系在法定处罚种类和幅度内作出的减轻处罚,适用法律正确。

特别说明的是,司法行政机关在减轻适用行政处罚时,应当在行政处罚决定书中充分说理,即全面展示应当给予减轻处罚的事实依据、法律依据和裁量依据。如果对违法行为人减轻处罚,而行政处罚决定书中却没有相应的表述,那么,行政处罚决定书就会出现断层,即案件事实、适用的法律与处罚结果不相适应。

司法行政执法提示

司法行政机关在处理投诉人对其代理律师的投诉时,应当将投诉处理结果及其法律依据以适当方式告知投诉人。在对被投诉人进行处罚时,应当坚持过罚相当原则,在符合法定条件时,应当从轻或者减轻处罚。

(撰稿人:赵　玮　叶建丰)

案例8 祝某诉广东省司法厅核准律师事务所负责人变更登记案①

案情

上诉人(原审原告):祝某

被上诉人(原审被告):广东省司法厅

原审第三人:蔡某

原审第三人:广东A律师事务所

2010年8月2日,广东省司法厅下发粤司〔2010〕183号《关于委托(下放)有关司法行政工作管理权充实基层司法行政机关职能的通知(试行)》,内容为:"一、委托(下放)司法行政管理权的主要内容……(一)将'律师事务所负责人变更''律师事务所章程变更'和'律师事务所合伙协议变更'的批准委托地级以上市司法局行使……二、委托(下放)司法行政管理权的主要原则和要求……委托各地级以上市司法局行使的行政管理权,其责任主体仍为我厅……"2015年10月10日,广东A律师事务所通过广东律师管理在线平台向广州市司法局递交申请,申请该所负责人由祝某变更登记为蔡某。同年10月14日,广东A律师事务所向广州市司法局递交申请变更登记的纸质材料,包括:律师事务所负责人变更登记申请表;广东A律师事务所(2015)A合字第009号合伙人决议,内

---

① 来源:广州铁路运输中级法院(2018)粤71行终304号行政判决书。

容为免去祝某A律所主任职务等;广东A律师事务所(2015)A合字第010号合伙人决议,内容为选举蔡某为A律所主任等;承诺书;律师事务所执业许可证(副本)(发证机关:广东省司法厅)等。广州市司法局在变更登记申请表中"市司法局主管部门意见"一栏加盖"准予变更登记"印章,"市司法局领导意见"一栏加盖"广州市司法局律师工作管理处"印章。广州市司法局经审查认为材料齐全,符合法定要求,遂于2015年10月23日将该申请报广东省司法厅审批。同年10月27日,广东省司法厅出具"准予登记备案"的审核意见,对广东A律师事务所负责人变更为蔡某的事项予以登记备案。祝某不服,提起行政诉讼,要求撤销广东省司法厅作出的准予登记备案决定。

◁◆ **审理**

诉讼过程中,祝某表示其已对蔡某等相关人员向司法行政机关进行投诉,故广东省司法厅不应核准本案登记备案;变更登记申请表中无广州市司法局经办人意见等内容。被告广东省司法厅认为祝某的投诉属于另外的法律关系,不是变更登记的限制条件;变更登记申请表因是网上办理,书面材料中不需要出具经办人意见,且广州市司法局加盖公章就已代表其同意办理。

经审理,一审法院认为,《律师法》第二十一条第一款规定:"律师事务所变更名称、负责人、章程、合伙协议的,应当报原审核部门批准。"《律师事务所管理办法》第十六条规定:"律师事务所的设立许可,由设区的市级或者直辖市的区(县)司法行政机关受理设立申请并进行初审,报省、自治区、直辖市司法行政机关进行审核,作出是否准予设立的决定。"第二十四条第一款规定:"律师事务所变更名称、负责人、章程、合伙协议的,应当经所在地设区的市级或者直辖市的区(县)司法行政机关审查后报原审核机关批准。具体办法按律师事务所设立许可程序办理。"《广东省司法厅关于律师事务所设立的管理办法》第二十二条第一款规定:"律师事务所申请负责人变更的,应当提交下列材料:(一)《律师事务所负责人变更申请登记表》一式三份;(二)有效的合伙人会议决议或国资所主管机关的决定;(三)律师事务所执业许可证副本。"第二十七条规定:"律师事务所申请名称变更、组织形式变更的,应当逐级报省司法厅批准,具体办法参照律师事务所设立程序办理。其他事项变更的,委托地级以上市司法局办理,地级以上市司法局应当在受理之日起十五个工作日内办理变更登记,并在变更登记后十五个工作日内报省司法厅备案。"本案中,广东 A 律师事务所经合伙人决议后向司法行政机关申请办理律师事务所负责人变更登记备案,并提交了符合上述要求的材料,广州市司法局初审同意后,将该申请报被告广东省司法厅审核备案,被告经审核依法对该申请准予登记备案,符合上述规定。原告祝某对蔡某的投诉并不构成本案被告审核登记备案的限制性条件。广州市司法局将涉案变更登记申请报被告审核前,已在变更申请登记表中出具准予变更登记意见,登记表中有无注明市司法局经办人意见不影响被告作出的登记备案的合法性,故原告要求撤销被告作出的准予登记备案决定的主张不成立,判决驳回其诉讼请求。

祝某不服一审判决,提出上诉称:(1)原审判决认定事实不清。被上诉人广东省司法厅没有证据证明在审批处理涉案变更申请业务过程中的工作流程和人员人数符合法律的规定,没有履行告知利害关系人、听取其陈述申辩意见的义务,没有审查申请材料的工作人员符合法定的人数。(2)原审判决程序违法。广东省司法厅已制定文件,把律师事务所负责人变更的审查和批准权力下放给广州市司法局,广州市司法局实际上具有履行审查批准的职权,应承担相应的责任。原审法院否定广州市司法局对涉案变更申请业务具有实质审查和批准的行政职责,错误通知广州市司法局退出诉讼,程序违法。综上,请求撤销原审判决和被上诉人广东省司法厅作出变更广东A律师事务所负责人的行政行为。

被上诉人广东省司法厅答辩称:行政机关在办理行政许可事项中关于印章的使用内部有严格的规定和审批流程,具体经办人员作出的行政行为由行政机关负责,呈批单属于行政机关内部工作流程,无须作为证据提交。《律师法》《律师事务所管理办法》和《广东省司法厅关于律师事务所设立的管理办法》等未规定律师事务所负责人变更登记需要听证程序。综上,请求法院依法驳回原告诉讼请求。

原审第三人蔡某、广东A律师事务所在二审期间未提交书面答辩意见。

二审法院经审理认为,本案的争议焦点是被上诉人广东省司法厅核准广东A律师事务所负责人变更登记是否符合法律规定。根据《律师法》第二十一条第一款、《律师事务所管理办法》第十六条、第二十四条第一款规定,律师事务所变更负责人的,应当经所在地设区的市级或者直辖市的区(县)司法行政机关受理申请并进行初审后,报省、自治区、直辖市司法行政机关进行审核作出决定。《广东省司法厅关于律师事务所设立的管理办法》第二十二条第一款规定,律师事务所申请负责人变更的,需提交变更申请登记表、有效的合伙人会议决议或国资所主管机关的决定、律师事务所执业许可证副本等材料。本案中,原审第三人广东A律师事务所经合伙人会议作出变更负责人的决定,向广州市司法局申请办理变更登记,按上述规定要求提交律师事务所负责人变更登记申请表、合伙人决议、承诺书、律师事务所执业许可证(副本),广州市司法局受理该申请后经过初步审查同意准予变更登记,并报被上诉人广东省司法厅审核,准予登记备案,已依法履行法定审查职责,原审法院予以支持,并无不当。

关于上诉人祝某主张被上诉人广东省司法厅在审核准予律师事务所负责人变更登记备案时,未依照《行政许可法》规定,告知其享有陈述、申辩及听证权利问题,《律师法》《律师事务所管理办法》及《广东省司法厅关于律师事务所设立的管理办法》对律师事务所设立变更程序已作出具体规定,故涉及律师事务所设立变更应按照上述相关规定办理,而上述规定未要求在申请办理律师事务所负责人变更登记过程中需要向利害关系人告知陈述、申辩权利及进行听证。至于上诉人祝某坚持将广州市司法局作为共同被告的问题,本案属于发回重审案件,根据本院已生效(2017)粤71行终1001号《行政裁定书》认为,广州市司法局非本案适格被告,原审法院依照该裁定通知广州市司法局退出本案诉讼,并无不妥。综上,判决驳回上诉,维持原判。

评析

本案是当事人对司法行政机关核准律师事务所负责人变更登记备案决定不服而提起的行政诉讼,其主要争议焦点如下:

一、司法行政机关办理律师事务所变更登记时,应否适用《行政许可法》规定的程序?

就律师事务所变更登记而言,《律师法》(2012年)第二十一条第一款规定:"律师事务所变更名称、负责人、章程、合伙协议的,应当报原审核部门批准。"这只是明确了变更登记的实施主体,而未明确具体的变更登记程序。不过,《律师事务所管理办法》(2012年)弥补了《律师法》(2012年)的前述不足,其第二十四条第一款规定:"律师事务所变更名称、负责人、章程、合伙协议的,应当经所在地设区的市级或者直辖市的区(县)司法行政机关审查后报原审核机关批准。具体办法按律师事务所设立许可程序办理。"

那么,律师事务所的设立许可程序是怎样的?《律师法》(2012年)第十八条规定:"设立律师事务所,应当向设区的市级或者直辖市的区人民政府司法行政部门提出申请,受理申请的部门应当自受理之日起二十日内予以审查,并将审查意见和全部申请材料报送省、自治区、直辖市人民政府司法行政部门。省、自治区、直辖市人民政府司法行政部门应当自收到报送材料之日起十日内予以审核,作出是否准予设立的决定。准予设立的,向申请人颁发律师事务所执业证书;不准予设立的,向申请人书面说明理由。"①可见,这一条款关注的重点是律师事务所设立许可程序的流程,而未涉及受理申请的部门在受理后如何进行审查。至于受理申请的部门在受理后如何进行审查,《律师事务所管理办法》(2012年)第十九条给出了答案:"受理申请的司法行政机关应当在决定受理之日起二十日内完成对申请材料的审查。在审查过程中,可以征求拟设立律师事务所所在地县级司法行政机关的意见;对于需要调查核实有关情况的,可以要求申请人提供有关证明材料,也可以委托县级司法行政机关进行核实。经审查,应当对设立律师事务所的申请是否符合法定条件、材料是否真实齐全出具审查意见,并将审查意见和全部申请材料报送省、自治区、直辖市司法行政机关。"那么,律师事务所的设立许可(包括本案讨论的变更登记)是否只需要按前述程序办理即可? 这就必须关注《行政许可法》(2003年)的法律地位问题。

《行政许可法》(2003年)第八十三条规定:"本法自2004年7月1日起施行。本法施行前有关行政许可的规定,制定机关应当依照本法规定予以清理;不符合本法规定的,自本法施行之日起停止执

---

① 《律师法》(2017年)第十八条对律师事务所设立程序的规定与此完全相同。

行。"这就确立了《行政许可法》作为"行政许可的基本法"的法律地位。作为行政许可的基本法,《行政许可法》对所有行政许可事项都具有规范效力。也就是说,律师事务所的设立许可(包括本案讨论的变更登记),也应当遵守《行政许可法》关于行政许可的实施程序的相关规定。《行政许可法》(2003年)关于行政许可的实施程序的规定较多,其中以下条款尤其应当引起重视:一是形式审查与实质审查问题,即第三十四条规定:"行政机关应当对申请人提交的申请材料进行审查。申请人提交的申请材料齐全、符合法定形式,行政机关能够当场作出决定的,应当当场作出书面的行政许可决定。根据法定条件和程序,需要对申请材料的实质内容进行核实的,行政机关应当指派两名以上工作人员进行核查。"二是保障申请人、利害关系人的陈述权和申辩权问题,即第三十六条规定:"行政机关对行政许可申请进行审查时,发现行政许可事项直接关系他人重大利益的,应当告知申请人、利害关系人有权进行陈述和申辩。行政机关应当听取申请人、利害关系人的意见。"三是听证程序的适用问题,即第四十六条规定:"法律、法规、规章规定实施行政许可应当听证的事项,或者行政机关认为需要听证的其他涉及公共利益的重大行政许可事项,行政机关应当向社会公告,并举行听证。"第四十七条规定:"行政许可直接涉及申请人与他人之间重大利益关系的,行政机关在作出行政许可决定前,应当告知申请人、利害关系人享有要求听证的权利;申请人、利害关系人在被告知听证权利之日起五日内提出听证申请的,行政机关应当在二十日内组织听证。"

　　本案中,二审法院认为,关于上诉人祝某主张被上诉人广东省司法厅在审核准予律师事务所负责人变更登记备案时,未依照《行政许可法》规定,告知其享有陈述、申辩及听证权利问题,"《律师法》《律师事务所管理办法》及《广东省司法厅关于律师事务所设立的管理办法》对律师事务所设立变更程序已作出具体规定,故涉及律师事务所设立变更应按照上述相关规定办理,而上述规定未要求在申请办理律师事务所负责人变更登记过程中需要向利害关系人告知陈述、申辩权利及进行听证"。对这一论断,笔者持不同观点。诚然,《律师法》(2012年)《律师事务所管理办法》(2012年)及《广东省司法厅关于律师事务所设立的管理办法》对律师事务所设立变更程序已作出具体规定,但这并不是排斥适用《行政许可法》(2003年)的理由。如前所述,《行政许可法》是行政许可领域的基本法,因此在《行政许可法》(2003年)与《律师法》(2012年)的关系上,除非《行政许可法》(2003年)有明确的例外性规定,否则不能适用"特别法优于一般法"原则,而是应适用"基本法优于普通法"原则;在《律师事务所管理办法》(2012年)及《广东省司法厅关于律师事务所设立的管理办法》与《行政许可法》(2003年)的关系上,则应适用"上位法优于下位法"原则。不过,适用《行政许可法》(2003年),并不意味着司法行政机关在办理律师事务所变更登记程序时必须"告知申请人、利害关系人有权进行陈述和申辩",或者必须"告知申请人、利害关系人享有要求听证的权利",因为司法行政机关的告知义务的产生,以如下判断为前提——"发现行政许可事项直接关系他人重大利益",或者"行政许可直接涉及申请人与他人之间重大利益关系"。就本案而言,法院论证的重点应当是,广东省司法厅出具"准予登记备案"的审核意见,对广东A律师事务所负责人由祝某变更为蔡某的事项予以登记备案,这一行政行为是否直接关系到祝某的重大利益,以及是否直接涉及广东A律师事务所与祝某之间的重大利益关系,从而明确广东省司法厅应当遵循的程序。

二、行政委托情形下如何确定行政诉讼的被告?

前文已述,关于律师事务所变更登记的程序,《律师法》(2012

年)只规定由原审核部门批准,《律师事务所管理办法》(2012年)则明确先由设区的市级或者直辖市的区(县)司法行政机关受理申请并进行初审,然后报省、自治区、直辖市司法行政机关进行审核,作出是否准予变更的决定。在"简政放权"的改革背景之下,《广东省司法厅关于律师事务所设立的管理办法》第二十七条规定:"律师事务所申请名称变更、组织形式变更的,应当逐级报省司法厅批准,具体办法参照律师事务所设立程序办理。其他事项变更的,委托地级以上市司法局办理,地级以上市司法局应当在受理之日起十五个工作日内办理变更登记,并在变更登记后十五个工作日内报省司法厅备案。"可见,《广东省司法厅关于律师事务所设立的管理办法》将律师事务所的变更登记程序分为两类:一类参照适用律师事务所的设立程序,如律师事务所名称和组织形式的变更;一类委托地级以上市司法局办理变更登记,并在变更登记后报省司法厅备案,如律师事务所负责人的变更等。本案涉及律师事务所负责人的变更,于是有必要探讨接受委托办理律师事务所负责人变更登记的广州市司法局的法律地位问题。

关于行政许可的委托,《行政许可法》(2003年)第二十四条规定:"行政机关在其法定职权范围内,依照法律、法规、规章的规定,可以委托其他行政机关实施行政许可。委托机关应当将受委托行政机关和受委托实施行政许可的内容予以公告。委托行政机关对受委托行政机关实施行政许可的行为应当负责监督,并对该行为的后果承担法律责任。受委托行政机关在委托范围内,以委托行政机关名义实施行政许可;不得再委托其他组织或者个人实施行政许可。"这一条款传递的信息非常丰富:行政机关只能在法定的行政许可职权范围内进行委托;委托必须依照法律、法规、规章的规定进行;委托必须进行公告;委托行政机关与受委托行政机关之间是行政主体与行为主体的关系;禁止转委托。

就律师事务所负责人变更登记而言,广东省司法厅虽具有批准权限,但能否将该权限委托给地级以上市司法局,关键在于是否有"法律、法规、规章"依据。目前,笔者尚未检索到支持前述委托的具体的"法律、法规、规章"依据。当然,不管是否有明确的"法律、法规、规章"依据,都不影响客观的委托事实的存在。在这种情况下,一旦发生争议,如何确定行政诉讼的被告?对此,《行政诉讼法》(2014年)第二十六条第五款规定:"行政机关委托的组织所作的行政行为,委托的行政机关是被告。"因此,本案的适格被告是广东省司法厅,而不能将作为受委托方的广州市司法局作为共同被告。

司法行政执法提示

律师事务所申请变更名称、负责人、章程、合伙协议的,应当由原审核部门批准,具体适用律师事务所设立许可程序。不过,《行政许可法》是行政许可领域的基本法。因此,在律师事务所的变更登记程序中,必须遵循《行政许可法》的相关规定。

(撰稿人:李春燕 叶建丰)

案例9　上海某公司诉上海市浦东新区司法局撤销信访答复案①

案情

上诉人(原审原告):上海某公司

被上诉人(原审被告):上海市浦东新区司法局

因D律师违法代理同一案件双方当事人,上海市浦东新区司法局对D律师及上海市某律师事务所作出各没收违法所得243.5万元的处罚。2013年7月23日,上海某公司向浦东新区司法局发出两封投诉信,要求浦东新区司法局没收D律师及上海市某律师事务所各人民币243.5万元违法所得的利息(自取得违法所得243.5万元之日起至履行行政处罚决定之日止,按中国人民银行同期贷款利率计算)。浦东新区司法局收到投诉信后于2013年8月5日立案受理,于2013年11月1日作出沪浦司信2013-33《信访事项处理意见书》,答复如下:上海某公司要求浦东新区司法局对律师D违法所得243.5万元产生的利息及上海市某律师事务所违法所得243.5万元产生的利息予以没收的主张,缺乏法律依据。上海某公司不服,提起行政诉讼,请求撤销浦东新区司法局作出该《信访事项处理意见书》的具体行政行为。

---

① 来源:上海市第一中级人民法院(2014)沪一中行终字第167号行政判决书。

◇ 审理

一审中,浦东新区司法局辩称,国家行政机关必须遵从法律规定行使行政权,只有在法律明确授权下的行政行为才合法。上海某公司的主张缺乏法律法规的规定,浦东新区司法局无法实施。浦东新区司法局已履行法定职责,并向上海某公司作出书面答复,请求法院驳回上海某公司诉讼请求。

一审法院认为,根据《律师法》第四条的规定,上海某公司投诉事项属于浦东新区司法局法定职责范围,浦东新区司法局具有对投诉事项进行受理和处理的职权。浦东新区司法局收到该投诉后予以立案受理,并作了相应的调查,认定该投诉缺乏法律依据。浦东新区司法局出具书面意见书告知上海某公司,已履行了职责。上海某公司要求浦东新区司法局没收违法所得利息观点确无法律依据支持,判决驳回其诉讼请求。

上海某公司对一审判决不服,提出上诉称:违法所得包含孳息(利息),所有违法所得均应没收。被投诉人取得的自获取违法所得之时至实际履行处罚决定止,以243.5万元为本金、按中国人民银行同期贷款利率计算的利息,应予没收。被上诉人若不能举证证明违法所得不包括利息,则上诉人的主张应获得支持。请求二审法院撤销原判,支持上诉人原审诉讼请求。

被上诉人浦东新区司法局答辩称:被上诉人所作答复正确,原审判决认定事实清楚、适用法律正确,请求二审法院维持原判。

二审中,上海市第一中级人民法院经审理认为,被上诉人已作出没收违法所得的行政处罚决定,现行有关规范律师执业行为的法律法规规章并无明确规定没收律师及律师事务所违法所得是否应当包括孳息(利息)及计算方式,故被上诉人答复上诉人其诉求无法律依据难以支持,本院予以采信。上诉人的上诉请求缺乏依据,判决驳回上诉,维持原判。

评析

本案是当事人不服司法行政机关对投诉的处理而提起的行政诉讼,其争议焦点是:如何理解"没收违法所得"这一处罚行为的规范含义? 在没收范围上是否应当包括对孳息(利息)的没收?

一、如何认识"没收违法所得"的法律属性和规范含义?

《行政处罚法》(2009年)第八条规定了七大类行政处罚,其中第三类是没收违法所得、没收非法财物。没收违法所得,在学理分类上归属于财产罚,是将违法当事人所有或占有的财物收归国有的一种处罚行为。不过,对于将"没收违法所得"定性为"行政处罚行为"的做法,学界有不同观点。如,有学者认为,"凡是守法者和违法者都应履行的义务,不能认为是惩罚性义务,只有违法者承担的新的义务,且较守法者为多时,才是行政处罚"[1]。还有学者认为,"行政相对人对通过行政违法行为所获得的利益不具有合法拥有的依据,因而没收违法所得并非剥夺行政相对人合法拥有的财产,不具有同罚款那样的惩罚性,充其量只是一种追缴行为"[2]。总而言之,倘若没收违法所得不能带来违法者财产权的实质性减少,那么该行为就无法发挥行政处罚行为的威慑作用,也就无法实现行政处罚制度本身的规范目的。因而,从法律属性上,笔者认为它更接近于一种"追缴违法所得"的行政强制行为。

上述对"没收违法所得"的行政处罚属性的质疑,主要集中体现在"如何认定违法所得"这一问题上,也是本案所关注的核心问题。在当下司法实践中对"没收违法所得"有不同认知和做法,针

---

[1] 应松年:《行政法学新论》,中国方正出版社1998年版,第374页。
[2] 章剑生:《现代行政法基本理论》(上卷),法律出版社2014年版,第361页。

对违法所得是否囊括成本部分,有三种不同观点:"获得利润说"认为违法所得是扣除成本的利润部分;"包含成本说"认为违法所得包括成本和利润在内的全部总收入;"折衷说"认为应当具体问题具体分析,视情况来裁量是否扣除成本。在这三种观点中,"获得利润说"为多数司法裁判所认可。

然而,"获得利润说"本身的计算也存在较大的模糊成分。一方面,相关市场活动的经济来往较为复杂,如何界定"利润"在具体操作环节会问题丛生,增加了法定判断的客观困难。另一方面,"获得利润说"虽然限缩了行政处罚的范围,但仍旧无法解释"违法所得"产生的孳息是否涵盖在内等一系列问题,这也是本案产生的问题根源。因而,有关"没收违法所得"规范含义的解析,应当结合个案进行具体判断,以上三种观点都有应用的可能性。

二、针对律师职业行为的"没收违法所得"是否包括对所得孳息的没收?

刑法上,有关"犯罪所得"是否包括"孳息"问题,有明确的司法解释为依据。如《最高人民法院关于审理掩饰、隐瞒犯罪所得、犯罪所得收益刑事案件适用法律若干问题的解释》第十条规定,通过犯罪直接得到的赃款、赃物,应当认定为刑法第三百一十二条规定的"犯罪所得"。上述犯罪的行为人对犯罪所得进行处理后得到的孳息、租金等,应当认定为刑法第三百一十二条规定的"犯罪所得产生的收益"。

在司法行政执法中,"没收违法所得"也是一个法定的处罚方式。《司法行政机关行政处罚程序规定》第四条规定,"司法行政机关行政处罚的种类有……(三)没收违法所得……"第五条规定,"司法行政机关实施行政处罚,必须以事实为根据,以法律为准绳,坚持责任处罚相当的原则"。然而,本案中所体现出的有关"孳息"是否涵括在"违法所得"范围存在两重困境:如果界定为"不包括孳息",会带来"不当得利",而界定为"包括孳息",又于法无据。

一方面,"没收违法所得"的适用个案性较强,在无上位法依据的前提下,行政机关确实具有相应的裁量权,但基于行政处罚法定原则的要求,在有两种选择的前提下,应当保持行政处罚的克制,选择"没收违法所得"的狭义解释。另一方面,若违法行为归属于行政处罚的低档位,且行政机关认定违法情形较为轻微,对于"没收违法所得"的范围认定亦可进行"限缩解释",以保障行政处罚"责任处罚相当"的立法本意。本案中,D律师违反《律师法》(2012年)第三十九条有关"律师不得在同一案件中为双方当事人担任代理人"之规定,应当按照该法第四十七条之规定处罚。按照该法第四十七条之规定,"律师有下列行为之一的,由设区的市级或者直辖市的区人民政府司法行政部门给予警告,可以处五千元以下的罚款;有违法所得的,没收违法所得;情节严重的,给予停止执业三个月以下的处罚律师执业行为"。作为"法律责任"之第一款,相比后续条款来说在法律责任的设计上最为轻微,现行有关规范律师执业行为的法律法规规章并无明确规定没收律师及律师事务所违法所得是否应当包括孳息(利息)及计算方式,因而在违法所得上仅计算本金,是相比较下更为适当的处理办法。

司法行政执法提示

"没收违法所得"作为一种行政处罚方式,在适用条件上较为明确,但针对"违法所得"的范围有较大的分歧。由此,在适用这一处罚方式时既要坚持个案裁量判断,同时应严格遵守法律法规的既有规定,特别要注意审慎裁量并充分说明理由,避免产生裁量怠惰和滥用裁量权这样的两极化风险。

(撰稿人:赵 玮 叶建丰)

案例10 李某某诉温州市司法局行政处理案[①]

案情

上诉人(原审原告):李A

被上诉人(原审被告):温州市司法局

2009年6月8日,李A乘坐由李B骑行的人力客运三轮车,遭遇道路交通事故。2010年2月3日,瑞安市公安局交通警察大队作出瑞公交认字(2009)第0253号道路交通事故认定书,认定金某某负事故的全部责任,李A、李B均不负事故责任。2010年3月16日,李A与浙江C律师事务所签订《法律服务委托合同书》,并签署《风险告知书》与《授权委托书》,由律师朱某某、赵某某在原告李A与被告金某某、余某某、李B、黄某某交通事故损害赔偿纠纷一案中作为其委托代理人。之后,朱某某代李A向瑞安市人民法院提起道路交通事故人身损害赔偿纠纷的诉讼,要求金某某、余某某承担赔偿责任,在诉讼过程中,申请追加杨某某为被告并增加诉讼请求。2011年6月8日,朱某某根据李A的授权委托代其对李B、黄某某提起公路旅客运输合同民事诉讼。2011年6月29日,瑞安市公安局交通警察大队撤销瑞公交认字(2009)第0253号道路交通事故认定书,并重新作出瑞公交认字(2009)第0253-1号道路交通事故认定

---

① 来源:浙江省温州市中级人民法院(2012)浙温行终字第202号行政判决书。

书,认定杨某某负事故的全部责任。2011年11月1日,李A就交通事故损害赔偿纠纷案件申请撤诉,瑞安市人民法院于同日裁定准许其撤回起诉。2011年11月10日,瑞安市人民检察院就被告人杨某某犯交通肇事罪、被告人金某某犯包庇罪向瑞安市人民法院提起公诉。2011年12月8日,李A向瑞安市人民法院提出书面申请,请求准许将涉案肇事车辆转让款用以赔偿其损失,并于2012年初领取了66800元。瑞安市人民法院就李A与李B、黄某某提起公路旅客运输合同纠纷的民事案件通知双方当事人于2012年2月16日上午9时开庭审理。2012年2月15日,朱某某打电话向瑞安市人民法院民三庭工作人员询问该案件是否如期开庭,该工作人员查询电脑后,因电脑未显示该案开庭信息,遂答复没有该案开庭信息。2012年2月16日,朱某某未按时出庭参加该案庭审活动。

2012年2月27日,李A向瑞安市司法局反映朱某某有"接受委托后,无正当理由,不按时出庭参加诉讼""不认真履行职责"等问题。2012年4月23日,瑞安市司法局作出《瑞安市司法局关于浙江C师事务所朱某某律师被投诉问题的查处情况》和《投诉查处结果告知书》,认为朱某某律师因瑞安市人民法院在开庭时间上出现衔接问题而致未出庭,尚没有直接造成法律后果,但存在疏忽大意过失,根据司法部《律师执业管理办法》第四十三条规定,对朱某某律师进行批评教育,给予警示谈话,并责令改正。李A不服该处理意见,向温州市司法局申请复查,并同时反映浙江C律师事务所有"违反规定接受有利益冲突的案件"问题、朱某某有"接受对方当事人财物或其他利益,与对方当事人恶意串通,侵害委托人权益""在同一案件中为双方当事人担任代理人"等问题。

温州市司法局于2012年5月28日作出〔2012〕第3号《法律服务机构、法律服务工作者被投诉查处结果告知书》,其附件《关于浙江C律师事务所及朱某某律师被投诉问题的查处情况》内容如下:

（1）浙江C律师事务所没有"违反规定接受有利益冲突的案件"。浙江C律师事务所承办的被告人杨某某、金某某等人犯故意伤害罪、非法买卖枪支罪一案，委托人为犯罪嫌疑人、被告人金某某。浙江C律师事务所承办的原告李A诉被告金某某、余某某、杨某某交通事故损害赔偿纠纷一案和原告李A诉被告李B、黄某某交通运输合同纠纷一案，委托人均为原告李A。委托人金某某及其委托的刑事辩护事项与委托人李A及其委托的民事代理事项之间并没有利益上的冲突，故该项投诉不属实。（2）朱某某律师不存在"接受委托后，无正当理由，不按时出庭参加诉讼"的问题。经查，朱某某律师于2012年2月15日打电话向瑞安市人民法院民三庭工作人员询问第二天是否如期开庭。工作人员查询电脑，电脑未显示该案开庭信息，遂回答没有该案开庭信息。瑞安市人民法院于2012年2月16日开庭审理原告李A诉被告李B、黄某某交通运输合同纠纷一案，朱某某律师未按时出庭参加诉讼。由于瑞安市人民法院民三庭工作人员在该案开庭时间方面出现衔接问题，致使朱某某律师未能按时出庭参加该案庭审活动，故其未按时出庭有一定的正当理由，李A该项投诉不属实。但朱某某律师在承办该案过程中未认真核实开庭时间，对该案庭审时间延后负有一定的责任。根据司法部《律师执业管理办法》的有关规定，司法行政部门应当就朱某某律师在执业活动中存在的上述问题对其进行警示谈话，责令其改正。（3）朱某某律师不存在"不认真履行职责"的问题。自2010年3月接受李A的委托以来，朱某某律师多次与其沟通、交流案情，调查核实证据材料，代写民事起诉状、撤诉申请书等法律文书，整理有关证据材料，并根据李A委托的权限，代其向瑞安市人民法院分别提起"侵权之诉"的民事诉讼和"合同之诉"的民事诉讼，后又代当事人李A向瑞安市人民法院撤回"侵权之诉"的民事诉讼。2012年3月20日，朱某某律师作为代理人出庭参加了原告李 A 诉被告李 B、黄某某交通运输合同纠纷一案的庭审活动。综上,可以认定朱某某律师已经按照委托合同的约定履行了相关工作职责。(4)对朱某某律师"接受对方当事人财物或其他利益,与对方当事人恶意串通,侵害委托人权益"的投诉不属实。李 A 对该投诉事项未提供实质性的证据材料,无法对相关的违法违规事实进行查证,且朱某某律师不承认其有上述问题。(5)关于朱某某律师是否有"在同一案件中为双方当事人担任代理人"的问题。被告人杨某某、金某某等人犯故意伤害罪、非法买卖枪支罪一案与原告李 A 诉被告金某某、余某某、杨某某交通事故损害赔偿纠纷一案为不同的两个案件,与原告李 A 诉被告李 B、黄某某交通运输合同纠纷一案亦为不同的两个案件,且杨某某、金某某等人实施故意伤害罪行、非法买卖枪支罪行的时间、地点、当事人等与杨某某驾车肇事撞伤李某某事件之间均无牵连关系,故该项投诉不属实。

李 A 不服,提起行政诉讼,诉请判决撤销温州市司法局〔2012〕第 3 号《法律服务机构、法律服务工作者被投诉查处结果告知书》并重新作出处理。

◆ 审理

一审法院认为,《律师法》第四条和司法部《律师执业管理办法》《律师事务所管理办法》均规定了司法行政机关对有关律师和律师事务所的投诉负有受理、查处的职责。根据本案证据,浙江 C 律师事务所与原告分别签订两份法律服务合同,均是为其代理民事诉讼案件。而浙江 C 律师事务所受金某某家属委托为其辩护的案件系被告人杨某某、金某某等人故意伤害、非法买卖枪支一案。上述浙江 C 律师事务所承办的刑事案件与涉及原告的民事案件之间并无利害关系,朱某某律师受指派为金某某担任辩护人及为原告代理民事诉讼亦非"在同一案件中为双方当事人担任代理人"的情形。原告所投诉的朱某某律师"接受对方当事人财物或其他利益,与对方当事人恶意串通,侵害委托人权益"及"不认真履行职责"等事项,均没有充分证据予以证实。被告关于上述投诉事项不属实的处理结果,并无不当。关于原告投诉的朱某某律师"接受委托后,无正当理由,不按时出庭参加诉讼"的问题,经瑞安市人民法院证实,系因该院工作人员在开庭时间方面出现衔接问题,致使朱某某律师未能按时出庭,且该案件已另行安排时间开庭。瑞安市司法局在查处原告投诉时,已就该问题进行了调查,认定相关事实,同时认定朱某某律师存在疏忽大意过失,并依据司法部《律师执业管理办法》第四十三条第二款的规定,对朱某某律师进行批评教育,给予警示谈话,并责令改正。原告对上述处理不服再次投诉,属复查申请。据浙江省司法厅《浙江省律师行业投诉查处工作规则》第三十三条第(一)项、第(二)项规定,投诉人对司法行政机关的调查处理意见不服再向司法行政机关投诉的,经县级司法行政机关处理答复的,由市级司法行政机关复查;经市级司法行政机关处理答复的,由省司法厅复查。被告据此对瑞安市司法局处理意见进行复查,并对该局有关的事实认定及处理结果予以确认,并无不当。但是,原告就县级司法行政机关处理意见的复查申请和新提起的投诉事项系两项不同的内容,被告受理及查处的法律依据、处理结果及救济途径等方面均有不同之处。现被告一并予以受理、一并作出处理,但未就上述问题明确予以说明,明显不当。鉴于原告已依法行使救济权利,被告上述行为尚未影响当事人实体权益,且符合"方便当事人"的行政管理精神,故可认定为行政程序中的瑕疵,予以指正,被告应当注意改正。据此,判决驳回原告李某某的诉讼请求。

李A对一审判决不服,提起上诉称:(1)原判认定事实错误。原审法院没有查明本案的如下基本情况:第一,朱某某在上诉人聘

用其的过程中存在违法。第二,朱某某隐瞒为杨某某同案犯辩护
的事实。第三,朱某某拒不对杨某某提起刑事附带民事诉讼。第
四,朱某某欺骗上诉人起诉人力三轮车主,用以减轻对杨某某的刑
罚,减少杨某某对上诉人的赔偿。第五,朱某某无故缺席开庭,勾
结法官重新开庭。第六,朱某某勾结法官为杨某某制造从轻处罚
情节。第七,朱某某主动找上诉人和解。(2)原判适用法律错误。
本案应适用《律师法》《律师和律师事务所违法行为处罚办法》《律
师职业道德和执业纪律规范》等相关规定,对朱某某的违法、违纪
行为进行处理。(3)温州市司法局将上诉人的投诉和请求复核一并
处理,行政程序违法。请求改判撤销被诉行政处理,判令被上诉人
对朱某某的违法行为依法作出处罚。

被上诉人温州市司法局辩称:原判认定事实清楚,适用法律法
规正确。上诉人投诉朱某某代理其民事案件存在恶意欺骗上诉
人、隐瞒为杨某某同案犯辩护的事实、拒不对杨某某提起刑事附带
民事诉讼、欺骗上诉人起诉三轮车主、无故缺席开庭、勾结法官重
新开庭、为杨某某制造从轻处罚情节等内容,但没有提供相应证
据,故均不属实。朱某某未按时出庭,并无主观过错,而是因瑞安
市人民法院工作人员在开庭时间方面出现衔接问题。朱某某是否
与上诉人通过中间人进行和解,并不影响被诉行政处理的合法性。
另外,即使存在和解的事实,仅据此也不能认定朱某某在代理案件
中就存在违法违规行为。请求驳回上诉,维持原判。

被上诉人朱某某、浙江C律师事务所辩称:上诉人对其投诉事
项均没有提供充分证据予以证实,属于主观臆断。朱某某因上诉
人长期困扰确有和解意思,但和解并不等于其存在违法行为。被
诉行政处理合法,请求驳回上诉,维持原判。

二审中,温州市中级人民法院认为,被上诉人朱某某根据上诉
人李A与浙江C律师事务所签订的《法律服务委托合同书》《授权委

托书》，代其提起道路交通事故人身损害赔偿纠纷、公路旅客运输合同纠纷的民事诉讼且杨某某犯交通肇事罪的刑事案件于2011年11月10日才被提起公诉，故上诉人李A认为朱某某当时拒不对杨某某提起刑事附带民事诉讼而代其提起上述民事诉讼不当，理由不能成立。瑞安市人民法院工作人员在案件开庭时间方面出现衔接问题，才致使朱某某未按时参加李A诉李B、黄某某公路旅客运输合同纠纷一案的庭审活动，且该案件已另行安排时间开庭，故朱某某并不存在"无正当理由，不按时出庭参加诉讼"。浙江C律师事务所承办的杨某某、金某某等人犯故意伤害罪、非法买卖枪支罪的刑事案件和李A提起的上述道路交通事故人身损害赔偿纠纷民事案件之间并无关联，且朱某某受指派为金某某担任辩护人而非为杨某某担任辩护人，即使朱某某没有将该情况告知上诉人亦无不当，浙江C律师事务所并不存在"违反规定接受有利害冲突的案件"以及朱某某不存在"在同一案件中为双方当事人担任代理人"。上诉人认为朱某某"欺骗其起诉三轮车主""接受对方当事人财物或其他利益，与对方当事人恶意串通，侵害委托人权益"，但没有提供实质性证据，依据现有证据材料尚无法认定朱某某存在上述问题。另外，即使存在上诉人所诉称的朱某某在被投诉后通过中介人与其进行和解的事实，据此也并不能认定朱某某就存在被投诉的违法违纪的事实。因此，原判认定事实清楚，适用法律正确。上诉人对瑞安市司法局的投诉处理意见不服，而向温州市司法局申请复查，同时提出新的投诉事项，温州市司法局为方便当事人将投诉复查事项、投诉事项一并予以受理及作出处理，并无违反强制性法律规定。综上，驳回上诉，维持原判。

◆ 评析

本案是当事人对司法行政机关有关律师"接受委托后，无正当理由,不按时出庭参加诉讼""不认真履行职责"以及律师事务所"违反规定接受有利益冲突的案件"等投诉的处理不服而提起的行政诉讼,其争议焦点如下:

一、如何判断律师不按时出庭参加诉讼是否有正当理由?

根据《律师法》(2007年)第四十八条第(二)项规定,律师接受委托后,无正当理由,拒绝辩护或代理,不按时出庭参加诉讼或者仲裁的,由设区的市级或者直辖市的区人民政府司法行政部门给予警告,可以处一万元以下的罚款;有违法所得的,没收违法所得;情节严重的,给予停止执业三个月以上六个月以下的处罚。可见,判断律师不按时参加诉讼是否有正当理由,是司法行政机关的裁量权。一般认为,"正当理由"是指受法律保护的、有证据支持的理由。本案中,律师朱某某事前打电话向瑞安市人民法院民三庭工作人员询问第二天是否如期开庭。工作人员查询电脑,电脑未显示该案开庭信息,遂回答没有该案开庭信息。所以朱某某未按时出庭的主要原因是瑞安市法院工作人员在开庭时间方面出现衔接问题,这是一个客观存在的事实,且该案件已另行安排时间开庭。故而,律师朱某某不按时出庭参加诉讼应该认定为有正当理由。当然,朱某某未按时出庭虽然没有直接造成法律后果,但毕竟存在疏忽大意的过失,因此,根据司法部《律师执业管理办法》(2008年)第四十三条规定,应当对其进行警示谈话,责令改正,并对其整改情况进行监督。

二、什么是"有利益冲突的案件"?

本案中,上诉人投诉的理由之一是"律师事务所违反规定接受有利益冲突的案件"。事实上,浙江C律师事务所承办的杨某某、金某某等人犯故意伤害罪、非法买卖枪支罪的刑事案件和李A提起的道路交通事故人身损害赔偿纠纷民事案件之间并无关联,且朱某某律师受指派为金某某担任辩护人而非为杨某某担任辩护人,即使朱某某没有将该情况告知上诉人亦无不当,浙江C律师事务所并不存在"违反规定接受有利害冲突的案件"以及朱某某不存在"在同一案件中为双方当事人担任代理人"的情形。

对于如何认定"有利益冲突的案件",司法行政机关进行了一些探索。其中,贵州省遵义市司法局于2003年5月1日起试行的《律师执业利益冲突认定处理规范(试行)》值得借鉴,它详细规定了律师事务所及其律师与当事人、准当事人之间的直接利益冲突表现形式和间接利益冲突表现形式,当事人间的直接利益冲突表现形式,以及当事人间、准当事人与当事人间的间接利益冲突表现形式。

三、司法行政机关在复查程序中可否对新增投诉事项一并处理?

据浙江省司法厅《浙江省律师行业投诉查处工作规则》第三十三条第(一)项、第(二)项规定,投诉人对司法行政机关的调查处理意见不服再向司法行政机关投诉的,经县级司法行政机关处理答复的,由市级司法行政机关复查;经市级司法行政机关处理答复的,由省司法厅复查。据此,温州市司法局有权对瑞安市司法局处理意见进行复查,并对瑞安市司法局有关的事实认定及处理结果予以确认。至于复查程序中能否对新增投诉事项一并处理,笔者认为,投诉与复查是两个不同的程序,在受理及查处的法律依据、处理结果及救济途径等方面均有不同之处。比如说,投诉案件应当自受理之日起30日内办结,情况复杂可延长30日,而复查意见应当自收到复查请求之日起30日内作出[1];再比如,对投诉答复不

---

[1] 详见《浙江省律师行业投诉查处工作规则》第二十八条、三十六条。2018年10月24日,浙江省司法厅印发了《浙江省司法行政机关办理律师违法违规行为投诉举报工作规则》(自2019年1月1日起施行),保留了复查程序,但进行了修改。

服的,可向上一级行政机关申请复查,而对复查意见不服的,不能申请复查。因此,复查请求中有新增投诉事项的,应当进行程序分流,分别进行处理。

司法行政执法提示

　　司法行政机关应当认真对待当事人对律师事务所和律师的投诉。在浙江省律师行业投诉中,当事人对司法行政机关的投诉处理决定不服时,有权向上一级司法行政机关申请复查。实践中,投诉人在申请复查时,往往还会提出新的投诉事项,由于投诉与复查是两个不同的程序,故进行程序分流为宜。

（撰稿人:郑　艳　叶建丰）

案例11　叶某诉丽水市司法局行政处理案[1]

案情

上诉人(原审原告):叶某

被上诉人(原审被告):丽水市司法局

叶某于2016年1月向浙江省司法厅邮寄《关于李某目无法纪、弄虚作假、破坏法治的投诉报告》,要求浙江省司法厅对其反映的问题进行复查并予以追究惩戒。浙江省司法厅于2016年3月1日作出浙司投〔2016〕33号《来信答复函》,并于2016年3月24日作出浙司办函〔2016〕7号《关于对李某律师涉嫌违法违规行为予以查处的指导意见》,要求丽水市司法局对李某律师的违法违规执业行为作进一步调查并依法进行处理。丽水市司法局于2016年8月26日予以立案调查,在进行了调查取证并查阅浙江省司法厅、杭州市司法局、杭州市律师协会与此案相关的谈话笔录和证据等程序后,发现李某存在私自收案收费、提供虚假《授权委托书》及在执业机构住所地之外设立办公室并对外宣传和承揽业务的行为。丽水市司法局认为李某的上述行为中仅私自收费行为应适用行政处罚,但因该违法行为发生在李某领取律师执业证之前且超出行政处罚追诉时效,故决定不对李某进行行政处罚,而是于2016年11月8日作出丽司移送字〔2016〕第1号《丽水市司法局案件移送函》,将案件移

---

① 来源:浙江省丽水市中级人民法院(2017)浙11行终101号行政判决书。

送至丽水市律师协会。2016年12月23日,丽水市律师协会对李某作出了通报批评的行业处分决定。同日,丽水市司法局向浙江省司法厅提交《关于叶某投诉李某一案处理情况报告》。叶某不服,对丽水市司法局提起行政诉讼。

审理

一审法院认为,《律师法》第五十二条规定,司法行政机关对当事人的投诉应当及时进行调查。该条款规定了当事人享有投诉请求权、司法行政机关对投诉具有调查的职责。本案被告的处理结果虽对原告的合法权益不产生实质影响,但本案系由原告叶某投诉李某存在伪造原告签名等违法违规行为引发,故被告对原告的投诉是否已履行调查职责与原告具有利害关系,原告起诉被告履职主体适格。被告在收到浙江省司法厅《关于对李某律师涉嫌违法违规行为予以查处的指导意见》后,进行了立案调查,并在调查、收集、查阅了省司法厅、杭州市司法局、杭州市律师协会与此案相关的谈话笔录及证据等材料后作出不进行行政处罚、予以行业惩戒的决定,鉴于被告对原告的投诉事项已依法履行了调查职责,故判决驳回原告的诉讼请求。

叶某不服一审判决,提起上诉称:(1)一审法院认定事实错误、适用法律法规错误。一审仅仅以"被告对原告的投诉事项已依法履行了调查职责"就以偏概全,完全忽略了其尚需依法履行法定的行政处罚职能;(2)本案双方当事人提交给一审法院的证据足以证明李某的违法违规行为不仅仅局限于在其"领取律师执业证之前",事实上李某在2009年代理罗某某与叶某某等人打官司的时候也存在私自收费的行为,故其在其领证之后有继续行为和连续状态,根据我国《行政处罚法》第二十九条第二款之规定,对李某的行政处罚追诉时效没有"超出处罚时效";(3)根据《律师法》第四十九条第一款第(三)项之规定的情形,对于被上诉人的行政不作为或失职行为,一审未予依法判决责成被上诉人履行其法定职责,显然属于重大瑕疵。请求二审法院依法改判。

被上诉人丽水市司法局答辩称:(1)上诉人认为原审法院认定事实错误,适用法律法规错误的观点不能成立。本案中,答辩人依法立案调查,并依法作出处理,已经履行了法定职责。《浙江省律师行业投诉查处工作规则》第二十七条第(五)项规定,"被投诉人存在违法违规行为,应当给予行业惩戒的,在调查结束5日内移交律师协会予以行业处分",可见,答辩人在对案件进行调查分析的基础上,依法将案件移交给丽水市律师协会进一步处理的方式属于合法方式之一。(2)答辩人认为李某的私自收费行为发生在领取执业证之前且超出处罚时效决定不予行政处罚的做法正确。关于李某私自收费问题,结合委托书等相关材料,该行为发生在李某领取律师执业证之前,且超出处罚时效。上诉人认为该违法违规行为存在继续、连续状态的理由无相应证据,不能成立。综上,请求二审法院依法驳回上诉,维持原判。

二审中,丽水市中级人民法院经审查认为,本案当事人一审的诉讼请求是"要求被告依法履行法定职责,依法依规对李某律师的违法行为作出严肃处理",从该文字表述看,仅是要求丽水市司法局履行查处的法定职责;但从其诉状叙述的内容看,其提到"被告擅自将该李某案件向丽水市律师协会再次转办,从而对其作出违法违规的降格处理"。因此,上诉人叶某实质上是对丽水市司法局对该案的处理结果不服而提起诉讼,而非仅仅是要求履行法定职责之诉,故本案应审查被上诉人丽水市司法局对李某所作的处理是否适当。根据一审中丽水市司法局的抗辩,该案属于浙江省司法厅交办,并认定李某存在三项违规行为,其一,李某涉及的私自收费行为,发生于李某领取律师执业证之前的2005年,且超过二年未发现,已经过了处罚时效;其二,关于李某向有关部门提供虚假的授权委托书的行为,对照《律师法》不能给予行政处罚,但该行为属于违反律师执业纪律的行为,可以依法给予行业惩戒;其三,对于李某在执业机构住所地之外设立办公室,对外宣传和承揽业务的违规行为,2012年已由杭州市律师协会作出处理,不再重复处理。被上诉人根据查明的事实及各自应承担的法律后果,最终决定将案件移送至丽水市律师协会,由律师协会对李某进行行业惩戒,认定事实清楚,处理结果适当。上诉人叶某在二审中提出李某在2009年也存在私自收费的行为,该项主张在其此次投诉材料中并无体现,其要求被上诉人一并查处并作出处理依据不足。至于上诉人提出违法行为存在连续和继续状态的理由,系其对《行政处罚法》第二十九条内容的错误解读,将存在多次违法行为的情形与违法行为的连续和继续状态混同。综上,判决驳回上诉,维持原判。

评析

本案是当事人不服司法行政机关对投诉的处理而提起的行政诉讼,其争议焦点如下:

一、如何认识行政处罚的追诉时效?

所谓行政处罚的追诉时效,是指在违法行为发生后,对该违法行为有处罚权的行政机关超过法律规定的期限才发现这一违法行为的,不得对违法行为人给予行政处罚。或者说,行政处罚的追诉时效就是行政机关有权对违法行为人进行处罚的期限。

关于行政处罚的追诉时效,《行政处罚法》第二十九条规定:"违法行为在二年内未被发现的,不再给予行政处罚,法律另有规定的除外。前款规定的期限,从违法行为发生之日起计算;违法行为有连续或者继续状态的,从行为终了之日起计算。"在理解这一条款时,应当注意以下三点:第一,行政处罚的追诉时效有一般追诉时效和特殊追诉时效之分。前者是《行政处罚法》规定的追诉时效,为二年;后者是其他法律规定的追诉时效,如《治安管理处罚法》规定的追诉时效为六个月。法律没有另作规定时,一律适用《行政处罚法》规定的二年的追诉时效。第二,违法行为在二年内未被发现的,不再给予行政处罚。就"二年未被发现"的认定问题,司法部在2004年11月10日曾向全国人大法工委提交《关于提请明确对行政处罚追诉时效"二年未被发现"认定问题的函》(司发函〔2004〕212号),提出,"我部认为,《行政处罚法》第二十九条规定的发现违法违纪行为的主体是处罚机关或有权处罚的机关,公安、检察、法院、纪检监察部门和司法行政机关都是行使社会公权力的机关,对律师违法违纪行为的发现都应该具有《行政处罚法》规定的法律效力。因此上述任何一个机关对律师违法违纪行为只要启动调查、取证和立案程序,均可视为'发现';群众举报后被认定属实的,发现时效以举报时间为准"。同年12月24日,全国人大法工委作出《关于提请明确对行政处罚追诉时效"二年未被发现"认定问题的函的研究意见》(法工委复字〔2004〕27号),表示同意司法部的意见。第三,行政处罚的追诉时效的计算,从违法行为发生之日起计算;违法行为有连续或者继续状态的,从行为终了之日起计算。所谓违法行为的连续状态,原国务院法制办于2005年10月26日作出的《对湖北省人民政府法制办公室〈关于如何确认违法行为连续或继续状态的请示〉的复函》(国法函〔2005〕442号),指出:《行政处罚法》第二十九条中规定的违法行为的连续状态,是指当事人基于同一个违法故意,连续实施数个独立的行政违法行为,并触犯同一个行政处罚规定的情形。所谓违法行为的继续状态,指行为人主观上出于一个概括的过错,实施的行政违法行为及其引起的违法状态在一定的时间、空间上处于持续状态,时间上没有间断,法律对其评价为一个行政违法行为。

就律师执业违法行为的处罚而言，《律师法》未就其追诉时效作出特别规定，因此应当适用《行政处罚法》规定的二年的追诉时效。本案中，李某私自收费的违法行为发生在其领取律师执业证之前的2005年，该违法行为不具有持续或继续状态，应当从其发生之日起计算2年的追诉时效。叶某对该违法行为的投诉时间是2016年1月，丽水市司法局立案调查的时间2016年8月26日。另外，叶某认为李某在2009年也有私自收费行为，是属于违法行为有继续或连续状态。但是，一方面，这是对《行政处罚法》之"违法行为有连续或者继续状态"规定的误解。事实上，李某2005年的行为发生在其领取律师执业证之前，李某当时还不是律师，不符合《律师法》规定的违法行为的主体要件，因此与其2009年的违法行为自然不是触犯同一个行政处罚规定或是同一个违法行为。另一方面，即使李某2009年的私自收费行为属实，叶某直到2016年才向司法行政机关投诉，也已经超过二年的行政处罚追诉时效。此外，就李某2009年的私自收费行为来说，叶某在最初投诉时并未提出，而是在行政诉讼的二审程序中提出的。对此，叶某要求丽水市司法局一并查处并作出处理，不具有法律依据。

二、"一事不再理"原则在行政程序中是否适用？

"一事不再理"原则起源于罗马法的"诉权消耗"理论。所谓"诉权消耗"，是指所有诉权都会因诉讼系属而消耗，对同一诉权或请求权，不允许二次诉讼系属。在诉讼法中，所谓"一事"，是指同一当事人，就同一法律关系，而为同一的诉讼请求。所谓"一事不再理"，包括两个方面的含义：一是当事人不得就已经向法院起诉的案件重新起诉；二是一案在判决生效之后，产生既判力，当事人不得就双方争议的法律关系，再行起诉。"一事不再理"原则的确立，旨在防止法院对同一法律关系争议作出相互矛盾的裁判，也避免当事人纠缠不清,造成讼累。

目前,"一事不再理"原则是一项重要的诉讼原则。那么,该原则是否也应当适用于行政程序之中?笔者认为,答案是肯定的。如果答案是否定的,必然产生如下负面效果:一是浪费行政资源;二是行政资源的有限性决定了某些行政事务必然被忽视,进而损害国家利益、公共利益和社会利益;三是公民、法人和其他组织被反复"骚扰",正常的工作和生活秩序被打乱,所承受的法律责任加重。事实上,《行政处罚法》第二十四条"对当事人的同一个违法行为,不得给予两次以上罚款的行政处罚"之规定,就是"一事不再理"原则在行政处罚领域的适用。该原则的适用,对防止多头处罚、重复处罚具有重要意义,是过罚相当原则的必然要求,是行政处罚公正原则的制度保障。

本案中,李某在执业机构住所地之外设立办公室,对外宣传和承揽业务的违法违规行为,杭州市律师协会已于2012年作出处理,但这种处理属于律协作出的行业处分,并不能排斥司法行政机关就此另外作出行政处罚。1999年《律师协会会员处分规则》第四条规定:"律师协会对会员的处分为:(一)训诫;(二)通报批评;(三)取消会员资格。对违反《律师法》第四十四条、第四十五条及司法部《律师违法行为处罚办法》的律师,律师协会在对违纪会员除予以上述处分外,有权建议司法行政部门给予行政处罚。"2004年《律师协会会员违规行为处分规则(试行)》第十二条规定:"个人会员有下列行为之一的,由省、自治区、直辖市律师协会取消会员资格,同时报请同级司法行政机关吊销其律师执业证书:(一)泄漏国家秘密的;(二)向法官、检察官、仲裁员以及其他有关工作人员行贿或者指使、诱导当事人行贿的;(三)提供虚假证据,隐瞒重要事实,或者威胁、利诱、唆使他人提供虚假证据,隐瞒重要事实的。"第十五条规定:"团体会员有下列行为之一的,由省、自治区、直辖市律师协会取消会员资格,同时报请同级司法行政机关吊销其律师事务所执业证书:(一)受到停业整顿处罚后拒不改正,或者在停业整顿期间继续执业的;(二)向法官、检察官、仲裁员或者其他有关工作人员行贿的;(三)受到刑事处罚的;(四)从事其他违法活动,严重损害律师职业形象的。"[1]可见,律协行业处分和司法行政机关的行政处罚是可以并用的,本案并不符合"一事不再理"情形。《律师法》(2007年)第四十七条第(二)项规定:"律师有下列行为之一的,由设区的市级或者直辖市的区人民政府司法行政部门给予警告,可以处五千元以下的罚款;有违法所得的,没收违法所得;情节严重的,给予停止执业三个月以下的处罚……(二)以不正当手段承揽业务的。"《律师和律师事务所违法行为处罚办法》(2010年)第六条第(四)项规定:"有下列情形之一的,属于《律师法》第四十七条第二项规定的律师'以不正当手段承揽业务的'违法行为……(四)在律师事务所住所以外设立办公室、接待室承揽业务的。"李某在执业机构住所地之外设立办公室,对外宣传和承揽业务的行为,如果未过《行政处罚法》规定的2年的追诉时效,依法应由司法行政机关予以行政处罚。

---

[1] 2017年《律师协会会员违规行为处分规则(试行)》第十七条第二款规定:"省、自治区、直辖市律师协会或者设区的市律师协会拟对违规会员作出中止会员权利一个月以上一年以下的纪律处分决定时,可以事先或者同时建议同级司法行政机关依法对该会员给予相应期限的停业整顿或者停止执业的行政处罚;会员被司法行政机关依法给予相应期限的停业整顿或者停止执业行政处罚的,该会员所在的律师协会应当直接对其作出中止会员权利相应期限的纪律处分决定;省、自治区、直辖市律师协会拟对违规会员作出取消会员资格的纪律处分决定时,应当事先建议同级司法行政机关依法吊销该会员的执业证书;会员被司法行政机关依法吊销执业证书的,该会员所在的省、自治区、直辖市律师协会应当直接对其作出取消会员资格的纪律处分决定。"

司法行政执法提示

司法行政机关对律师和律师事务所的违法行为进行处罚时,应当遵守《行政处罚法》关于2年的追诉时效的规定。对律师的同一违法违规行为,有关司法行政机关已经予以行政处罚的,其他司法行政机关不应再重复处理;律师协会已经进行处理的,不排斥司法行政机关依法予以行政处罚。

(撰稿人:郑 艳 叶建丰)

案例12 马某某诉绍兴市司法局行政处罚案①

案情

上诉人(原审原告):马某某

被上诉人(原审被告):绍兴市司法局

马某某系浙江A律师事务所律师。当事人袁某某与吴某某、杨某某因黄沙买卖合同发生纠纷。2005年8月22日,袁某某经吴某某陪同至马某某处,委托马某某为袁某某整理起诉证据,代写起诉状,并于同年8月24日递交嵊州市人民法院立案受理。2005年9月15日,马某某又与吴某某(即该民事案件被告)签订《法律服务委托合同》,以特别授权代理人身份出庭参加诉讼,并在庭审中为对方当事人提供证据原件佐证。绍兴市司法局于2006年3月28日接到投诉后立案调查,并于2006年6月21日作出绍司罚决字〔2006〕第1号行政处罚决定,认定马某某在同一案件中既接受原告委托代为整理起诉证据、代写民事诉状,又接受与原告有利害关系的同案被告的委托,担任其代理人参加诉讼活动,其违法执业行为有悖律师职业道德,严重损害律师执业形象,根据《律师法》第四十四条第一款、司法部《律师和律师事务所违法行为处罚办法》第八条第(二十一)项之规定,对马某某处以警告行政处罚。马某某不服,提起行政诉讼,请求撤销绍司罚决字〔2006〕第1号行政处罚决定。

---

① 来源:浙江省绍兴市中级人民法院(2006)绍中行终字第60号行政判决书。

审理

一审法院认为,《律师法》第三条规定:"律师执业必须遵守宪法和法律,恪守律师职业道德和执业纪律。"而原告马某某作为执业律师,在执业过程中既接受同案原告委托代写诉状、整理起诉证据,又接受该案被告委托代理诉讼,其行为有悖律师职业道德,损害律师执业形象。被告绍兴市司法局作为司法行政机关,依据《律师法》《律师和律师事务所违法行政处罚办法》对马某某作出警告行政处罚认定事实清楚,证据确凿,适用法律并无不当,程序并不违法,依法予以维持绍司罚决字〔2006〕第1号行政处罚决定。

马某某对一审判决不服,提起上诉,请求二审法院撤销一审判决,理由如下:(1)被上诉人作出的行政处罚决定认定事实错误。上诉人接受袁某某委托代写诉状、整理起诉证据,又接受该案被告吴某某委托代理诉讼,袁某某和吴某某都没有意见,也没有损害杨某某的利益,更没有损害社会公共利益,上诉人的行为完全是合法行为。司法部〔2002〕3号文件转发了《律师职业道德和执业纪律规范》,对照该文件第二章律师职业道德基本准则(共九条),上诉人的行为没有违反任何一条。(2)被上诉人作出的处罚决定违反法定程序:①执法人员冯某某、张某对袁某某进行调查时,没有出示执法证;②被上诉人篡改袁某某的调查笔录内容;③被上诉人在作出处罚决定前,未告知上诉人作出处罚决定的事实、理由和依据,也未告知上诉人依法享有的权利。(3)一审法院对被上诉人提交的证据3、4、5、6、7和对上诉人提交的证据3、4认证错误。四、被上诉人作出的处罚决定适用法律错误。

被上诉人绍兴市司法局答辩称:(1)被上诉人根据嵊州市人民法院2005年9月19日庭审笔录、(2005)嵊民二初字第1019号判决书和对杨某某、马某某、袁某某、吴某某的调查笔录等证据认定上诉人有违背律师职业道德,损害律师执业形象的行为是正确的。(2)被上诉人接到相关当事人的投诉后,立案、调查、履行告知义务、再作出决定,程序合法。(3)一审法院对证据的认证是正确的。四、被上诉人依据《律师法》和司法部《律师和律师事务所违法行为处罚办法》作出处罚决定,适用法律、规章正确。综上所述,请求二审法院驳回上诉,维持原判。

二审程序中,绍兴市中级人民法院经审理认为:(1)被上诉人绍兴市司法局认定上诉人马某某在执业过程中既接受同案原告委托代写诉状、整理起诉证据,又接受该案被告委托代理诉讼,其行为有悖律师职业道德、损害律师执业形象的事实清楚。被上诉人所提交的证据嵊州市人民法院(2005)嵊民二初字第1019号案件庭审笔录、判决书与被上诉人对杨某某、袁某某、吴某某、马某某的询问笔录之间能相互印证,充分证明上诉人在律师执业过程中,存在有悖律师职业道德、损害律师执业形象的行为。(2)关于程序是否合法问题。首先,被上诉人绍兴市司法局接到投诉,立案后,进行了调查,并告知了上诉人给予行政处罚的事实、理由和依据,作出处罚决定后送达上诉人,同时告知其享有申请复议及向人民法院提起诉讼的权利。因此,被上诉人作出的处罚决定程序已到位。其次,上诉人提出被上诉人在作出处罚决定前未覆行告知义务的问题。被上诉人提供的对上诉人马某某所作的调查笔录中已明确告知其给予行政处罚的事实、理由和依据。从告知笔录的形式、告知的程序看,被上诉人确实存在不够规范的情形,但告知笔录、告知程序的瑕疵并不影响甚至否定被上诉人已实际履行了告知义务。再次,上诉人提出执法人员冯某某、张某对袁某某进行调查时,没有出示执法证件的问题。被调查人袁某某本人对此未提出异议,上诉人作为非被调查人,其抗辩被上诉人在调查时未出示执法证件的理由,显然不能成立。最后,上诉人提出被上诉人篡改袁某某的调查笔录内容,因上诉人未能提供相应的证据予以证明,且被调查人袁某某对此未提出异议,故该主张不能成立。(3)关于适用法律是否正确的问题。被上诉人的处罚决定适用的法律是《律师法》第四十四条第一款、司法部《律师和律师事务所违法行为处罚办法》第八条第(二十一)项,本案应适用《律师法》第四十四条第(十一)项、司法部《律师和律师事务所违法行为处罚办法》第八条第(二十一)项,被上诉人在适用法律上并无不当,只是在表述上欠清晰,款、项运用不当,但就此并不能否定行政处罚决定适用法律的正确。(4)关于一审法院对证据认定的问题。对被上诉人提交的证据3、4、5、6、7及上诉人提交的证据3、4,一审法院依据《最高人民法院关于行政诉讼证据若干问题的规定》,从证据的关联性、真实性、合法性出发,对上述证据进行认证并无不当。综上,原审判决认定事实清楚,程序合法,适用法律正确,依法予以维持。

◁ 评析

本案争议焦点主要有以下三个:

一、"有悖律师职业道德,严重损害律师职业形象"的违法行为是否成立?

本案中,法院认定的事实是:律师马某某在黄沙买卖合同纠纷案件中,先是为原告袁某某整理起诉证据,代写起诉状,之后又与被告吴某某签订《法律服务委托合同》,以特别授权代理人身份出庭参加诉讼,并在庭审中为袁某某提供证据原件作证。可见,律师马某某为利益冲突双方提供法律服务,可能损害一方利益,那这样的行为是否构成《律师法》所禁止的"双方代理"呢?这首先要看何谓"代理"。《民法通则》第六十三条规定:"公民、法人可以通过代理人实施民事法律行为。代理人在代理权限内,以被代理人的名义实施民事法律行为。被代理人对代理人的代理行为,承担民事责任。依照法律规定或者按照双方当事人约定,应当由本人实施的民事法律行为,不得代理。"简言之,代理是指代理人以被代理人的名义,在代理权限内与第三人实施民事行为,其法律后果直接由被代理人承受的民事法律制度。本案中,律师马某某为原告袁某某整理起诉证据,代写起诉状的行为,并不是"代理"行为,因此其为利益冲突双方提供法律服务的行为也就不构成《律师法》(2001年)第四十四条第(二)项"在同一案件中为双方当事人代理"和《律师和律师事务所违法行为处罚办法》(2004年)第八条第(二)项"在同一案件中,同时为委托人及与委托人有利益冲突的第三人代理、辩护"的情况。一审、二审法院认为马某某的行为构成有悖律师职业道德,严重损害律师职业形象的行为,并决定适用《律师法》(2001年)第四十四条第(十一)项"应当给予处罚的其他行为"和《律师和律师事务所违法行为处罚办法》(2004年)第八条第(二十一)项"有其他违法或者有悖律师职业道德、公民道德规范的行为,严重损害律师职业形象"的规定,笔者认为这样的处理是合适的。

二、行政处罚的权利告知程序瑕疵对行政行为的合法性有何影响?

《行政处罚法》(1996年)第三十一条规定:"行政机关在作出行政处罚决定之前,应当告知当事人作出行政处罚决定的事实、理由和依据,并告知当事人依法享有的权利。"行政处罚事先告知程序是行政处罚的必经程序,对查清事实、维护拟被处罚人的合法权益具有重要意义。对于当事人来说,接受"告知"是其法定权利;对于行政机关来说,"告知"是其法定义务。行政机关如果未履行告知程序即作出行政处罚决定,就构成了程序违法。

那么,在行政处罚程序中,行政机关应当如何履行告知义务?《行政处罚法》(1996年)第三十一条从两个方面提出要求:一是告知时间必须是在作出处罚决定之前。可想而知,如果行政处罚决定已经作出,那么行政处罚程序就结束了,被处罚人就没有参与行政处罚程序的必要和可能。二是告知的内容是作出行政处罚决定的事实、理由和依据。这意味着行政机关已经掌握了违法行为人的违法事实。违法事实必须有相应的证据来证明,而证据往往是在立案后调查过程中获取的。因此,就告知时间而言,不应当是调查程序中。至于究竟是以口头形式告知,还是以书面形式告知,《行政处罚法》(1996年)并未明确规定。不过,从其立法目的之一"规范行政处罚的设定和实施"来看,无疑书面形式更为可取。

就本案而言,绍兴市司法局在调查笔录中告知马某某给予其行政处罚的事实、理由和依据,告知的形式和程序均不够规范。不过,告知瑕疵并不能否定绍兴市司法局已实际履行了告知义务的事实。而且,这一程序瑕疵对马某某的实体性权益并未造成实质性影响。也正因此,二审法院依据《行政诉讼法》(1989年),判决维持行政处罚。

补充说明的是,目前,《行政诉讼法》(2017年)以驳回诉讼请求判决取代了维持判决,并就程序违法问题作出如下规定。一是第七十条规定:"行政行为有下列情形之一的,人民法院判决撤销或者部分撤销,并可以判决被告重新作出行政行为……(三)违反法定程序的;……"二是第七十四条第一款规定:"行政行为有下列情形之一的,人民法院判决确认违法,但不撤销行政行为……(二)行政行为程序轻微违法,但对原告权利不产生实际影响的。"同时,《最高人民法院关于适用〈行政诉讼法〉的解释》(法释〔2018〕1号)第九十六条规定:"有下列情形之一,且对原告依法享有的听证、陈述、申辩等重要程序性权利不产生实质损害的,属于行政诉讼法第七十四条第一款第二项规定的'程序轻微违法':(一)处理期限轻微违法;(二)通知、送达等程序轻微违法;(三)其他程序轻微违法的情形。"可见,对于程序违法问题,法院的裁判方式更加多元,依据程序违法的轻重程度区别对待。这是行政诉讼在效率与公平之间进行适度平衡的需要。

三、法律条款援引不规范是否构成适用法律错误?

根据相关法律及司法解释,以及最高人民法院公布的各类典型案例,属于法律适用错误的情形主要有以下六种:(1)适用的法律与案件性质明显不符的。如根据法律规定,应该适用甲法而适用了乙法。(2)适用已经废止、失效或者尚未施行的法律的。(3)违反法律溯及力规定的。法不溯及既往是指法律的规定仅适用于法律生效以后的事件和行为,对于法律生效以前的事件和行为不适用。(4)违反法律适用规则的。比如上位法优于下位法,特别法优于一般法。(5)没有依法引用相应的法律依据。(6)只是引用法律名称,而没有引用相应的条款。

本案中,绍兴市司法局对马某某作出行政处罚决定时适用的是《律师法》(2001年)第四十四条第一款、司法部《律师和律师事务所违法行为处罚办法》(2004年)第八条第二十一项。然而,《律师法》(2001年)第四十四条由一款构成,并且该款有多达十一项内容,这样,仅表述为"第四十四条第一款",明显指向不明。同时,该行政处罚决定还适用了司法部的《律师和律师事务所违法行为处罚办法》(2004年)第八条第(二十一)项,该规章第八条的规定如下:"律师有下列行为的,属于《律师法》第四十四条第十一项规定的'应当给予处罚的其他行为',司法行政机关应当根据《律师法》以及本办法给予相应的处罚……(二十一)有其他违法或者有悖律师职业道德、公民道德规范的行为,严重损害律师职业形象的。"如此一来,两相对照,可以发现,案涉行政处罚决定适用的是《律师法》(2001年)第四十四条第(十一)项。因此,该行政处罚决定将"《律师法》第四十四条第(十一)项"表述为"《律师法》第四十四条第一款",是表述不规范、欠清晰,款、项运用不当,但真正适用的条款是明确且正确的。这种情形不构成上述适用法律错误的情形，不能否定行政处罚决定适用法律的正确性。

司法行政执法提示

司法行政机关在办理行政处罚案件时，应认真履行事先告知程序，即在行政处罚决定作出前，以书面形式，向拟被处罚人告知作出行政处罚决定的事实、理由和依据，并告知当事人依法享有的陈述、申辩、申请听证等权利。同时，司法行政机关应当规范法律条款的援引，准确指明适用的条、款、项。

（撰稿人：郑 艳 叶建丰）

3

基层法律服务管理

案例13　李某某诉郑州市司法局、河南省司法厅 不履行法定职责及行政复议案①

案情

上诉人（原审原告）：李某某

被上诉人（原审被告）：郑州市司法局

被上诉人（原审被告）：河南省司法厅

李某某是郑州市中原区××镇法律服务所的法律工作者。2017年7月18日，李某某向郑州市司法局邮寄执业保护申请书，称其代理案件时，被郑州市金水区法院告知不能跨辖区代理案件，请求郑州市司法局向郑州市金水区人民法院的上级部门发函，保护其在代理赵先生诉李先生股金返还案件中的执业权利。郑州市司法局认为其执业权利并未受到侵害，未向相关部门发函。

2017年8月25日，李某某向河南省司法厅提出复议申请，请求：(1)确认被申请人郑州市司法局收到申请人依法提交的执业保护申请后，未对申请人执业权利予以保障的行为违法；(2)向郑州市金水区人民法院的上级部门发函，保护其在代理赵先生诉李先生不当得利案件中的执业权利。2017年10月20日，河南省司法厅作出〔2017〕豫司行复决字第6号《驳回行政复议申请决定书》，驳回李某某的复议申请。

---

① 来源：河南省郑州铁路运输中级法院（2018）豫71行终72号行政判决书。

◆ 审理

一审法院认为,《基层法律服务工作者管理办法》第三十六条规定:"基层法律服务工作者对侵犯其执业权利的行为,可以请求司法行政机关、有关司法机关或者基层法律服务行业协会组织依法予以保障。"本案中,李某某系法律服务工作者,自认为代理权限被法院限制而向郑州市司法局申请执业权利保护,实质是要求扩大其代理案件的执业地域范围。人民法院具有依法审查案件委托代理人是否具有代理资格的职权,郑州市金水区人民法院依照《最高人民法院关于适用〈中华人民共和国民事诉讼法〉的解释》第八十八条第(二)项的规定,对李某某作为委托代理人所提交的材料进行审查,该审查属于司法行为的范畴,李某某不服法院裁决,属于涉诉纠纷,应通过司法途径予以解决。因此,郑州市司法局没有对李某某的申请进行保护的职责。李某某申请郑州市司法局对其进行执业保护,没有事实和法律依据。河南省司法厅在收到李某某的行政复议申请后,依法作出行政复议决定书,符合法定程序。综上,判决驳回李某某的诉讼请求。

李某某不服一审判决,提出上诉,认为一审判决程序不合法,认定事实错误,故意漏列应查明事实,从而作出错误的判决,侵害了上诉人的合法权益。请求二审撤销一审判决,撤销河南省司法厅作出的驳回行政复议申请决定书,判令郑州市司法局保障其执业权利。

被上诉人郑州市司法局进行答辩时,除主张一审程序合法外,还主张自身没有对上诉人执业权利予以保护的法定职责,且该案属涉诉纠纷,应通过司法途径予以解决。因此,请求驳回上诉,维持原判。

被上诉人河南省司法厅进行答辩时,在主张一审程序和行政复议程序合法的同时,主张一审法院认定事实清楚。根据《基层法律服务工作者管理办法》第三十六条规定,本案中,上诉人系基层法律服务工作者,自认为代理权被法院限制而向被上诉人河南省司法厅申请执业权利保护,实质是要求扩大其代理案件的执业地域范围。人民法院具有依法审查案件委托代理人是否具有代理资格的职权,郑州市金水区人民法院依照《最高人民法院关于适用〈中华人民共和国民事诉讼法〉的解释》第八十八条第(二)项的规定,对李某某作为委托代理人所提交的材料进行审查,该审查属于司法行为的范畴,李某某不服法院裁决,属于涉诉纠纷,应通过司法途径予以解决。请求驳回上诉,维持原判。

二审法院经审理认为,上诉人在金水区人民法院代理民事案件时,因委托手续不合法,不被允许参加诉讼,进而认为金水区人民法院侵犯其执业权利,故向郑州市司法局申请执业保护。被上诉人郑州市司法局认为李某某执业权利未受到侵害,该行为不予保障,并无不当。被上诉人河南省司法厅针对李某某作出的行政复议决定,符合法定程序。综上,判决驳回上诉,维持原判。

◁◁◁ 评析

本案是基层法律服务工作者对司法行政机关拒绝保护执业权利的行为不服提起的确认违法之诉与履职之诉,其争议焦点是司法行政机关是否具有介入基层法律服务工作者的涉诉纠纷并对基层法律服务工作者提供保护的法定职责。针对司法行政机关是否履行法定职责的判断,实则是对司法行政机关是否具有"作为义务"进行规范判断。"在理论框架上,作为义务来源大致分为两类:法定性的作为义务和事实性的作为义务。"[①]法律、法规和其他规范

---

① 章志远主编:《行政法学基本范畴研究——基于经典案例的视角》,北京大学出版社2018年版,第269页。

性文件会塑造法定性的作为义务,而行政行为或先行行为会引发出事实性的作为义务。鉴于本案中所涉及的"法定职责"来自于《基层法律服务工作者管理办法》(2000年)的相关条款,因而它属于法定性的作为义务。那么在本案中,司法行政机关是否具有介入基层法律服务工作者的涉诉纠纷并对基层法律服务工作者提供保护的法定职责?倘若这一职责成立,司法行政机关又应采取什么措施或方式履行这一职责?这些都构成本案讨论的核心。

一、司法行政机关是否是基层法律服务工作者执业权利的保护主体?

《基层法律服务工作者管理办法》(2000年)第三十六条规定:"基层法律服务工作者对侵犯其执业权利的行为,可以请求司法行政机关、有关司法机关或者基层法律服务行业协会组织依法予以保障。"[1]这一条款构成了基层法律服务工作者维护自身执业权利方面的请求权基础。从保护主体来看,司法行政机关、司法机关和所涉行业协会皆为基层法律服务工作者执业权利的保护主体。不过,三者法律性质不同,扮演不同的法律角色,提供的保护也不同。具体来说,司法行政机关是基层法律服务工作者的管理和指导单位,由此形成了基于"规制行政"和"服务行政"的法律关系,而这都需要法律法规上明确的授权依据;司法机关是基层法律服务相关争议的裁决机关,基于对原被告双方诉权之保障以及公平正义理念之维护,司法机关具有相应的保障双方当事人及其代理人各项

---

[1]《基层法律服务工作者管理办法》(2017年)第三十一条规定:"基层法律服务工作者在执业期间,有权获得执业所需的工作条件,参加政治学习和业务培训,参与本所民主管理,获得劳动报酬和享受保险、福利待遇。"第三十二条规定:"基层法律服务工作者对违反本办法第三十一条规定,或者侵犯其执业权利的行为,可以请求司法行政机关、基层法律服务行业协会依法予以保障其合法权益。"

诉讼权利的法定职责;行业协会作为服务和监管行业从业人员的自治组织,有扶持和监督行业从业人员的社会责任。基于此,司法行政机关在监督与管理基层法律服务工作者时,对其执业权利应采取有效措施予以保护。

二、"案件代理权受限"纠纷是否属于司法行政机关的管辖范围?

根据《基层法律服务工作者管理办法》(2000年)第三条的规定,基层法律服务工作者的职责是依据司法部规定的业务范围和执业要求,开展法律服务,维护当事人的合法权益,维护法律的正确实施,促进社会稳定、经济发展和法制建设。基层法律服务工作者依法执业,任何组织和个人不得干涉。就基层法律服务工作者执业的地域范围而言,《基层法律服务工作者管理办法》(2000年)并未规定,但《司法部关于基层法律服务工作者不能代理当事人任何一方均不在本辖区内的民事经济行政诉讼案件的批复》(司复〔2002〕12号)规定:"当事人一方位于本辖区内,是基层法律服务工作者代理民事、经济、行政案件应当具备的条件之一。因此,基层法律服务工作者不能代理当事人任何一方均不在本辖区内的民事、经济、行政诉讼案件。"①根据执业范围的事务属性,与其相关的管理活动应属于司法行政机关的职责。然而,本案中,法院却认

---

① 这一批复的内容已被《基层法律服务工作者管理办法》(2017年)所吸收,后者第二十七条规定:"基层法律服务工作者办理本办法第二十六条第二项规定的业务,应当符合下列条件之一:(一)至少有一方当事人的住所位于其执业的基层法律服务所所在的县级行政区划辖区或者直辖市的区(县)行政区划辖区内。(二)案件由其执业的基层法律服务所所在的县级行政区划辖区或者直辖市的区(县)行政区划辖区内的基层人民法院审理;该案进入二审、审判监督程序的,可以继续接受原当事人的委托,担任诉讼代理人。省、自治区、直辖市司法行政机关根据本地实际,认为确有必要的,可以适当调整前款第一项规定的条件。"

为,"人民法院具有依法审查案件委托代理人是否具有代理资格的职权,郑州市金水区人民法院依照《最高人民法院关于适用〈中华人民共和国民事诉讼法〉的解释》第八十八条第〔二〕项的规定,对李某某作为委托代理人所提交的材料进行审查,该审查属于司法行为的范畴"。这一看似合理的论断存在重要缺陷,即《基层法律服务工作者管理办法》(2000年)并没有明确规定"执业范围"的规制机关,虽然司法机关在立案环节对代理人资格审查的确是一种司法行为,但并非因此就排除了司法行政机关的介入。对于基层法律服务工作者的案件代理范围来说,司法行政机关的介入和司法机关的审查分属不同的职责角色,两者并不冲突,并且共同服务于对相关执业活动的保护。由此,笔者认为,本案原告所反映的"案件代理权受限"的问题,司法行政机关具有介入的法定职责,不应以其为"司法行为范畴"为由拒绝履行责任。

结合上文所述,笔者认为,本案中,司法行政机关应根据《司法部关于基层法律服务工作者不能代理当事人任何一方均不在本辖区内的民事经济行政诉讼案件的批复》(司复〔2002〕12号),认定李某某的执业权利未受到不公正限制,不存在司法行政采取措施予以保护的必要,进而驳回其申诉请求。

司法行政执法提示

司法行政机关在履行有关投诉举报事项的查处职责时,首先要通过形式审查来决定是否有必要采取相关措施。此时,应考虑的因素主要包括:申诉之诉求是否成立以及是否有管辖职权。

(撰稿人:赵 玮 陈 娜)

案例14　戴某某诉栖霞市司法局不履行法定职责案①

◇ 案情

上诉人(原审原告):戴某某

被上诉人(原审被告):栖霞市司法局

原审第三人:栖霞市××法律服务所

2013年12月28日,执业于栖霞市××法律服务所的法律工作者孙某以代收的名义私自收取戴某某两起民事案件的代理费2000元,后于2014年1月16日代收戴某某诉讼费500元,没有与戴某某正式签订书面的委托代理合同。在该两起案件的代理结果未得到戴某某满意的情况下,2014年6月底,戴某某发现孙某失联,遂于2014年8月向栖霞市司法局投诉孙某在执业过程中的违规行为。栖霞市司法局受理后,经调查发现孙某的上述执业行为违反了《山东省法律服务所法律服务工作者管理办法(试行)》第三十二条"法律服务工作者应当遵守由法律服务所统一收案、统一委派、统一收费的规定"的规定,没有与戴某某签订书面的委托代理合同,没有由栖霞市××法律服务所统一收取代理费用。为此,栖霞市司法局依据《山东省法律服务所法律服务工作者管理办法(试行)》第四十八条的规定,对孙某给予口头警告处分,并责令栖霞市××法律服务所进行整改。栖霞市××法律服务所按照栖霞市司法局的要求,于

---

① 来源:山东省烟台市中级人民法院(2016)鲁06行终352号行政判决书。

2014年8月17日召开全体会议,通报孙某违规执业的相关情况,提出整顿措施,并于2014年8月25日形成书面报告后递交给栖霞市司法局。同时,栖霞市司法局组织栖霞市××法律服务所和戴某某进行调解,但没有协商一致,对戴某某的投诉一直没有给出答复意见。戴某某提起行政诉讼,请求判决确认栖霞市司法局不履行法定职责的行为违法。

▶ 审理

一审法院认为,本案的焦点问题之一是栖霞市司法局在处理戴某某投诉孙某的过程中是否履行了法定职责。对此,《山东省法律服务所法律服务工作者管理办法(试行)》第四十八条规定:"法律服务工作者有下列行为之一的,由其执业机构住所地县级司法行政机关予以警告;有违法所得的,按照法律、法规的规定没收违法所得,并由市级司法行政机关处以违法所得三倍以下的罚款,但罚款数额最高不得超过三万元……(十三)私自接受委托承办法律事务,或者私自收取费用,或者向委托人所要额外报酬的……司法行政机关对法律服务工作者实施上述行政处罚的同时,应当责令其改正,并监督其依法赔偿当事人的损失。"本案中,栖霞市司法局经调查发现孙某违规执业后,对孙某给予了口头警告,并责令栖霞市××法律服务所进行整顿。栖霞市××法律服务所按照要求进行了整顿,并出具了书面的处理报告。因孙某代收的2500元为案件代理费和诉讼费,并非违法所得,故栖霞市司法局未采取没收措施。同时,栖霞市司法局积极组织戴某某和栖霞市××法律服务所进行调解,尽量减少戴某某的损失。据以上分析,栖霞市司法局在法律法规规定的权限范围内履行了管理职责,不存在行政不作为的情形。判决驳回戴某某的诉讼请求。

戴某某不服一审判决,提起上诉称:原审判决没有认定被上诉人栖霞市司法局的违法事实,判决显失司法公平和正义。自孙某弃案逃逸后,上诉人多次申请被上诉人保护其财产权,被上诉人拒绝履行,不予答复,侵犯了其财产权。上诉人的诉讼请求是确认被告行政不作为行为违法,原审判决没有对被上诉人行政行为的合法性作出确认,却判决驳回上诉人的诉讼请求。请求二审法院公正判决,保护上诉人的合法权益。

被上诉人栖霞市司法局答辩称,原审判决认定事实清楚,适用法律正确,被上诉人不存在上诉人诉称的行政不作为的事实,请二审法院在查明事实的基础上依法驳回上诉人的上诉,维持原判。

原审第三人栖霞市××法律服务所的意见同被上诉人栖霞市司法局的答辩意见。

二审法院经审理认为,司法部《基层法律服务工作者管理办法》第四条规定:"司法行政机关依照本办法对基层法律服务工作者进行管理和指导。"第五十五条规定:"基层法律服务工作者有下列行为之一的,由所在地的县级司法行政机关予以警告;有违法所得的,按照法律、法规的规定没收违法所得,并由地级司法行政机关处以违法所得三倍以下的罚款,但罚款数额最高不得超过三万元……(十三)私自接受委托承办法律事务,或者私自收取费用,或者向委托人索要额外报酬的……司法行政机关对基层法律服务工作者实施上述行政处罚的同时,应当责令其改正。"第五十六条规定:"司法行政机关对基层法律服务工作者实施行政处罚,应当依照《司法行政机关行政处罚程序规定》进行。"第五十九条规定:"司法行政机关应当建立对基层法律服务工作者执业的投诉监督制度,设立投诉电话、投诉信箱,受理当事人和其他公民对基层法律服务工作者违纪行为的投诉,并且应当将查处结果告知投诉人。"司法部《司法行政机关行政处罚程序规定》第七条规定:"司法行政机关实施行政处罚,实行社会监督的工作原则,对于公民投诉或者反映的案件,应当在作出是否立案决定后告知投诉人;对立案处理的投诉案件,应当办结后将处罚决定告知投诉人。对于应当给予行政处罚的案件,必须立案处理。"根据上述规定,对违反执业纪律和管理制度的基层法律服务所和基层法律服务工作者给予行政处罚,是司法行政机关实施监督管理的重要方式。司法行政机关收到公民投诉或反映的案件,应当依照上述规定程序进行办理。本案中,对于上诉人的投诉举报申请,被上诉人应当在作出是否立案决定后告知上诉人,并将办结结果通知上诉人。本案被上诉人称其收到举报,即进行了查处,并对被举报人和原审第三人作出了警告的处罚决定和限令整改决定,但并未提供充分证据证明,也没有证据证明就办结结果通知过上诉人。故上诉人起诉被上诉人未履行法定职责事实成立,被上诉人应当依法履行对上诉人投诉举报申请进行查处的行政职责。为此,判决撤销原判,并责令被上诉人栖霞市司法局于判决生效后60日内履行查处上诉人戴某某投诉举报申请的行政职责。

◇ 评析

本案是当事人不服司法行政机关对投诉的处理而提起的履职之诉,其争议焦点之一是司法行政机关是否履行了法定职责。从本案所涉及的"法定职责"看,需要讨论的是法定作为义务问题。同时,下文结合本案所争议的"针对投诉举报事项的处理是否有向投诉人进行充分信息披露的法定职责"着重展开分析。

一、本案中司法行政机关在处罚方式的裁量上是否合规?

司法行政机关具有对基层法律服务工作者的违法行为依法实施行政处罚的职责。《基层法律服务工作者管理办法》(2000年)第四条规定:"司法行政机关依照本办法对基层法律服务工作者进行管理和指导。"第五十五条规定:"基层法律服务工作者有下列行为之一的,由所在地的县级司法行政机关予以警告;有违法所得的,按照法律、法规的规定没收违法所得,并由地级司法行政机关处以违法所得三倍以下的罚款,但罚款数额最高不得超过三万元……(十三)私自接受委托承办法律事务,或者私自收取费用,或者向委托人索要额外报酬的……司法行政机关对基层法律服务工作者实施上述行政处罚的同时,应当责令其改正。"由此可知,司法行政机关对基层法律服务工作者的违法行为可以予以警告;有违法所得的,可按照规定没收违法所得,乃至向上级司法行政机关提出罚款建议。在本案中,栖霞市司法局仅给予了被处罚人口头警告,而未决定"没收违法所得"乃至移交上级司法行政机关进行罚款处理,这种处罚方式的裁量成为本案的主要争议点。

《基层法律服务工作者管理办法》(2000年)第五十五条包含了警告、没收违法所得和罚款三种处罚方式,其中警告作为最轻微的影响被处罚人声誉的行政处罚方式,"一般适用于情节轻微或者没有造成实际危害后果的违法行为"[1]"警告的对象具有特定性,只以书面或口头方式送达处罚当事人,不为其他主体所知晓"[2]。不过,这仅仅是对口头警告这一行政处罚方式的学理解释。在行政处罚实践中,口头警告难以作为独立的行政处罚方式而存在。《行政处罚法》(2009年)第三十四条明确规定:"执法人员当场作出行政处罚决定的,应向当事人出示执法身份证件,填写预定格式、编有号码的行政处罚决定书。行政处罚决定书应当当场交付当事人……"第三十九条规定:"行政机关依照本法第三十八条的规定给予行政处罚,应当制作行政处罚决定书……"可见,无论是以简易程序实施的行政处罚,还是以一般程序实施的行政处罚,都必须制作书面的行政

---

① 应松年主编:《行政处罚法教程》,法律出版社2012年版,第68页。
② 章志远主编:《行政法学基本范畴研究——基于经典案例的视角》,北京大学出版社2018年版,第206页。

处罚决定书。因此,单独进行口头警告无法在《行政处罚法》(2009年)中找到规范支撑。就《基层法律服务工作者管理办法》(2000年)第五十五条的适用而言,"由所在地的县级司法行政机关予以警告"指的是县级司法行政机关制作书面的行政处罚决定书,对基层法律服务工作者作出"警告"的行政处罚决定,而不能以"口头警告"代替。

不过,没收违法所得在本案中是否必要,是影响本案行政处罚合法性的更重要的问题。《基层法律服务工作者管理办法》(2000年)第五十五条提及,"有违法所得的,按照法律、法规的规定没收违法所得,并由地级司法行政机关处以违法所得三倍以下的罚款"。从文义上看,当存在违法所得时,没收违法所得与罚款这两种处罚方式应当并行适用。基于本案呈现的法律事实,基层法律服务工作者孙某私自收取费用,违反了应"由法律服务所统一收案、统一委派、统一收费的规定",其违法所得应当予以没收,且应向上级司法行政机关建议处以违法所得三倍以下的罚款。

二、司法行政机关未告知投诉人处罚情形是否构成严重程序违法?

行政相对人的程序参与权是一种程序权利。所谓程序权利,"是指为制约国家机关的权力,保障公民实体权利的实现,在一定的法律程序中为公民设定的权利"①。从制度功能来看,行政相对人的实体性权利要通过程序来实现,同时对于国家公权力的约束也要通过程序来完成。在各项程序设置中,行政相对人参与行政的程序尤为重要。行政相对人的参与,能够使行政权的运行在规范透明的过程中显现,有利于其及时发现并采取合法措施对抗行政主体违法或不当的行政行为。而行政主体面对程序制度带来的压力,必然会倒逼自己在行政过程的每一环节都尽可能做到公开、公平和公正。因此,确认行政相对人的行政程序参与权,实际上是

---

① 郭曰君:《论程序权利》,《郑州大学学报》2000年第6期。

增加了一股驱使行政主体公正行使行政权的外在力量。

　　回到本案来看，司法行政机关所作出的"口头警告"之处罚是行政裁量的结果，即根据对受处罚人的综合考虑来进行法律效果裁量。退一步说，即便是这一行政处罚裁量合法合理，但是整个处罚过程和结果并未通知投诉人戴某某，侵害了投诉人戴某某的知情权等程序参与权。根据《基层法律服务工作者管理办法》（2000年）第五十六条规定，司法行政机关对基层法律服务工作者实施行政处罚，应当依照《司法行政机关行政处罚程序规定》进行。司法部《司法行政机关行政处罚程序规定》第七条规定："司法行政机关实施行政处罚，实行社会监督的工作原则，对于公民投诉或者反映的案件，应当在作出是否立案决定后告知投诉人；对立案处理的投诉案件，应当办结后将处罚决定告知投诉人。"在本案中，被上诉人称其收到举报，即进行了查处，并对被举报人和原审第三人作出了警告的处罚决定和限令整改决定，但并未提供充分证据证明，也没有证据证明就办结结果通知过上诉人戴某某。故上诉人戴某某起诉被上诉人未履行法定职责事实成立，被上诉人应当依法履行对上诉人戴某某投诉举报申请进行查处的法定职责。

司法行政执法提示

　　司法行政机关在履行有关投诉举报事项的查处职责时，不仅要注重对具体举报事项的调查和处置，更要关注具体的调查和处置是否依照既定的法律程序进行，尤其不能忽略对投诉方在程序规则上的义务，要严格遵循《司法行政机关行政处罚程序规定》中立案、调查、查处决定等各项程序要件，将查处情况向投诉方及时披露。

（撰稿人：赵　玮　陈　娜）

案例15　张某某诉大连市普兰店区司法局不履行法定职责案①

案情

上诉人(原审原告):张某某

被上诉人(原审被告):大连市普兰店区司法局(原普兰店市司法局,后因行政区划调整而更名)

2015年11月25日,张某某以普兰店市某某法律服务所法律工作者石某某在代理3069号民事案件过程中提供伪造的04793号房产执照为由,向原普兰店市司法局举报(下文统称为"普兰店市司法局"),要求予以查处并给予答复。普兰店市司法局接到举报后,经过调查和约谈,于2015年12月21日作出了"关于对张某某举报石某某作伪证一事的答复",具体内容如下:(1)认定是否伪证不是司法行政机关的职责范围;(2)是否为伪证应由相关的行政机关认定或法律判决确认;(3)如举报人认为石某某存在作伪证的行为,可以向公安机关和相关行政机关报案;四、如公安机关和相关行政机关认定石某某存在作伪证行为,普兰店市司法局可以依照《法律工作者管理条例》作出处理。普兰店市司法局将该"答复"送达举报人张某某。张某某对"答复"不服,提起行政诉讼,请求判决普兰店市司法局履行法定职责。

---

① 来源:辽宁省大连市中级人民法院(2017)辽02行终186号行政判决书。

◆ 审理

一审法院认为,原告认为石某某在代理案件过程中提供伪造证据,申请被告予以查处,被告在收到原告的申请材料后,在法定期限内已经向原告作出了书面答复,并告知了原告相关事项,被告已经履行完毕法定职责,不存在不履行法定职责的行为。同时,原告认为石某某伪造房屋产权证,却并未提供真实有效的证据证明石某某提供的房屋产权证确实是伪造的,况且,被告也不具有认定房屋产权证真伪的资质和行政职能,原告可通过其他方式解决。判决驳回原告张某某的诉讼请求。

张某某对一审判决不服,提出上诉称,请求撤销原审判决,并依法判令被上诉人履行职责,对上诉人的投诉举报予以受理。主要理由是:(1)原审程序违法,上诉人认为原审对上诉人的举证证据没有采信,对要求对房证等进行鉴定、证明等主张未予理会。(2)原审查明的事实错误,上诉人认为证据表明04793号房产执照是伪造的。(3)原审认定事实错误,上诉人认为被上诉人2015年12月21日作出的答复没有受理上诉人的举报,没有对被举报人作出实质性的认定和查处,属于没有履行职责行为。(4)原审适用法律错误,应该适用《行政诉讼法》第七十二条。

被上诉人答辩称,已经履行了相关职责,请求二审法院驳回上诉人的上诉请求。主要理由为:(1)被上诉人于2015年12月21日已经作出答复。(2)关于认为石某某做伪证,认定是否是伪证不是被上诉人的行政职责,被上诉人只是对做伪证的人进行查处和处罚的行政机关,没有认定伪证的行政职责。依据现有证据和判决,被上诉人无法确认石某某存在伪造、提供伪证的相关事实。因此没有对其进行处罚。

二审程序中,大连市中级人民法院经审理认为,《基层法律服务工作者管理办法》第五十九条规定,司法行政机关应当建立对基层法律服务工作者执业的投诉监督制度,设立投诉电话、投诉信箱,受理当事人和其他公民对基层法律服务工作者违纪行为的投诉,并且应当将查处结果告知投诉人。第五十五条第一款第(十七)项规定,基层法律服务工作者有伪造、隐匿、毁灭证据或者故意协助委托人伪造、隐匿、毁灭证据的,由所在地的县级司法行政机关予以警告;有违法所得的,按照法律、法规的规定没收违法所得,并由地级司法行政机关处以违法所得三倍以下的罚款,但罚款数额最高不得超过三万元。依据上述规定,被上诉人对基层法律服务工作者的违法行为具有处罚的职权。上诉人认为石某某在代理3069号民事案件过程中提供伪造证据即04793号房产执照,并提供了相关证据证明该房证是虚假的,要求被上诉人对涉案人予以查处。但上诉人提供的证据不能证明是法律工作者石某某伪造或协助委托人伪造了04793号房产执照,上诉人要求被上诉人对此行为作出认定,超出被上诉人的职权范围。被上诉人在收到上诉人的申请材料及相关证据后,已经向上诉人作出了书面答复,并告知了上诉人权利的救济途径,被上诉人已经履行法定职责。上诉人要求被上诉人对石某某予以查处没有事实依据。综上,判决驳回上诉,维持原判。

◆ 评析

　　本案是当事人对司法行政机关的投诉处理不服而提起的行政诉讼,其争议焦点是:司法行政机关是否具有认定伪证的职责?

　　根据《基层法律服务工作者管理办法》(2000年)第五十五条第一款第(十七)项规定,基层法律服务工作者伪造、隐匿、毁灭证据的,由所在地的县级司法行政机关予以警告;有违法所得的,按照法律、法规的规定没收违法所得,并由地级司法行政机关处以违法所得三倍以下的罚款,但罚款数额最高不得超过三万元。依据上述规定,司法行政机关对基层法律服务工作者伪造、隐匿、毁灭证据的违法行为具有行政处罚的职权,而司法行政机关要根据上述条款进行处罚,前提就是根据调取的证据认定基层法律服务工作者存在伪造、隐匿、毁灭证据的行为。因此,被上诉人普兰店市司法局主张"认定是否伪证不是司法行政机关的职责范围"的观点是错误的。大连市中级人民法院认为:"上诉人认为石某某在代理3069号民事案件过程中提供伪造证据即04793号房产执照,并提供了相关证据证明该房证是虚假的,要求被上诉人对涉案人予以查处。但上诉人提供的证据不能证明是法律工作者石某某伪造或协助委托人伪造了04793号房产执照,上诉人要求被上诉人对此行为作出认定,超出被上诉人的职权范围。"这一论断也值得商榷。更为合理的判定是:上诉人认为石某某在代理3069号民事案件过程中提供伪造证据即04793号房产执照,并提供了相关证据证明该房证是虚假的,但上诉人提供的证据不能证明是法律工作者石某某伪造或协助委托人伪造了04793号房产执照,因此认定石某某"存在伪造证据行为"的证据不足,被上诉人普兰店市司法局没有对石某某进行处罚并无不当。

司法行政执法提示

司法行政机关应当制作权力清单,明确自己有哪些职权和职责,并公布于众。

司法行政机关对投诉人投诉的答复要及时、规范、准确。

(撰稿人:郑 艳 陈 娜)

4

法律援助

案例16　孙某某与深圳市法律援助处司法行政管理及行政赔偿纠纷案①

案情

上诉人(原审原告):孙某某

上诉人(原审被告):深圳市法律援助处

　　孙某某称其曾就两个法院上诉案件向深圳市法律援助处当面申请过法律援助,深圳市法律援助处的负责人曹某某出具书面回复称由于相关材料不充分,不予援助。孙某某分别于2014年10月26日和11月2日向深圳市法律援助处邮寄相关法律援助材料,邮寄单上写明收件人名称为深圳市法律援助处,内件品名有身份证复印件、经济困难证明、案件材料各2份,备注内件还有法律援助申请表、判决书等材料,11月2日的邮寄单上还注明了收件人为深圳市法律援助处的负责人曹某某。但是,深圳市法律援助处均未签收,或予以拒收。孙某某以深圳市法律援助处不受理其法律援助申请为由提起行政诉讼,诉请确认违法,并赔偿损失。

审理

　　一审法院认为,《法律援助条例》第十七条规定,公民申请代理、刑事辩护的法律援助应当提交下列证件、证明材料:(一)身份证或者其他有效的身份证明,代理申请人还应当提交有代理权的

证明;(二)经济困难的证明;(三)与所申请法律援助事项有关的案件材料。申请应当采用书面形式,填写申请表;以书面形式提出申请确有困难的,可以口头申请,由法律援助机构工作人员或者代为转交申请的有关机构工作人员作书面记录。第十八条规定,法律援助机构收到法律援助申请后,应当进行审查;认为申请人提交的证件、证明材料不齐全的,可以要求申请人作出必要的补充或者说明,申请人未按要求作出补充或者说明的,视为撤销申请;认为申请人提交的证件、证明材料需要查证的,由法律援助机构向有关机关、单位查证。对符合法律援助条件的,法律援助机构应当及时决定提供法律援助;对不符合法律援助条件的,应当书面告知申请人理由。本案中,原告向被告邮寄了有关法律援助申请的书面材料后,被告应当按照上述规定进行审查并作出相应的处理决定,但被告对原告邮寄的法律援助材料却予以拒收,违反上述法律规定,故,原告主张确认被告没有对其申请法律援助材料进行处理的行为违法,理由成立,法院予以支持。原告主张被告存在使用暴力手段对其进行殴打的违法行为,但原告并没有提供有效证据予以证实,法院不予采信。《国家赔偿法》第二条规定,国家机关和国家机关工作人员行使职权,有本法规定的侵犯公民、法人和其他组织合法权益的情形,造成损害的,受害人有依照本法取得国家赔偿的权利。根据《最高人民法院关于审理行政赔偿案件若干问题的规定》第三十二条规定,原告在行政赔偿诉讼中对自己的主张承担举证责任。本案中,原告提交的证据不足以证明其所受伤害及损失系由被告的行为造成,因此,原告的相关赔偿请求,尚无事实依据和相应的法律依据,法院不予支持。综上,判决如下:(1)确认被告未对原告申请法律援助的材料进行处理的行为违法。(2)驳回原告的其他诉讼请求。

孙某某不服该判决,提出上诉。上诉请求撤销原审判决第二项,改判支持上诉人在原审中所有的诉讼请求。

深圳市法律援助处不服该判决,也提出上诉,请求改判驳回孙某某全部诉讼请求,其理由是:(1)原审法院未审查孙某某的诉讼行为能力,也未接受上诉人提出的诉讼行为能力司法鉴定的申请,违反法定程序。上诉人提交了孙某某已被深圳市康宁医院诊断为精神分裂症(未定型)的门诊病历资料,孙某某是否具有诉讼行为能力和诉讼主体资格存疑,上诉人原审中对此提出过异议,但原审法院未对此进行审查,也未按有关程序中止审理,待孙某某指定监护人后再行审理或者对其是否具有诉讼行为能力进行审查后再进行诉讼。在孙某某是否具有诉讼行为能力存在合理怀疑的情况下,原审法院不对其诉讼行为能力进行审查,违反法定程序。(2)原审法院未审查孙某某是否具备可通过邮寄方式申请法律援助的条件,事实认定不清。以邮寄方式申请法律援助,法律并无相关具体规定,上诉人无义务必须受理通过邮寄方式申请的法律援助,但为做好服务工作,《深圳市法律援助八项便民措施》明确了可以通过邮寄方式申请法律援助的人员范围和条件。《深圳市法律援助八项便民措施》作为优待措施,明确规定申请事项属于深圳市法律援助机构受理范围且现居住在本市以外的下列四类人员可以通过邮寄方式申请法律援助:①农民工(需具有农业人口户籍,现在深圳从事非农业工作);②特困人员(需持有法律援助受援证、五保供养证书、城市居民最低生活保障待遇证书);③老年人(年满六十周岁);④残疾人(持有户籍所在地残疾人联合会颁发的残疾证书)。该便民措施还规定,通过邮寄方式申请法律援助需附当地法律援助机构出具的已对其申请材料和证件原件审核的证明。但孙某某投递邮局邮戳地址显示为广东深圳且EMS寄件人签署签名为其姓名,充分表明孙某某在深圳本地,而非居住在本市以外,不符合邮寄方式申请法律援助的条件,不能享受便民措施的优待政策,否则容易造成有限的公共资源的浪费。原审中,孙某某提交了《深圳市法律援助八项便民措施》,表明知道该规定,亦了解可以通过邮寄方式申请法律援助的人员范围和条件。因此,原审法院认定上诉人拒收孙某某通过邮寄方式申请的法律援助信函的行为违法是错误的,是没有事实和法律依据的。(3)孙某某未依法提出法律援助申请,原审法院认定上诉人未履行法定义务,适用法律错误。《法律援助条例》第十七条规定:"公民申请代理、刑事辩护的法律援助应当提交下列证件、证明材料:(一)身份证或者其他有效的身份证明,代理申请人还应当提交有代理权的证明;(二)经济困难的证明;(三)与所申请法律援助事项有关的案件材料。申请应当采用书面形式,填写申请表;以书面形式提出申请确有困难的,可以口头申请,由法律援助机构工作人员或者代为转交申请的有关机构工作人员作书面记录。"《深圳市法律援助条例》第二十三条规定:"公民申请法律援助,应当填写《法律援助申请表》,并提交下列材料:(一)身份证或者其他有效身份证件,代理人还应当提交有代理权的证明;(二)经济状况证明;(三)与申请事项和请求相关的案件材料。法律援助申请应当以书面形式提出。书面申请确有困难的,可以以口头形式提出;以口头形式提出申请的,由法律援助机构工作人员或者有关机关工作人员代为填写《法律援助申请表》,并由申请人签字确认。"上述规定表明,申请法律援助以书面申请为原则,以口头申请为例外,对口头申请的,申请人还应在申请表上签字确认,同时申请人还应按要求提交相关证件、证明等材料。但孙某某不服(2014)深福法行初字第730号行政判决书判决结果,要求提供法律援助时,不仅未按照《法律援助条例》规定的条件和程序申请法律援助和提交证件、证明等材料,也未向上诉人说明不能提供材料的原因,而且纠缠、侮辱上诉人工作人员,到上诉人处大吵大闹,扰乱办公秩序,导致上诉人根本就没有收到其依法提出的法律援助申请。但原审法院依据《法律援助条例》第十八条"法律援助机构收到法律援助申请后,应当进行审查;认为申请人提交的证件、证明材料不齐全的,可以要求申请人作出必要的补充或者说明,申请人未按要求作出补充或者说明的,视为撤销申请;认为申请人提交的证件、证明材料需要查证的,由法律援助机构向有关机关、单位查证。对符合法律援助条件的,法律援助机构应当及时决定提供法律援助;对不符合法律援助条件的,应当书面告知申请人理由"之规定,认为上诉人未履行审查并作出相应处理决定的义务违法,是原审法院在未查清事实基础上,适用法律错误。上诉人认为,《法律援助条例》第十八条的适用,应建立在法律援助申请人按照法定的条件和程序向法律援助机构提出申请的基础上。本案中,孙某某未按法定的条件和程序提出申请,上诉人不存在履行审查并作出相应处理决定义务的前提,上诉人未违反法定义务。综上,原审法院事实认定不清,违反法定程序,适用法律错误,恳请贵院依法查清事实,撤销原审判决,改判驳回被上诉人全部诉讼请求。

二审法院经审理认为,根据《深圳市法律援助条例》第三条第一款、第七条、第二十六条第一款等规定,上诉人深圳市法律援助处是依照法律法规授权行使法律援助受理、审查、决定、实施和监督的机构,应依法对上诉人孙某某的法律援助申请作出处理。上诉人孙某某通过在上诉人深圳市法律援助处受理申请场所提出法律援助申请、向上诉人深圳市援助处邮寄提交书面法律援助申请材料,应视为已经向上诉人深圳市法律援助处提出法律援助申请。上诉人深圳市法律援助处拒绝接收上诉人孙某某法律援助申请材料的行为,与法律法规规定的处理程序不符,构成不履行法定职责的行为。上诉人深圳市法律援助处认为因孙某某邮寄申请不符合《深圳市法律援助八项便民措施》列举可以邮寄申请的情形而不予处理,属适用依据错误。原审判决确认上诉人深圳市法律援助处处理行为违法,认定事实清楚、适用法律正确。上诉人孙某某提出了行政赔偿请求,但并没有提供相应的损失证据以及损失与上诉人深圳市法律援助处违法行为之间的关系。最终,判决驳回上诉,维持原判。

评析

本案是因拒绝受理法律援助申请而引发的行政诉讼,其争议焦点是:申请人应以何种方式提出法律援助申请? 面对法律援助申请,司法行政机关应如何处理? 下文在对法律援助作简要介绍的基础上,对前述问题进行评析。

一、什么是法律援助?

根据《法律援助条例》的规定,法律援助是指由政府设立的法律援助机构指派或安排人员,为经济困难或特殊案件的人免费提供法律咨询、代理、刑事辩护等法律服务的法律保障制度。具体来说,法律援助具有以下特征:

第一,法律援助是国家的责任、政府的行为,是国家和政府对公民应尽的义务。根据宪法的规定,公民享有获得法律救济的权利,并且获得法律救济的权利在公民的基本权利体系中具有重要地位——是保障其他权利得以实现的权利。与此同时,法律救济活动,如诉讼,具有较强的专业性。这就需要国家和政府为公民行使获得法律救济的权利创造条件,提供法律援助。因此,本质上,法律援助是国家和政府对公民应尽的义务,是公民行使获得法律救济权利的制度保障。

第二,法律援助的受援对象是经济困难者、残疾者、弱者,或者经人民法院、人民检察院和公安机关指定的特殊对象。对受援对象,法律援助机构将减免法律服务费,法院也将减免案件受理费及其他诉讼费用①。从这一角度看,法律援助是国家社会保障制度的重要组成部分。

第三,法律援助的形式多种多样,既包括诉讼法律服务,也包括非诉讼法律服务。如刑事辩护或者刑事代理;民事、行政诉讼代理;劳动争议仲裁、仲裁代理;代拟法律文书;提供法律咨询;等等。

二、哪些事项可以获得法律援助?

法律援助需要政府提供财政支持。因此,哪些人可以获得法律援助,与一国的财政状况和应对某些人提供法律援助具有紧迫性的认知相关。《法律援助条例》专设第二章"法律援助的范围",从可以申请法律援助的事项及应当提供法律援助的事项角度对可以获得法律援助的对象范围作出规定。具体如下:

(一)可以申请法律援助的事项

根据《法律援助条例》第十条的规定,公民对下列六类需要代理的事项,因经济困难没有委托代理人的,可以向法律援助机构申请法律援助:一是依法请求国家赔偿的;二是请求给予社会保险待遇或者最低生活保障待遇的;三是请求发给抚恤金、救济金的;四是请求给付赡养费、抚养费、扶养费的;五是请求支付劳动报酬的;六是主张因见义勇为行为产生的民事权益的。同时,省、自治区、直辖市人民政府可以对法律援助事项作出补充规定。可见,在理解可申请法律援助的事项时,需要把握两个方面:一方面,是仅仅

---

① 如根据《北京市法律援助条例》第二十七条和第二十八条第二款的规定,法律援助机构提供法律援助的诉讼案件,受援人向人民法院提起诉讼的,人民法院应当缓收诉讼费。人民法院判决受援人胜诉的,诉讼费应当由对方当事人负担;判决受援人败诉的,人民法院根据受援人的经济状况决定减收、免收诉讼费。受援人在接受法律援助过程中所涉及的诉讼费、公证费、鉴定费以及法律援助人员在办案中查阅档案资料、从事调查取证活动所涉及的相关费用,按照国家规定予以免收、减收或者缓收。

针对特定的需要代理的事项才可以申请法律援助。不过,"特定"的范围具有开放性,除《法律援助条例》明确列举的六类事项外,省、自治区、直辖市人民政府还可以作出补充规定。如《浙江省法律援助条例》(2005年)将"请求医疗事故、交通事故、工伤事故赔偿的"纳入可以申请法律援助的事项;《湖南省法律援助条例》(2011年)将"因家庭暴力、虐待、遗弃导致合法权益受到侵害的""因使用伪劣化肥、农药、种子、农机具和其他伪劣产品导致合法权益受到侵害的""因环境污染、公共卫生、安全生产事故导致合法权益受到侵害的"等事项纳入可以申请法律援助的范围。又如,《广东省法律援助条例》(2016年)通过将可以申请法律援助的主体由公民扩展到特定的组织,对可申请法律援助的事项进行了扩展,即第十二条规定:"福利院、孤儿院、养老机构、光荣院、优抚医院、精神病院、SOS儿童村等社会福利机构,因维护其合法民事权益需要法律帮助的,法律援助机构根据其申请可以提供法律援助。社会组织依法对污染环境、破坏生态等损害社会公共利益的行为向人民法院提起民事公益诉讼的,法律援助机构根据其申请可以提供法律援助。"另一方面,是公民因经济困难而没有委托代理人。至于公民经济困难的标准,则由省、自治区、直辖市人民政府根据本行政区域经济发展状况和法律援助事业的需要规定。如果申请人住所地的经济困难标准与受理申请的法律援助机构所在地的经济困难标准不一致,则按照受理申请的法律援助机构所在地的经济困难标准执行。

另外,《法律援助条例》还对刑事诉讼中公民可以申请法律援助的情形作出规定:一是犯罪嫌疑人在被侦查机关第一次讯问后或者采取强制措施之日起,因经济困难没有聘请律师的;二是公诉案件中的被害人及其法定代理人或者近亲属,自案件移送审查起诉之日起,因经济困难没有委托诉讼代理人的;三是自诉案件的自诉人及其法定代理人,自案件被人民法院受理之日起,因经济困难没有委托诉讼代理人的。

此外,随着经济社会的快速发展和人民群众法律服务需求的日益增长,个别地方已经完全放开法律援助事项范围,法律援助不受事项范围限制。比如,杭州市2016年修订了《杭州市法律援助条例》,删除了法律援助范围的规定,法律援助范围不受特定事项限制。

(二)应当提供法律援助的事项

除可以申请法律援助的事项外,《法律援助条例》还规定了两类法律援助机构应当提供法律援助的事项:一是公诉人出庭公诉的案件,被告人因经济困难或者其他原因没有委托辩护人,人民法院为被告人指定辩护时,法律援助机构应当提供法律援助;二是被告人是盲、聋、哑人或者未成年人而没有委托辩护人的,或者被告人可能被判处死刑而没有委托辩护人的,人民法院为被告人指定辩护时,法律援助机构应当提供法律援助,无须对被告人进行经济状况的审查。

2012年《全国人民代表大会关于修改〈中华人民共和国刑事诉讼法〉的决定》将《刑事诉讼法》第三十四条修改为:"犯罪嫌疑人、被告人因经济困难或者其他原因没有委托辩护人的,本人及其近亲属可以向法律援助机构提出申请。对符合法律援助条件的,法律援助机构应当指派律师为其提供辩护。犯罪嫌疑人、被告人是盲、聋、哑人,或者是尚未完全丧失辨认或者控制自己行为能力的精神病人,没有委托辩护人的,人民法院、人民检察院和公安机关应当通知法律援助机构指派律师为其提供辩护。犯罪嫌疑人、被告人可能被判处无期徒刑、死刑,没有委托辩护人的,人民法院、人民检察院和公安机关应当通知法律援助机构指派律师为其提供辩护。"并增加了一条规定,作为《刑事诉讼法》第二百八十六条:"人民法院受理强制医疗的申请后,应当组成合议庭进行审理。人民法院审理强制医疗案件,应当通知被申请人或者被告人的法定代理人到场。被申请人或者被告人没有委托诉讼代理人的,人民法院应当通知法律援助机构指派律师为其提供法律帮助。"

三、通过何种程序申请法律援助?

与可以申请法律援助的事项相比,应当提供法律援助的事项更加体现了对国家和政府的约束性。换言之,这两类事项分属于依申请给予法律援助和依职权给予法律援助,法律援助机构在其间的职责存在较大差异。就前者而言,当申请人依据法定程序提出申请后,法律援助机构就负有对申请进行审查并作出答复的职责。

在申请法律援助的程序方面,《法律援助条例》主要规定了四个问题:

第一,管辖问题,即公民应当向哪一个法律援助机构提出申请。具体来说,请求国家赔偿的,向赔偿义务机关所在地的法律援助机构提出申请;请求给予社会保险待遇、最低生活保障待遇或者请求发给抚恤金、救济金的,向提供社会保险待遇、最低生活保障待遇或者发给抚恤金、救济金的义务机关所在地的法律援助机构提出申请;请求给付赡养费、抚养费、扶养费的,向给付赡养费、抚养费、扶养费的义务人住所地的法律援助机构提出申请;请求支付劳动报酬的,向支付劳动报酬的义务人住所地的法律援助机构提出申请;主张因见义勇为行为产生的民事权益的,向被请求人住所地的法律援助机构提出申请;刑事诉讼中申请法律援助的,应当向审理案件的人民法院所在地的法律援助机构提出申请。

第二,提出申请的主体问题。具体来说,申请人是完全民事行为能力人的,由其自己提出申请;申请人为无民事行为能力人或者限制民事行为能力人的,由其法定代理人代为提出申请。无民事行为能力人或者限制民事行为能力人与其法定代理人之间发生诉讼或者因其他利益纠纷需要法律援助的,由与该争议事项无利害关系的其他法定代理人代为提出申请。

第三,公民申请代理、刑事辩护的法律援助时应当提交的证件和证明材料。主要包括:(1)身份证或者其他有效的身份证明,代理申请人还应当提交有代理权的证明;(2)经济困难的证明;(3)与所申请法律援助事项有关的案件材料。前述证件和证明材料中,对申请人来说,"经济困难的证明"最难提供。或者说,哪些材料能够证明申请人经济困难?申请人应当到何处获取这些证明材料?对此,各地规定不一。如,根据《浙江省法律援助条例》(2005年)第十五条第(二)项的规定,申请人应当提交其所在地的乡镇人民政府、街道办事处或者有关单位出具的申请人及其家庭成员经济状况的证明。又如,《广东省法律援助条例》(2016年)将申请法律援助时需要当事人履行的经济状况证明制度,全部改为了经济状况申报制度,并且主张因见义勇为行为产生的民事权益申请法律援助的,申请人亦无须提交经济状况申报材料,只需提交被县级人民政府或者不设区的地级市人民政府见义勇为评定委员会认定为见义勇为的证明材料即可。

第四,申请法律援助的形式。根据《法律援助条例》第十七条第二款的规定,申请法律援助时,应当采用书面形式,填写申请表;以书面形式提出申请确有困难的,可以口头申请,由法律援助机构工作人员或者代为转交申请的有关机构工作人员作书面记录。

本案的争议焦点是孙某某申请法律援助的形式是否符合《法律援助条例》的规定。本案中,孙某某事实上提出过三次法律援助申请:第一次是向深圳市法律援助处当面申请法律援助,深圳市法律援助处书面回复不予援助,理由是相关材料不充分。至于孙某某此次申请法律援助的方式——书面申请还是口头申请——笔者并不确定,因为"当面申请"与书面申请和口头申请并不具有对应关系。第二次和第三次是以邮寄方式向深圳市法律援助处提出申请,邮寄的资料包括法律援助申请表、身份证、经济困难证明、判决书等案件材料。其中,"法律援助申请表"的填写,说明孙某某采取的是书面申请方式,符合《法律援助条例》对申请形式的要求。诉讼中,深圳市法律援助处辩称,《深圳市法律援助八项便民措施》对以邮寄方式申请法律援助的人员范围和条件作出了明确规定,而孙某某并不符合以邮寄方式申请法律援助的条件,因此自身没有义务受理孙某某通过邮寄方式申请的法律援助。笔者认为,判定孙某某是否可以以邮寄方式提出法律援助申请,必须立足于法律援助的性质。前文已述,对于经济困难和特定案件中的当事人来说,提供法律援助是国家和政府的义务,获得法律援助是公民的权利。对于权利的行使规则,我国宪法第五十一条规定:"中华人民共和国公民在行使自由和权利的时候,不得损害国家的、社会的、集体的利益和其他公民的合法的自由和权利。"就申请法律援助的方式而言,《法律援助条例》仅对申请人申请法律援助的意思表示的方式——书面方式和口头方式——作出了规定,其目的是便于法律援助机构快速而准确地把握申请人的基本情况和申请的法律援助事项,而对申请人提交法律援助申请的方式未加限制。这意味着,申请人可自主选择提交法律援助申请的方式,或来到法律援助机构办公场地当面提交,或以邮寄方式提交。而且,申请人在选择提交方式时,应当考虑哪些因素,这是法律援助机构无权干涉的。《深圳市法律援助八项便民措施》规定申请事项属于深圳市法律援助机构受理范围且现居住在本市以外的四类人员可以通过邮寄方式申请法律援助,其初衷或许是降低申请人的经济成本和时间成本。但是,对于特定的申请人来说,其考虑的因素可能更复杂。在这种情况下,《深圳市法律援助八项便民措施》看似"便民",实则限制了部分申请人提交法律援助申请的方式,是对公民行使获得法律援助的权利的不当干涉。质言之,《深圳市法律援助八项便民措施》

有关法律援助申请提交方式的规定,与《法律援助条例》的立法目的相抵触,不应成为执法依据。正如二审法院所言,"上诉人深圳市法律援助处认为因孙某某邮寄申请不符合《深圳市法律援助八项便民措施》列举可以邮寄申请的情形而不予处理,属适用依据错误"。

四、法律援助机构如何对法律援助申请进行审查与处理?

根据《法律援助条例》第十八条和第十九条的规定,法律援助机构收到法律援助申请后,应当进行审查。审查可分为两个阶段:第一个阶段是形式审查。此时,法律援助机构关注的是申请人提交的证件、证明材料是否齐全。经审查,认为申请人提交的证件、证明材料齐全时,则受理申请;认为不齐全时,法律援助机构可以要求申请人作出必要的补充或者说明,申请人未按要求作出补充或者说明的,视为撤销申请。第二个阶段是实质审查。此时,法律援助机构关注的是申请人提交的证件、证明材料是否真实。当认为申请人提交的证件、证明材料需要查证时,法律援助机构应向有关机关、单位查证。审查结束,对符合法律援助条件的,法律援助机构应当及时决定提供法律援助;对不符合法律援助条件的,应当书面告知申请人理由。申请人对法律援助机构作出的不符合法律援助条件的通知有异议的,可以向确定该法律援助机构的司法行政部门提出异议①。

本案中,孙某某第一次申请法律援助时,深圳市法律援助处书面回复不予援助,理由是相关材料不充分。这是经实质审查后得

---

① 为充分保障公民获得法律援助服务,某些地方建立了"先援助后审查"制度。如《湖南省法律援助条例》第十六条规定:"有下列情形之一的,法律援助机构可以先行提供法律援助,再进行审查:(一)诉讼、仲裁、行政复议时效即将届满的;(二)必须立即采取财产保全措施的;(三)其他紧急或者特殊情况。法律援助机构经审查发现先行提供法律援助不符合条件的,应当终止法律援助。"

出的结论,至于该结论是否正确,笔者无从判断。孙某某第二次和第三次以邮寄方式提出法律援助申请时,深圳市法律援助处没有签收或拒收相关资料,即未启动审查程序就直接拒绝了孙某某的申请。显然,深圳市法律援助处未依法履行审查法律援助申请并作出相应处理决定的义务,已构成不履行法定职责。相应地,一审法院的判决"确认被告未对原告申请法律援助的材料进行处理的行为违法"得到二审法院的支持。

司法行政执法提示

为经济困难和特定案件的当事人提供法律援助是国家和政府的义务。面对法律援助申请,法律援助机构应当依法进行审查并作出答复。《法律援助条例》规定公民应当以书面形式或口头形式提出法律援助申请,但并未限制公民提交法律援助申请的方式。因此,法律援助机构不得拒收公民以邮寄方式提交的法律援助申请。

(撰稿人:李春燕 陈 娜)

案例17　全某某诉衡阳市司法局、湖南省司法厅终止法律援助案^①

案情

上诉人（原审原告）：全某某

被上诉人（原审被告）：衡阳市司法局

被上诉人（原审被告）：湖南省司法厅

全某某系衡阳市清泉食品饮料厂退休职工。2014年6月3日，衡阳市蒸湘区青峰社区居委会（以下简称居委会）为全某某出具了"本人家庭困难，符合法律援助条件"的证明。据此，全某某获得了衡阳市法援中心（以下简称法援中心）提供的法律援助。法援中心先后多次指派多名法律服务人员为全某某提供法律帮助。2014年11月20日，湖南湘华律师事务所以全某某自2009年退休后一直享受退休职工待遇，不属于困难人员为由，请求法援中心公开给予全某某法律援助的相关信息。2014年12月19日，法援中心工作人员到居委会核实全某某的经济情况，居委会于当日向法援中心出具"证明"，内容如下："全某某2009年5月从衡阳市清泉食品饮料厂退休，全某某丈夫周某某系湘南物业退休人员，两人均享有退休金，不属于困难家庭。2014年6月3日出具的证明，因只听她一面之词，未经核实，此前出具的证明与其本人家庭真实情况有误。"

---

① 来源：湖南省高级人民法院（2016）湘行终96号行政判决书。

2014年12月21日,法援中心据此认定全某某不属于困难家庭,作出援终决字(2014)第1号《终止法律援助决定书》。全某某对法援中心作出的《终止法律援助决定书》不服,申请衡阳市司法局重新审查。2015年4月16日,衡阳市司法局根据《湖南省法律援助条例》第十七条第二款、第十五条第三款及司法部《办理法律援助案件程序规定》第三十三条第三款、第十九条之规定,作出维持终止法援决定。全某某对衡阳市司法局作出的维持终止法援决定不服,向湖南省司法厅申请行政复议。湖南省司法厅根据《行政复议法》第二十八条第一款第(一)项之规定,于同年7月24日作出复议决定:维持衡阳市司法局作出的《关于维持市法律援助中心"援终决字(2014)第1号"的决定》。

◇ **审理**

一审法院认为,根据《湖南省法律援助条例》第二条规定,法律援助,是指县级以上人民政府设立的法律援助机构组织法律援助人员为经济困难或者特殊案件的当事人提供法律服务并免收或者减收费用的活动。原告全某某向法援中心申请法援援助的缘由为其"本人经济困难",而对于原告是否属于"经济困难"范围,法援中心及被告衡阳市司法局经过了调查核实,原告也确认其本人及丈夫均系企业退休人员,享有退休金,故衡阳市司法局认为原告全某某不属于经济困难人员而依法作出的维持终止法援决定,认定事实清楚,适用法律恰当,程序合法;湖南省司法厅基于被告司法局调查的原告全某某不属于"经济困难"人员的事实,依法作出的复议决定证据确实充分,适用法律法规正确,程序合法。原告诉请两被告赔偿其损失50万元,但未提供证据证明两被告的行政行为给其造成损失的事实存在,故对原告的诉求,该院均不予支持。根据《行政诉讼法》第六十九条之规定,判决驳回全某某的诉讼请求。

全某某不服上述判决,提出上诉称:其法律援助主体资格不因居委会的行政乱作为而变化,原判决适用法律错误。请求依法撤销一审判决,并指令长沙市中级人民法院重新审理。

被上诉人湖南省司法厅答辩称:上诉人不符合法律援助条件,其要求湖南省司法厅、衡阳市法律援助中心继续提供司法救助服务,于法无据。请求依法驳回上诉,维持一审判决。

被上诉人衡阳市司法局未提供书面答辩意见,口头答辩称:其维持衡阳市法律援助中心终止法律援助的决定认定事实清楚,证据确实充分,请求驳回上诉,维持一审判决。

二审法院经审理认为,司法部《关于办理法律援助案件程序规定》(司法部第124号令)第九条规定:"公民申请代理、刑事辩护法律援助,应当如实提交下列申请材料……(三)法律援助申请人经济状况证明表;法律援助申请人经济状况证明表应当由法律援助地方性法规、规章规定的有权出具经济困难证明的机关、单位加盖公章。无相关规定的,由申请人住所地或者经常居住地的村委会、居委会或者所在单位加盖公章。"第十条规定:"申请人持有下列证件、证明材料的无需提交法律援助申请人经济状况证明表:(一)城市居民最低社会保障证或者农村居民最低社会保障证;(二)农村特困户救助证;(三)农村"五保"供养证;(四)人民法院给予申请人司法救助的决定;(五)在社会福利机构中由政府出资供养或者由慈善机构出资供养的证明材料;(六)残疾证及申请人住所地或者经常居住地的村委会、居委会出具的无固定生活来源的证明材料;(七)依靠政府或者单位给付抚恤金生活的证明材料;(八)因自然灾害等原因导致生活出现暂时困难,正在接受政府临时救济的证明材料;(九)法律、法规及省、自治区、直辖市人民政府规定的能够证明法律援助申请人经济困难的其他证件、证明材料。"第三十三条规定:"有下列情形之一的,应当终止法律援助:(一)受援人不再符合法律援助经济困难标准的。……"《湖南省法律援助条例》第十四条规定:"公民向户籍所在地或者长期居住地乡镇人民政府、街道办事处申请出具经济困难证明的,乡镇人民政府、街道办事处应当在三个工作日内对申请人的家庭人口、就业情况等进行审查,对符合条件的,出具证明;对不符合条件的,不出具证明,并说明理由。"

本案中,上诉人全某某对其和丈夫均系退休职工、均享有退休金的事实无异议,不符合司法部《关于办理法律援助案件程序规定》规定的可以申请法律援助的条件。因此,衡阳市法律援助中心根据上诉人全某某所在地的居委会调查核实后出具的"不属于困难家庭"的证明和《湖南省法律援助条例》第十七条第一款的规定,作出终止法律援助的决定,有事实和法律依据。被上诉人衡阳市司法局作出维持终止法律援助的决定正确,被上诉人湖南省司法厅机关调查核实认为上诉人不符合法律援助条件,复议维持衡阳市司法局的维持决定,认定事实清楚,适用法律正确,程序合法,一审予以维持并无不当。上诉人认为《湖南省法律援助条例》确立的援助标准滞后全球通货膨胀水平且衡阳市的法律援助标准应由衡阳市的GDP决定,没有法律依据,本院不予支持。判决驳回上诉,维持原判。

◆ **评析**

本案是因终止法律援助决定引发的行政诉讼,其中值得关注的问题是:什么是法律援助的终止? 在何种情况下应当终止法律援助?

一、什么是法律援助的终止?

法律援助制度的设置,旨在使经济困难或特殊案件的当事人免费获得专业的法律帮助,从而有效维护其合法权益。本质上,法律援助具有社会保障的属性。因此,受援助人不能无限期地获得法律援助,当其不符合法定的援助条件时,政府就不再提供法律援助,这就是法律援助的终止。同时,当发现准予法律援助的决定错误时,法律援助机构也应当终止法律援助。

法律援助的终止,以受援助人不符合或已不符合法律援助的条件为前提。而且,当其符合或再次符合法律援助的条件时,仍然可以通过法定程序获得法律援助。因此,法律援助的终止,并不影响公民获得法律援助权利的实现。同时,在国家财力有限、法律援助资源有限的情况下,法律援助的终止,是发挥法律援助效益最大化的制度选择。

二、在何种情况下应当终止法律援助?

对于在何种情况下应当终止法律援助,《法律援助条例》第二十三条规定了四种情形:一是受援人的经济收入状况发生变化,不再符合法律援助条件的。法律援助主要指向因经济困难而无力委托代理人的群体。当受援人的经济收入增加,已不属于"经济困难"群体时,则应终止对他的法律援助。二是案件终止审理或者已被撤销的。此时,受援人已不再需要法律援助。三是受援人又自行委托律师或者其他代理人的。这意味着受援人已经能够获得专业的法律帮助。四是受援人要求终止法律援助的。获得法律援助是特定当事人的权利。作为权利,当事人有权进行处分,即选择终止法律援助。

可以发现,《法律援助条例》规定的应当终止法律援助的四种情形,都建立在受援人曾经符合法律援助的条件的基础之上。那么,对于本不符合法律援助条件的受援人正在享受的法律援助,应如何处理?从《法律援助条例》的立法目的来看,也应当终止法律援助。实践中,部分地方立法已对该种情形作出规定。如,根据《湖南省法律援助条例》(2011年)第十七条第一款第(一)项的规定,法律援助人员发现受援人以欺骗、隐瞒事实或者其他不正当手段获得法律援助的,应当向法律援助机构报告;法律援助机构经审查核实的,应当终止法律援助并书面通知受援人和案件处理机关。

又如,《山东省法律援助条例》(2016年)第二十五条规定:"以不正当手段获得不应享有的法律援助的,法律援助机构应当停止对其援助,并责令其支付已实施法律援助过程中的全部费用。"前述地方立法的积极意义不必言说,但也存在疏漏:它只规定了受援人以不正当手段获得不应享有的法律援助的情形,而未规定因法律援助机构及其工作人员的故意或过失而使受援人获得不应享有的法律援助的情形。对后一种情形,无疑也应当终止法律援助,并且相较前一种情形而言,在终止法律援助的同时,应当给予受援人以信赖保护,即受援人无须承担已实施法律援助过程中产生的全部费用。

本案中,全某某以"本人经济困难"为由申请法律援助,并获得衡阳市法援中心提供的法律援助,其中最重要的原因是衡阳市蒸湘区青峰社区居委会为其出具了"本人家庭困难,符合法律援助条件"的证明。后来,衡阳市法援中心经过调查核实,认定全某某本人及其丈夫均系企业退休人员,享有退休金,不属于经济困难人员,故终止法律援助。在这一过程中,衡阳市蒸湘区青峰社区居委会出具的"不属于困难家庭"的新证明也起了关键作用。《湖南省法律援助条例》(2011年)第十四条规定:"公民向户籍所在地或者长期居住地乡镇人民政府、街道办事处申请出具经济困难证明的,乡镇人民政府、街道办事处应当在三个工作日内对申请人的家庭人口、就业情况等进行审查,对符合条件的,出具证明;对不符合条件的,不出具证明,并说明理由。"也就是说,公民户籍所在地或者长期居住地的乡镇人民政府、街道办事处具有出具经济困难证明的职责,但是,并不能就此否定居(村)委会出具的经济困难证明的效力。对于上诉人全某某所在地的居委会调查核实后出具的"不属于困难家庭"的证明,二审法院予以确认。

司法行政执法提示

　　每个人的经济状况都处于发展变化之中,司法程序在进行中也会出现诉讼终止。因此,无论是法律援助人员,还是法律援助机构,都要密切关注法律援助受援人的经济状况和相关诉讼的进展情况:对已不符合法律援助条件的受援人,应当及时终止法律援助;对本不符合法律援助条件的受援助人,更应当终止法律援助,同时应根据具体情况决定是否给予受援人信赖保护。

(撰稿人:李春燕　陈　娜)

案例18　汪某某诉重庆市巴南区司法局不予法律援助案①

案情

上诉人(原审原告):汪某某

被上诉人(原审被告):重庆市巴南区司法局

2016年8月19日,汪某某向重庆市巴南区法律援助中心申请法律援助,理由为:其起诉南岸区人力资源和社会保障局要求撤销南岸区人社监不受(2016)1号《劳动保障监察不予受理投诉决定书》,并要求南岸区人力资源和社会保障局赔偿维权损失1000万元及50万元精神损害费。汪某某同时提交了身份证复印件、经济困难证明表、受理案件通知书(2016)渝0113行初128号、行政起诉状、《劳动保障监察不予受理投诉决定书》等材料。巴南区法律援助中心经审查,于2016年8月22日作出巴南援拒字(2016)第2号《不予受理法律援助决定书》,认为汪某某的申请不符合《重庆市法律援助条例》第十一条的规定。汪某某不服,遂向巴南区司法局提出异议。巴南区司法局经审查后,于2016年8月31日作出《关于汪某某不予法律援助决定异议的回复》,认为其申请不符合《重庆市法律援助条例》第十一条的规定,巴南区法律援助中心的决定符合《重庆市法律援助条例》的规定。汪某某仍不服,遂起诉至法院。

---

① 来源:重庆市第五中级人民法院(2018)渝05行终48号行政判决书。

另外,南岸区人力资源和社会保障局针对汪某某的投诉作出南岸人社监不受(2016)1号《劳动保障监察不予受理投诉决定书》。汪某某不服遂向法院起诉,其诉讼请求第一项为要求撤销前述《劳动保障监察不予受理投诉决定书》,并受理其投诉;第二、三项为要求该局支付其维权带来的损失1000万元及精神损害赔偿费50万元;第四项为要求一龙管道有限公司支付其损失500万元及精神损害赔偿费50万元。巴南区人民法院受理该案,后因汪某某未按时到庭参加诉讼,遂按撤诉处理。

审理

一审法院认为,《法律援助条例》第四条规定:"国务院司法行政部门监督管理全国的法律援助工作。县级以上地方各级人民政府司法行政部门监督管理本行政区域的法律援助工作。"第十九条规定:"申请人对法律援助机构作出的不符合法律援助条件的通知有异议的,可以向确定该法律援助机构的司法行政部门提出,司法行政部门应当在异议之日起5个工作日内进行审查……"根据上述规定,巴南区司法局具有对本行政区域内的法律援助工作进行监督管理的法定职责。《重庆市法律援助条例》第十一条规定:"公民对下列需要代理的事项,因经济困难没有委托代理人的,可以申请法律援助:(一)请求国家赔偿的;(二)请求给予社会保险待遇或者最低生活保障待遇的;(三)请求给付抚恤金、救济金的;(四)请求给付赡养费、抚养费、扶养费的;(五)劳动者与用人单位发生劳动争议,请求保护劳动权益的;(六)遭受家庭暴力、虐待、遗弃的;(七)农村土地承包经营权及其流转中合法权益受到侵害的;(八)交通事故、医疗纠纷、食品药品安全事故、产品质量责任事故中合法权益受到侵害请求赔偿的;(九)未成年人、老年人、妇女合法权益受到侵害的;(十)国家和本市规定因经济困难可以申请法律援助的其他情形。"本案中,汪某某向法院起诉南岸区人力资源和社会保障局一案,其诉讼请求为要求撤销南岸区人力资源和社会保障局作出的南岸人社监不受(2016)1号《劳动保障监察不予受理投诉决定书》,并支付其维权带来的损失及精神损害费,该案件不符合上述规定的可以申请法律援助的情形。巴南区司法局据此认定汪某某提出的异议不符合上述规定并无不当,并在法定的期限内予以书面回复,符合《法律援助条例》第十九条的规定。汪某某要求撤销该回复的理由不成立。综上,依照《行政诉讼法》第六十九之规定,判决驳回汪某某的诉讼请求。

汪某某不服一审法院判决提出上诉,请求撤销一审判决,发回重审或依法改判。其上诉理由为:一审法院认定部分事实错误。上诉人身体极度虚弱,需长期服药,无生活来源,有两个子女需要抚养,家庭贫困,符合法律规定应当提供法律援助的情形,巴南区司法局不予以援助错误。

被上诉人巴南区司法局未提交书面答辩意见。

二审法院经审理认为:《法律援助条例》第四条、第十九条规定,巴南区司法局具有对本行政区域内的法律援助工作进行监督管理的法定职责。在《重庆市法律援助条例》第十一条对法律援助规定条件中,汪某某的申请不符合上述规定的可以申请法律援助的情形。巴南司法局对汪某某提出的异议回复正确,并在法定的期限内予以书面回复,程序合法。汪某某要求撤销该回复的理由不成立。判决驳回上诉,维持原判。

◢◣ 评析

本案是因不予法律援助决定提起的行政诉讼,其争议焦点是:如何理解可以申请法律援助的条件?

一、如何理解可以申请法律援助的条件？

《法律援助条例》第一条规定："为了保障经济困难的公民获得必要的法律服务，促进和规范法律援助工作，制定本条例。"由此可知，法律援助制度的设置，目的是保障特定人员——"经济困难的公民"——获得必要的法律服务。因此，"经济困难"是可以申请法律援助的前提。不过，并非所有经济困难的公民都可以申请法律援助。《法律援助条例》第十条对可以申请法律援助的条件作出详细规定："公民对下列需要代理的事项，因经济困难没有委托代理人的，可以向法律援助机构申请法律援助：（一）依法请求国家赔偿的；（二）请求给予社会保险待遇或者最低生活保障待遇的；（三）请求发给抚恤金、救济金的；（四）请求给付赡养费、抚养费、扶养费的；（五）请求支付劳动报酬的；（六）主张因见义勇为行为产生的民事权益的。省、自治区、直辖市人民政府可以对前款规定以外的法律援助事项作出补充规定。公民可以就本条第一款、第二款规定的事项向法律援助机构申请法律咨询。"根据这一条款，公民申请法律援助，应当同时满足以下两个条件：

第一，可以申请法律援助的事项是特定的，具体包括《法律援助条例》规定的六类事项和省、自治区、直辖市人民政府规定的补充事项。《法律援助条例》规定的六类事项中，第一类的判定，需要以《国家赔偿法》为根据。根据《国家赔偿法》的规定，公民请求的国家赔偿可能是行政赔偿、刑事司法赔偿和其他司法赔偿；第二类事项和第三类事项与人力资源和社会保障部门、民政部门的职责相关；与第四类事项至第六类事项相关的争议主要发生于具有特定直系血亲关系或姻亲关系的人员之间、劳动者与用人单位之间、见义勇为人与受益人之间。至于省、自治区、直辖市人民政府规定的补充事项，各地存在些许差异。特别说明的是，《法律援助条例》第二条规定："符合本条例规定的公民，可以依照本条例获得法律咨询、代理、刑事辩护等无偿法律服务。"从这一规定来看,法律援助重在向符合条件的公民提供无偿法律服务,但并不关注是在诉讼程序中还是在非诉讼程序中提供法律服务。因此,公民就前述事项申请法律援助时,与公民将以何种方式——诉讼或非诉讼——维护自身合法权益无关。

第二,可以申请法律援助的公民是特定的,即必须是因经济困难而没有委托代理人。委托代理,指受委托人根据委托人的授权,以委托人名义从事行为,并由委托人承担相应法律后果。委托代理的产生,不仅能够弥补委托人知识结构的不足,而且也有利于委托人合理安排自己的时间。在这一过程中,受委托人凭借自己的专业知识为委托人提供服务,作为受益人的委托人应当支付一定的报酬。这样,当公民经济困难时,就可能因无力支付相关报酬而无法委托代理人。此时,为了使公民获得专业的法律服务,国家便设置了法律援助制度。也正因此,在诉讼中,法官若发现当事人没有委托代理人,可能会建议当事人向法律援助机构申请法律援助,但当事人能否获得法律援助,还需要看其能否通过法律援助机构的审查——是否经济困难,是否属于可以申请法律援助的事项。就经济困难的标准而言,根据《法律援助条例》第十三条的规定,应由省、自治区、直辖市人民政府根据本行政区域经济发展状况和法律援助事业的需要规定;申请人住所地的经济困难标准与受理申请的法律援助机构所在地的经济困难标准不一致的,按照受理申请的法律援助机构所在地的经济困难标准执行。

二、本案中汪某某为何不能获得法律援助?

本案中,巴南区法律援助中心和巴南区司法局均认为汪某某不符合《重庆市法律援助条例》(2014年)第十一条规定的可以申请法律援助的条件,并且他们的决定获得了法院的支持。那么,汪某某究竟哪一方面不符合申请法律援助的条件呢?

从本案查明的事实看,汪某某与一龙管道有限公司有纠纷——纠纷的来龙去脉不详——向南岸区人力资源和社会保障局投诉,后者作出南岸人社监不受(2016)1号《劳动保障监察不予受理投诉决定书》。汪某某不服,遂向法院起诉,其诉讼请求第一项为要求撤销前述《劳动保障监察不予受理投诉决定书》,并受理其投诉;第二、三项为要求该局支付其维权带来的损失1000万元及精神损害赔偿费50万元;第四项为要求一龙管道有限公司支付其损失500万元及精神损害赔偿费50万元。汪某某申请法律援助时,同时提交了身份证复印件、经济困难证明表、受理案件通知书(2016)渝0113行初128号、行政起诉状、《劳动保障监察不予受理投诉决定书》等材料,并在二审程序中表示:"上诉人身体极度虚弱,需长期服药,无生活来源,有两个子女需要抚养,家庭贫困,符合法律规定应当提供法律援助的情形"。

基于如上事实,有以下三点值得思考:

第一,汪某某申请法律援助的事项是否属于可以申请法律援助的事项?从其提交的与所申请法律援助事项有关的案件材料看,这是一起具有多项诉讼请求的行政诉讼。结合《法律援助条例》和《重庆市法律援助条例》(2014年)规定的可以申请法律援助的事项,可以发现,本案的核心问题在于,汪某某要求南岸区人力资源和社会保障局支付维权带来的损失1000万元及精神损害赔偿费50万元是否属于请求国家赔偿?要求一龙管道有限公司支付损失500万元及精神损害赔偿费50万元是否属于《法律援助条例》第十一条第一款第(五)项"请求支付劳动报酬"之规定,或者《重庆市法律援助条例》(2014年)第十五条第(五)项之"劳动者与用人单位发生劳动争议,请求保护劳动权益"?

就前者而言,确实,我国的国家赔偿由行政赔偿、刑事司法赔偿和其他司法赔偿构成,公民在行政诉讼中一并提出的赔偿请求属于行政赔偿、进而属于国家赔偿的范畴。不过,根据《国家赔偿法》(2012年)相关条款的规定,行政赔偿的范围限于行政机关及其工作人员违法行使职权,造成公民身体伤害或者死亡以及造成财产损害的行为,并且对造成公民身体伤害或者死亡的,按法定标准赔偿,对财产损害只赔偿直接损失,对"违法拘留或者违法采取限制公民人身自由的行政强制措施的"和"非法拘禁或者以其他方法非法剥夺公民人身自由的"等两类违法行为造成受害人名誉权、荣誉权损害的,应当在侵权行为影响的范围内,为受害人消除影响,恢复名誉,赔礼道歉。本案中,汪某某起诉的是行政不作为。显然,汪某某的维权损失不是该行政不作为造成的直接财产损失,同时也不属于可以主张精神损害赔偿的范围。因此,汪某某有关维权损失费和精神损害的赔偿请求不构成"请求国家赔偿"。①

就后者而言,要求一龙管道有限公司支付损失500万元及精神损害赔偿费50万元,这即便不属于《法律援助条例》第十一条第一款第(五)项"请求支付劳动报酬"之规定,但列入《重庆市法律援助条例》(2014年)第十一条第(五)项之"劳动者与用人单位发生劳动争议,请求保护劳动权益"的可能性是非常大的。不过,这类请求是行政诉讼无法解决的,应当在民事诉讼中提出。此时,巴南区法

---

① 此处还有另一问题值得关注,即法律援助机构在审查公民的法律援助申请时,如何判断公民是否基于"请求国家赔偿"的需要而申请法律援助,是进行形式审查还是进行实质审查?若是前者,只需要审查相关法律文书中是否列有国家赔偿请求即可;若是后者,还需要进一步审查该国家赔偿请求能否获得支持。相比较而言,形式审查的标准易于把握,同时也易于被滥用;实质审查的标准不易把握,并可能将符合申请法律援助条件的公民拒之门外。从我国目前公民的法律素质、对法律援助的需求度以及法律援助机构的审查能力出发,笔者主张采用低度实质审查标准,即在进行形式审查的基础上,以具有一般法律知识的人的判断能力为标准,如果其认为不属于国家赔偿的,则归入不属于国家赔偿的范围。

律援助中心应向汪某某进行必要的说明和指引。

第二,汪某某是否属于经济困难?申请法律援助时,汪某某提交了经济困难证明表。根据《重庆市法律援助条例》(2014年)第十七条、第二十六条和第二十七条的规定,申请人住所地或者经常居住地的乡镇人民政府、街道办事处向拟申请法律援助的公民出具经济困难证明。经济困难标准按照申请人户籍地、经常居住地或者受理申请的法律援助机构所在地的城乡居民最低生活保障标准的两倍以内执行。经济困难状况以申请人家庭为单位计算。但是,因请求赡养费、抚养费、扶养费或者因遭受家庭暴力、虐待、遗弃申请法律援助的,以申请人个人的经济困难状况为准。不能明确申请人经济困难状况的,可以参考申请人所在村(居)民委员会出具的意见。同时,申请人提供下列证件、证明材料的,应当直接认定为经济困难证明:(1)农村"五保"供养证;(2)城市"三无"人员证;(3)城乡居民最低生活保障金领取证;(4)人民法院给予申请人司法救助的决定;(5)在社会福利机构中由政府或者慈善机构出资供养的证明材料;(6)依靠政府或者单位给付抚恤金生活的证明材料;(7)因自然灾害等原因导致生活出现暂时困难,正在接受政府临时救济的证明材料;(8)法律、法规或者市人民政府规定的能够证明申请人经济困难的其他证件、证明材料。由上可知,如果汪某某提交的经济困难证明表是其住所地或者经常居住地的乡镇人民政府、街道办事处开具的,那么他就符合"经济困难"的要求。

第三,汪某某向巴南区法律援助中心申请法律援助是否合适?对法律援助申请的管辖问题,《法律援助条例》第十四条规定:"公民就本条例第十条所列事项申请法律援助,应当按照下列规定提出:(一)请求国家赔偿的,向赔偿义务机关所在地的法律援助机构提出申请;(二)请求给予社会保险待遇、最低生活保障待遇或者请求发给抚恤金、救济金的,向提供社会保险待遇、最低生活保障待遇或者发给抚恤金、救济金的义务机关所在地的法律援助机构提出申请;(三)请求给付赡养费、抚养费、扶养费的,向给付赡养费、抚养费、扶养费的义务人住所地的法律援助机构提出申请;(四)请求支付劳动报酬的,向支付劳动报酬的义务人住所地的法律援助机构提出申请;(五)主张因见义勇为行为产生的民事权益的,向被请求人住所地的法律援助机构提出申请。"《重庆市法律援助条例》(2014年)第二十条:"申请法律援助的事项属于诉讼事项的,向有管辖权的人民法院所在地的法律援助机构提出;属于侦查或者审查起诉阶段刑事案件的,向办理案件的公安机关或者人民检察院所在地的法律援助机构提出。申请法律援助的事项属于非诉讼法律事务的,向有权处理机关所在地、申请人住所地或者被请求人住所地的法律援助机构提出。"本案中,汪某某提起的是行政诉讼,被告和赔偿请求的赔偿义务机关都是南岸区人力资源和社会保障局;按照《行政诉讼法》(2014年)的规定,对该案有管辖权的应当是南岸区人民法院。这样,无论是依据《法律援助条例》,还是依据《重庆市法律援助条例》(2014年),对汪某某的法律援助申请有管辖权的都应当是南岸区法律援助中心,而不是巴南区法律援助中心。不过,在本案中,涉案行政诉讼由巴南区人民法院受理,并且从巴南区司法局到一、二审法院,都没有对巴南区法律援助中心的管辖权提出质疑。这其中的缘由,笔者尚不清楚。就行政诉讼的管辖法院来说,确实存在异地管辖的可能性[1]。若果真是异地管辖,那么巴南区法律援助中心根据《重庆市法律援助条例》(2014年)第二十条的规定取得管辖权,也就顺理成章了。

---

[1] 《行政诉讼法》(2014年)第十八条规定:"行政案件由最初作出行政行为的行政机关所在地人民法院管辖。经复议的案件,也可以由复议机关所在地人民法院管辖。经最高人民法院批准,高级人民法院可以根据审判工作的实际情况,确定若干人民法院跨行政区域管辖行政案件。"

司法行政执法提示

　　法律援助是国家向经济困难的当事人或特定案件的当事人提供的免费法律服务。当事人能否获得法律援助,关键是其申请事项是否属于可以申请法律援助的事项,以及是否符合经济困难的标准。

(撰稿人:李春燕　陈　娜)

5

司法鉴定管理

案例19 李某某诉哈尔滨市司法局、黑龙江省司法厅
行政答复、行政复议案①

案情

上诉人(原审被告):哈尔滨市司法局

上诉人(原审被告):黑龙江省司法厅

上诉人(原审第三人):朱某

被上诉人(原审原告):李某某

原审第三人:黑龙江省A司法鉴定中心

2008年10月17日,黑龙江省A司法鉴定中心(以下简称鉴定中心)受理黑龙江B律师事务所的委托,对李某某病情复发与楼上朱某装修行为之间是否存有一定的因果关系进行鉴定。10月27日,鉴定中心作出《黑龙江省医法鉴字第×号鉴定意见书(2008)》(以下简称《鉴定书》),鉴定意见为:李某某因高血压脑出血住院治疗,噪声是诱发其发作或加重的间接因素之一。2015年8月24日,朱某向哈尔滨市司法局(以下简称市司法局)投诉鉴定中心及司法鉴定人冯某、魏某。朱某认为,鉴定中心接受单方委托,在没有环保部门噪声超标鉴定证明材料及发病时间和装修时间不符的情况下,鉴定中心和司法鉴定人出具"李某某因高血压脑出血住院治

---

① 来源:黑龙江省哈尔滨市中级人民法院(2017)黑01行终220号行政判决书。

疗,噪声是诱发其发作或加重的间接因素之一"的鉴定意见。要求:(1)撤销(作废)鉴定书。(2)赔偿经济及精神损失费。(3)对法医按相关规定予以处分。市司法局受理后,于10月20日作出哈司鉴投复〔2015〕第19号《对朱某投诉黑龙江省A司法鉴定中心及司法鉴定人冯某、魏某的答复》(以下简称《答复》),认为:鉴定中心在鉴定材料不充分的情况下进行鉴定,违反了《司法鉴定机构登记管理办法》第二十七条第(三)项的规定,根据《司法鉴定机构登记管理办法》第三十九条第(十)项、《司法鉴定执业活动投诉处理办法》第二十一条第(一)项的规定,应当报请省级司法行政机关给予行政处罚。因鉴定中心出具的《鉴定书》时间为2008年10月27日,根据《行政处罚法》第二十九条的规定,违法行为在二年内未发现的,不再给予行政处罚,决定对鉴定中心给予批评训诫。11月18日,朱某对市司法局作出的《答复》不服,向黑龙江省司法厅(以下简称省司法厅)申请行政复议。省司法厅于2016年1月21日作出维持《答复》的行政复议决定。2016年1月13日,李某某对市司法局作出的《答复》不服,也向省司法厅申请行政复议。4月10日,省司法厅作出黑复决字〔2016〕3号《行政复议决定书》(以下简称3号《复议决定》),决定维持市司法局作出的《答复》。李某某不服,提起诉讼。

◈ 审理

一审法院经审理认为:《司法鉴定执业活动投诉处理办法》(司法部令第123号)第八条规定:"公民、法人和其他组织认为司法鉴定机构和司法鉴定人在执业活动中有下列违法违规情形的,可以向司法鉴定机构住所地或者司法鉴定人执业机构所在地的县级以上司法行政机关投诉:(一)超出登记的业务范围或者执业类别从事司法鉴定活动的;(二)违反司法鉴定程序规则从事司法鉴定活动的;(三)因不负责任给当事人合法权益造成损失的;(四)违反司法鉴定收费管理规定的;(五)司法鉴定机构无正当理由拒绝接受司法鉴定委托的;(六)司法鉴定人私自接受司法鉴定委托的;(七)司法鉴定人经人民法院通知,无正当理由拒绝出庭作证的;(八)司法鉴定人故意做虚假鉴定的;(九)其他违反司法鉴定管理规定的行为。"市司法局作为市级司法部门,具有受理对辖区内司法鉴定机构投诉的法定职权。《全国人民代表大会常务委员会关于司法鉴定管理问题的决定》(2005年2月28日第十届全国人民代表大会常务委员会第十四次会议通过)第十条规定:"司法鉴定实行鉴定人负责制度。鉴定人应当独立进行鉴定,对鉴定意见负责并在鉴定书上签名或者盖章。多人参加的鉴定,对鉴定意见有不同意见的,应当注明。"《司法鉴定程序通则》(司法部令第107号)第二十二条规定:"司法鉴定人进行鉴定,应当依下列顺序遵守和采用该专业领域的技术标准和技术规范:(一)国家标准和技术规范;(二)司法鉴定主管部门、司法鉴定行业组织或者相关行业主管部门制定的行业标准和技术规范;(三)该专业领域多数专家认可的技术标准和技术规范。不具备前款规定的技术标准和技术规范的,可以采用所属司法鉴定机构自行制定的有关技术规范。"本案中,市司法局作出的被诉《答复》中关于"本次鉴定使用的鉴定材料中没有经过有关第三方查证并给予认定的定性定量证据材料,应视为鉴定材料不充分"的内容,已涉及司法鉴定所依据的专业领域的技术标准和技术规范,鉴定材料是否充分,是由司法鉴定机构及司法鉴定人依据专业领域的技术标准和技术规范要求来确认的,不属于《司法鉴定执业活动投诉处理办法》第八条规定的投诉范围,市司法局在《答复》中认为被投诉鉴定"鉴定材料不充分"的内容超越其投诉处理的职权范围。此外,市司法局在《答复》中认为被投诉鉴定"鉴定材料不充分",未就所依据的司法鉴定标准和技术规范进行说明,庭审中也未提交相关的依据予以证明,其认定鉴定材料不充分缺乏事实和法律依据。故市司法局所作《答复》,应予撤销。省司法厅作出的被诉3号《复议决定》维持该《答复》错误,应予撤销。关于李某某请求撤销3号《复议决定》的诉讼请求,予以支持。关于李某某请求撤销市司法局作出的《答复》第二项内容及请求判令市司法局依法重新作出具体行政行为的诉讼请求,不予支持。关于李某某请求市司法局和省司法厅承担因此案对李某某带来的伤害所产生的医疗、护理、营养费、伙食补助及精神损失等相关费用及承担委托代理人袁某某投诉、行政复议及诉讼过程所产生的直接费用的诉讼请求,无事实和法律依据,不予支持。综上所述,市司法局作出的《答复》中,存在超越职权及认定事实缺乏事实和法律依据的内容,明显不当,应予撤销。省司法厅对此作出的行政复议决定维持该《答复》错误,应予撤销。依照《行政诉讼法》第七十条第(四)项的规定,判决:(1)撤销市司法局于2015年10月20日作出的《答复》;(2)撤销省司法厅于2016年1月21日作出的3号《复议决定》;(3)驳回李某某其他诉讼请求。

市司法局不服一审判决,提起上诉称:(1)一审判决依据《司法鉴定程序通则》第二十二条,认定市司法局超越投诉处理的职权范围属适用法律错误;(2)一审判决认定"市司法局作出的《答复》中关于被投诉鉴定'鉴定材料不充分'的内容,超越其投诉处理职权范围"于法无据;(3)一审判决认定"市司法局在《答复》中认定被投诉鉴定'鉴定材料不充分',并没有就所依据的司法鉴定标准和技术规范进行说明,庭审中也没有提交相关的依据予以证明,其认定鉴定材料不充分,亦缺乏事实和法律依据",将不应承担的举证责任强加于市司法局,将两级司法行政机关在不同时间对不同的被投诉人作出不同的答复混为一谈,属于认定事实不清楚;(4)一审判决是对市司法局依法行使行政职权的干预;(5)一审判决程序违法。请求二审法院撤销一审判决,判决维持市司法局作出的《答复》及省司法厅作出的3号《复议决定》。

省司法厅不服一审判决,提起上诉称:(1)一审判决根据《司法鉴定程序通则》第二十二条规定认定市司法局作出的《答复》中关于"本次鉴定使用的鉴定材料中没有经过有关第三方查证并给予认定的定性定量证据材料,应视为鉴定材料不充分"的内容,已涉及司法鉴定所依据的专业领域的技术标准和技术规范,鉴定材料是否充分,是由司法鉴定机构及司法鉴定人依据专业领域的技术标准和技术规范要求来确认,不属于《司法鉴定执业活动投诉处理办法》第八条规定的投诉范围,属于认定事实不清楚,适用法律错误;(2)一审判决认定"市司法局在《答复》中认定被投诉鉴定'鉴定材料不充分',并没有就所依据的司法鉴定标准和技术规范进行说明,庭审中也没有提交相关的依据予以证明,其认定鉴定材料不充分,亦缺乏事实和法律依据"属认定事实不清楚;(3)一审判决严重影响省司法厅的行政复议审查工作和市司法局的司法鉴定投诉处理工作。请求二审法院撤销一审判决,判决维持上诉人作出的《答复》及省司法厅作出的3号《复议决定》。

上诉人朱某上诉称:一审判决事实认定不清、证据不足、适用法律错误;对证据的采信不符合法律规定。请求二审法院撤销一审判决,发回重审或改判。

被上诉人李某某答辩称:一审判决认定事实清楚,适用法律正确,应予维持。

原审第三人鉴定中心陈述称:《鉴定书》中确实缺少相关技术判断,没有体现中强噪音的标准和技术规范,同意省司法厅和市司法局的意见。

二审法院经审理认为:《司法鉴定执业活动投诉处理办法》(司法部令第123号)第八条和《司法鉴定程序通则》(司法部令第107号)第二十二条规定了司法行政机关对公民、法人和其他组织投诉司法鉴定机构和司法鉴定人在执业活动中违法违规的投诉范围，以及司法鉴定人进行鉴定时，所应当遵守和采用该专业领域的技术标准和技术规范。本案中，市司法局针对朱某的投诉所作《答复》中关于"本次鉴定使用的鉴定材料中没有经过有关第三方查证并给予认定的定性定量证据材料，应视为鉴定材料不充分"的内容，已超出《司法鉴定执业活动投诉处理办法》第八条所规定受理投诉处理的范围，对《鉴定书》所依据的证据是否充分进行了评价，不仅对此未能举证及作出合理说明，且《答复》内容已触及《鉴定书》实体内容，故被诉《答复》缺乏事实和法律依据，且超越行政职权，依法应予撤销。省司法厅在作出本案被诉《复议决定》之前，就朱某对市司法局作出的《答复》申请行政复议作出维持《答复》的行政复议决定。之后，省司法厅又针对李某某提出的行政复议申请，再次作出本案被诉3号《复议决定》，系就同一行政行为的重复复议，且维持市司法局作出的《答复》结果错误，依法应予撤销。一审判决撤销市司法局作出的《答复》和省司法厅作出的3号《复议决定》及驳回李某某其他诉讼请求正确，依法应予维持。综上，二审法院认为上诉人市司法局、省司法厅、朱某的上诉理由缺乏事实和法律依据，不能成立，判决驳回上诉，维持原判。

评析

本案主要涉及如下两个方面的法律问题：

一、如何正确理解司法行政机关在处理司法鉴定投诉时的职责和权限？

司法鉴定，是指司法鉴定人运用科学技术或者专门技术，对诉讼涉及的专门性问题进行鉴别和判断并提供鉴定意见的活动，包括法医类鉴定、物证类鉴定和声像资料鉴定,以及其他类鉴定①。根据《全国人民代表大会常务委员会关于司法鉴定管理问题的决定》第十条,即"司法鉴定实行鉴定人负责制度。鉴定人应当独立进行鉴定,对鉴定意见负责并在鉴定书上签名或者盖章。多人参加的鉴定,对鉴定意见有不同意见的,应当注明",以及《司法鉴定执业活动投诉处理办法》(2010年)第十六条第一款,即"调查工作不得妨碍被投诉人正常的司法鉴定活动"等规范条文的规定,司法鉴定机构、司法鉴定人及其鉴定活动应当具有独立性。以此独立性作为重要基础,司法行政机关在对司法鉴定机构、司法鉴定人及其鉴定活动进行监督管理时,权力的行使应该具有一定的范围和界限,而这正是司法行政机关对司法鉴定投诉的职责和权限所在。具体来说,对司法行政机关在处理司法鉴定纠纷时的职责和权限,目前的实证法主要从肯定和否定两个方面进行规定。

就肯定方面来看,《司法鉴定执业活动投诉处理办法》(2010年)第八条规定:"公民、法人和其他组织认为司法鉴定机构和司法鉴定人在执业活动中有下列违法违规情形的,可以向司法鉴定机构住所地或者司法鉴定人执业机构所在地的县级以上司法行政机关投诉:(一)超出登记的业务范围或者执业类别从事司法鉴定活动的;(二)违反司法鉴定程序规则从事司法鉴定活动的;(三)因不负责任给当事人合法权益造成损失的;(四)违反司法鉴定收费管理规定的;(五)司法鉴定机构无正当理由拒绝接受司法鉴定委托的;(六)司法鉴定人私自接受司法鉴定委托的;(七)司法鉴定人经人民法院通知,无正当理由拒绝出庭作证的;(八)司法鉴定人故意

---

① 《浙江省司法鉴定管理条例》第三条第一款。

做虚假鉴定的;(九)其他违反司法鉴定管理规定的行为。"①这意味着,一方面,县级以上司法行政机关具有受理公民、法人和其他组织针对辖区内司法鉴定机构和司法鉴定人的投诉之职权;另一方面,司法行政机关仅能针对该条文列举的九种投诉事项作出处理,除此之外,诸如本案涉及的"鉴定材料充分与否"等问题,属于司法鉴定机构独立活动的范畴。

就否定方面来看,主要涉及司法鉴定机构所应遵守和采用的技术标准、技术规范以及鉴定程序等。如《司法鉴定程序通则》(2007年)第二十二条规定:"司法鉴定人进行鉴定,应当依下列顺序遵守和采用该专业领域的技术标准和技术规范:(一)国家标准和技术规范;(二)司法鉴定主管部门、司法鉴定行业组织或者相关行业主管部门制定的行业标准和技术规范;(三)该专业领域多数专家认可的技术标准和技术规范。不具备前款规定的技术标准和技术规范的,可以采用所属司法鉴定机构自行制定的有关技术规范。"这充分说明司法鉴定机构从事的鉴定活动具有显著的技术性特征。基于此,对于司法鉴定过程中的技术性问题,应由司法鉴定机构根据相关技术标准和技术规范,独立作出鉴定结论,司法行政

---

① 《司法鉴定执业活动投诉处理办法》(2019年)第十条规定了十一种投诉事项:"公民、法人和非法人组织认为司法鉴定机构或者司法鉴定人在执业活动中有下列违法违规情形的,可以向司法鉴定机构住所地或者司法鉴定人执业机构住所地的县级以上司法行政机关投诉:(一)司法鉴定机构组织未取得《司法鉴定人执业证》的人员违规从事司法鉴定业务的;(二)超出登记的业务范围或者执业类别从事司法鉴定活动的;(三)司法鉴定机构无正当理由拒绝接受司法鉴定委托的;(四)司法鉴定人私自接受司法鉴定委托的;(五)违反司法鉴定收费管理规定的;(六)违反司法鉴定程序规则从事司法鉴定活动的;(七)支付回扣、介绍费以及进行虚假宣传等不正当行为的;(八)因不负责任给当事人合法权益造成损失的;(九)司法鉴定人经人民法院通知,无正当理由拒绝出庭作证的;(十)司法鉴定人故意做虚假鉴定的;(十一)其他违反司法鉴定管理规定的行为。"

机关不得以司法行政管理为由加以干涉。

二、针对同一行政行为的行政复议申请,司法行政机关应如何处理?

在行政执法活动中,经常存在行政相对人或者行政相关人较多的情形,其中的行政相对人和行政相关人不服行政决定时,均可申请行政复议。这样,当不同的行政相对人或者行政相关人就同一行政行为申请行政复议时,行政机关应该如何处理?《行政复议法实施条例》第二十八条规定:"行政复议申请符合下列规定的,应当予以受理……(七)其他行政复议机关尚未受理同一行政复议申请,人民法院尚未受理同一主体就同一事实提起的行政诉讼。"据此,当不同的行政相对人或者行政相关人就同一行政行为申请行政复议时,本着"一事不再理"原则,司法行政机关可"不予受理"。这是基于司法行政资源的有限性和提高行政效率的必要性所作出的重要考量。在本案中,李某某和朱某申请行政复议的行政行为都是《对朱某投诉黑龙江省 A 司法鉴定中心及司法鉴定人冯某、魏某的答复》(哈司鉴投复〔2015〕第 19 号)(简称《答复》)。这样,黑龙江省司法厅针对朱某的行政复议申请作出维持《答复》的行政复议决定之后,就不宜再受理李某某针对《答复》提出的行政复议申请;已经受理的,不宜作出本案中被诉的 3 号《复议决定》,可以《行政复议决定告知书》的形式告知当事人:本机关已在朱某不服《对朱某投诉黑龙江省 A 司法鉴定中心及司法鉴定人冯某、魏某的答复》(哈司鉴投复〔2015〕第 19 号)行政复议案件中对该《答复》进行全面审查并作出行政复议决定,鉴于此,本机关决定不再重复进行审查,并以附件形式告知你复议决定内容。事实上,在本案中,黑龙江省司法厅受理朱某针对《答复》提出的行政复议申请后,如果依法通知与《答复》具有利害关系的李某某作为第三人参加复议,就可以避免李某某重复申请行政复议的问题。

司法行政执法提示

　　司法行政机关在处理有关司法鉴定机构和司法鉴定人的执业活动的投诉时,应正确认识自身的职责和权限,特别是不能干涉司法鉴定机构的专业性判断。同时,在行政相对人或者行政相关人较多时,时常出现针对同一行政行为重复申请行政复议的情形,此时,司法行政机关应当作出不予受理决定,或以《行政复议决定告知书》的方式告知原决定的内容。

（撰稿人:张　文　江传堤）

案例20　黄某某诉青岛市市北区司法局司法行政答复案[①]

案情

上诉人(原审被告):青岛市市北区司法局

被上诉人(原审原告):黄某某

青岛A司法鉴定所是从事建筑工程司法鉴定和工程造价司法鉴定的机构,其《司法鉴定许可证》的有效期为2006年8月21日至2013年6月30日。资质到期后,青岛A司法鉴定所于2013年6月向山东省司法厅申请延续,并获准延期,新的《司法鉴定许可证》有效期为2014年3月20日至2019年3月19日。

黄某某因与青岛某机动车驾驶员培训有限公司建设工程合同纠纷而诉至青岛市黄岛区人民法院(以下简称黄岛法院)。在该案审理过程中,黄岛法院于2013年6月9日委托青岛A司法鉴定所对涉案工程进行鉴定,2013年9月10日青岛A司法鉴定所出具了鉴定报告。黄某某对青岛A司法鉴定所的鉴定有异议,于2013年10月17日向青岛市市北区司法局投诉,投诉事项及理由为:(1)青岛A司法鉴定所编造鉴定报告,侵害了涉案施工方的合法权益;(2)青岛A司法鉴定所所用检测仪器未经质监局计量认定,收费过高;(3)青岛A司法鉴定所鉴定时间未在《司法鉴定许可证》载明的鉴定资质

有效期内。

　　青岛市市北区司法局受理原告投诉后,于 2013 年 11 月 4 日作出《关于黄某某投诉青岛 A 司法鉴定所的答复》,不支持黄某某的投诉。黄某某对该答复不服,向青岛市司法局申请复议。青岛市司法局经调查后,查明以下事实:(1)山东省物价局和山东省司法厅尚未正式联合制定下发司法鉴定收费管理办法。被申请人(青岛市市北区司法局)引用的是尚未生效和实施的《山东省司法鉴定收费管理办法(试行)》。(2)根据《关于开展其他司法鉴定机构和司法鉴定人执业证延续工作的通知》(鲁司〔2013〕67 号)要求,"自 2013 年 7 月 1 日起,未办结延续并换发新执业证的鉴定机构和鉴定人,应当暂停办理司法鉴定业务"。据此,青岛市司法局认为:(1)被申请人对青岛 A 司法鉴定所执业收费投诉问题答复适用依据不当;(2)根据《关于开展其他司法鉴定机构和司法鉴定人执业证延续工作的通知》(鲁司〔2013〕67 号)要求,青岛 A 司法鉴定所尽管已向山东省司法厅提交了延续材料,但毕竟没有换发新的执业证,在此期间应当暂停办理司法鉴定业务,被申请人(青岛市市北区司法局)对其执业有效期确认有误。于是,青岛市司法局于 2014 年 2 月 17 日作出青司复决字〔2014〕1 号《行政复议决定书》,撤销了青岛市市北区司法局作出的《关于黄某某投诉青岛 A 司法鉴定所的答复》,责令其在法定期限内重新作出处理决定。青岛市市北区司法局于 2014 年 4 月 15 日作出《关于黄某某投诉青岛 A 司法鉴定所司法鉴定问题的答复》,但仍未支持黄某某的投诉。黄某某于 2014 年 6 月 9 日提起行政诉讼,请求撤销青岛市市北区司法局作出的《关于黄某某投诉青岛 A 司法鉴定所司法鉴定问题的答复》。

◆ 审理

　　一审法院经审理认为,被告青岛市市北区司法局受理原告投诉后，依照相关法律规定和法定程序，履行了相应调查职责，于2014年4月15日作出了《关于黄某某投诉青岛 A 司法鉴定所司法鉴定问题的答复》，但是答复的部分内容认定事实不清，适用法律错误。

首先，被告在给原告的答复中，对原告投诉青岛 A 司法鉴定所鉴定资质已过有效期问题不予支持。不予支持的理由是："人民法院的有关规定与司法行政部门的司法鉴定管理分属两种不同管理体制，人民法院对外委托司法鉴定的规定及委托行为，不属于司法行政部门受理投诉的范围。"但是，本案原告投诉青岛 A 司法鉴定所资质有效期问题并不涉及"不同管理体制"的问题。根据《山东省司法鉴定投诉处理工作细则（试行）》第六条第（六）项的规定，原告投诉青岛 A 司法鉴定所资质有效期问题属于被告受理投诉的范围。所以，被告以不属于受理范围为由不予支持投诉请求，没有法律依据。

其次，青岛市司法局在《行政复议决定书》中已经认定被告对青岛 A 司法鉴定所执业有效期的确认有误，要求被告重新作出答复。但是，被告在随后作出的第二次答复中仍然认定青岛 A 司法鉴定所在从事投诉的鉴定业务时具备鉴定资质，该事实认定与青岛市司法局所认定的事实不符。从被告查明的事实看，青岛 A 司法鉴定所《司法鉴定许可证》的有效期为 2006 年 8 月 21 日至 2013 年 6 月 30 日，延续后新的资质有效期为 2014 年 3 月 20 日至 2019 年 3 月 19 日。2013 年 7 月 1 日至 2014 年 3 月 19 日这段时间并不在青岛 A 司法鉴定所《司法鉴定许可证》载明的有效期限之内，而青岛 A 司法鉴定所出具鉴定报告的时间恰巧在此期间内，是 2013 年 9 月 10 日。根据《关于开展其他司法鉴定机构和司法鉴定人执业证延续工作的通知》（鲁司〔2013〕67 号）的规定，"自 2013 年 7 月 1 日起，未办结延续登记手续并换发新执业证的鉴定机构和鉴定人，应当暂停办理司法鉴定业务"。青岛 A 司法鉴定所尽管已经向山东省司法厅提交了延续手续,但毕竟没有更换新的执业证,在此期间应当暂停办理司法鉴定业务。被告对青岛 A 司法鉴定所执业有效期的确认有误。

综上,被告于 2014 年 4 月 15 日作出的《关于黄某某投诉青岛 A 司法鉴定所司法鉴定问题的答复》,部分事实认定不清,适用法律错误。依据《行政诉讼法》第五十四条第(二)项之规定,判决撤销被告青岛市市北区司法局于 2014 年 4 月 15 日作出的《关于黄某某投诉青岛 A 司法鉴定所司法鉴定问题的答复》,并责令被告青岛市市北区司法局在法定期限内依法重新作出具体行政行为。

青岛市市北区司法局不服一审判决,上诉称:(1)一审法院认定被上诉人投诉属于《山东省司法鉴定投诉处理工作细则(试行)》第六条第(六)项的受理投诉范围,系事实认定错误。根据该项规定,"应当停业整改或者终止,继续从事司法鉴定业务的",投诉人可以向行政机关投诉。同时,《山东省司法鉴定条例》第十四条、十六条、十七条详细规定了司法鉴定机构终止或者停止从事司法鉴定业务或者申请停业整改的情形。而本案并不存在上述情形,也未被要求停业整改,因此,一审法院认定属于上诉人受理投诉的范围,系事实认定错误。(2)一审法院认定上诉人错误确认青岛 A 司法鉴定所执业有效期,系简单地将《司法鉴定许可证》所载有效期与鉴定资质混同,系认定事实错误。被上诉人在 2014 年 2 月 25 日的《投诉调查笔录》中称,其致电山东省司法厅询问,得知青岛 A 司法鉴定所鉴定许可证 2012 年 8 月到期。经上诉人调查,2012 年 4 月 28 日,山东省司法厅公布《国家司法鉴定人和司法鉴定机构名册(山东省)》(2012 年度),青岛 A 司法鉴定所为在编机构。2012 年 7 月 18 日,山东省司法厅发布公告,确认经 2012 年度山东省《国家司法鉴定人和司法鉴定机构名册》公告的从事建设工程类司法鉴定业务的司法鉴定机构,其《司法鉴定许可证》有效期均延期至2013年6月30日。同时,山东省司法厅公布的2013年度《国家司法鉴定人和司法鉴定机构名册》中,青岛A司法鉴定所亦在编。很显然,青岛A司法鉴定所在2013年3月受理三份鉴定委托时,其鉴定资质仍在合法有效期内。2013年6月,青岛A司法鉴定所应山东省司法厅要求,如期递交了延续申请,并最终获准延期,其新资质期限为2014年3月20日至2019年3月19日。另依据《行政许可法》第五十条第二款之规定,"行政机关应当根据被许可人的申请,在该行政许可有效期届满前作出是否准予延续的决定;逾期未作决定的,视为准予延续",即青岛A司法鉴定所实际在2013年6月30日后仍有鉴定资质。结合山东省司法厅2012年7月18日发出的延续公告,可见一审法院简单地以《司法鉴定许可证》所载日期确认青岛A司法鉴定所司法鉴定资质时间是错误的,即上诉人对青岛A司法鉴定所鉴定资质的时间确认无误,不存在确认有误的情形。(3)一审法院在错误认定事实的情况下,错误地适用《行政诉讼法》第五十四条第(二)项之规定,系适用法律错误。上诉人受理被上诉人投诉后,依照相关法律规定和法定程序,履行了相应调查职责,所做答复认定事实清楚,适用法律、法规正确。因此,一审法院应适用《行政诉讼法》第五十四条第(一)项之规定判决维持。一审法院在错误认定事实的情况下适用法律错误,应予纠正,请求撤销原判,依法改判。

被上诉人黄某某答辩称:(1)上诉人完全曲解了一审法院的判决内容。一是上诉人无视青岛市司法局出具的行政复议决定书的意见,继续为青岛A司法鉴定所的资质过期问题进行祖护,搬出了"分属不同的管理机制"这一理由,将被上诉人投诉的青岛A司法鉴定所的鉴定资质失效问题,变成"人民法院对外委托司法鉴定的规定及委托行为"。二是《山东省司法鉴定条例》第十六条、第十七条中"兜底条款"规定的"其他情形"的违法情况,应当属于上诉人受理的投诉范围。三是即使投诉不属于《山东省司法鉴定投诉处理工作细则(试行)》第六条第(六)项的受理投诉范围,也应属于该细则第(五)项的情形,即"违反规定接受司法鉴定委托、收取费用的"。(2)上诉人的第二项上诉理由属于自编逻辑,反而更能证明被上诉人的观点。上诉人故意回避《关于开展其他司法鉴定机构和司法鉴定人执业证延续工作的通知》中的相关规定,认为青岛 A 司法鉴定所在 2013 年 9 月份也就是在其应该"暂停办理司法鉴定业务"期间出具的鉴定报告有效,违反了山东省司法厅的规定。上诉人也承认青岛 A 司法鉴定所"其新资质期限为 2014 年 3 月 20 日至 2019 年 3 月 19 日",那么青岛 A 司法鉴定所就应该在 2013 年 7 月 1 日至 2014 年 3 月 19 日期间"暂停办理司法鉴定业务",上诉人本应对青岛 A 司法鉴定所的违法行为进行监管和纠正,却恣意为其祖护,显属不当。综上所述,一审判决认定事实清楚、证据充分、适用法律得当,应当予以维持。请求驳回上诉,维持原判。

二审法院经审理认为,《山东省司法鉴定投诉处理工作细则(试行)》第三条第一款规定:"本细则所称司法鉴定投诉,是指司法鉴定利害关系人认为司法鉴定机构、司法鉴定人在执业活动中有违法违规行为,请求司法行政机关予以处理的活动。"本案被上诉人黄某某投诉青岛 A 司法鉴定所鉴定资质已过有效期,此一事项即关于青岛 A 司法鉴定所在未取得新的《司法鉴定许可证》的情况下受理鉴定申请并出具鉴定意见是否属于前述"违法违规行为"的认定问题,该事项属于司法行政机关的受理投诉的范围,上诉人应当予以受理并作出答复。一审法院认定事实清楚,适用法律正确,审判程序合法,依法应予维持。判决驳回上诉,维持原判。

◇ **评析**

本案涉及的法律问题主要有如下两个方面：

一、司法鉴定机构的资质问题是否属于司法鉴定执业活动的投诉范围？

对司法鉴定执业活动的投诉范围，主要依据《司法鉴定执业活动投诉处理办法》(2010年)第八条予以认定，即"公民、法人和其他组织认为司法鉴定机构和司法鉴定人在执业活动中有下列违法违规情形的，可以向司法鉴定机构住所地或者司法鉴定人执业机构所在地的县级以上司法行政机关投诉：(一)超出登记的业务范围或者执业类别从事司法鉴定活动的；(二)违反司法鉴定程序规则从事司法鉴定活动的；(三)因不负责任给当事人合法权益造成损失的；(四)违反司法鉴定收费管理规定的；(五)司法鉴定机构无正当理由拒绝接受司法鉴定委托的；(六)司法鉴定人私自接受司法鉴定委托的；(七)司法鉴定人经人民法院通知，无正当理由拒绝出庭作证的；(八)司法鉴定人故意做虚假鉴定的；(九)其他违反司法鉴定管理规定的行为"①。可见，针对司法鉴定机构资质的投诉，《司法鉴定执业活动投诉处理办法》(2010年)的确没有明确规定。但是，根据《司法鉴定机构登记管理办法》第三条"本办法所称的司法鉴定机构是指从事《全国人民代表大会常务委员会关于司法鉴定管理问题的决定》第二条规定的司法鉴定业务的法人或者其他组织。司法鉴定机构是司法鉴定人的执业机构，应当具备本办法规定的条件，经省级司法行政机关审核登记，取得《司法鉴定许可证》，在登记的司法鉴定业务范围内，开展司法鉴定活动"，以及第

---

① 《司法鉴定执业活动投诉处理办法》(2019年)第十条规定了十一种投诉事项。

四条"司法鉴定管理实行行政管理与行业管理相结合的管理制度。司法行政机关对司法鉴定机构及其司法鉴定活动依法进行指导、管理和监督、检查。司法鉴定行业协会依法进行自律管理"的规定,司法行政机关负责鉴定机构登记管理和监督。本案中,当被上诉人黄某对青岛 A 司法鉴定所的资质存疑,并就此向青岛市市北区司法局进行投诉时,青岛市市北区司法局应当依法受理。

二、在司法鉴定许可证延期申请期间,司法鉴定机构是否具有从事司法鉴定活动的资质?

司法鉴定许可是附期限的行政许可。当司法鉴定机构的《司法鉴定许可证》有效期已过,即使该司法鉴定机构已经向有关部门提交了延续申请,但只要还没有更换新的许可证或者执业证,在此期间应当认定该司法鉴定机构不具有相应的司法鉴定资质,应当暂停办理司法鉴定业务。也正是这个原因,山东省司法厅于 2013 年出台的行政规范性文件,即《关于开展其他司法鉴定机构和司法鉴定人执业证延续工作的通知》(鲁司〔2013〕67 号)规定:"自 2013 年 7 月 1 日起,未办结延续并换发新执业证的鉴定机构和鉴定人,应当暂停办理司法鉴定业务。"

另外,本案中,上诉人青岛市市北区司法局提出:据《行政许可法》(2003 年)第五十条第二款之规定,"行政机关应当根据被许可人的申请,在该行政许可有效期届满前作出是否准予延续的决定;逾期未作决定的,视为准予延续",即青岛 A 司法鉴定所实际自 2013 年 6 月 30 日后仍有鉴定资质。但是,"视为准予延续"的前提是被许可人依法提出延续行政许可的申请。对此,《行政许可法》(2003 年)第五十条第一款规定:"被许可人需要延续依法取得的行政许可的有效期的,应当在该行政许可有效期届满三十日前向作出行政许可决定的行政机关提出申请。但是,法律、法规、规章另有规定的,依照其规定。"同时,《山东省司法鉴定条例》第十三条规定:"《司法鉴定许可证》自颁发之日起五年内有效;有效期届满需要延续,应当在届满六十日前依照有关规定向司法行政部门申请。《司法鉴定许可证》不得涂改、出借、出租、转让。"也就是说,根据《行政许可法》(2003年)的但书性规定和《山东省司法鉴定条例》的规定,青岛A司法鉴定只有在其《司法鉴定许可证》有效期届满,即2013年6月30日前六十日提出延续申请,而司法行政机关未在该《司法鉴定许可证》有效期届满前作出是否准予延续的决定的,才视为准予延续。然而,本案中,青岛A司法鉴定所在2013年6月才向山东省司法厅递交延续申请。因此,上诉人青岛市市北区司法局的辩解不能成立。

司法行政执法提示

关于司法鉴定机构执业活动投诉范围的认定,不能过宽也不能过窄。过宽,有损司法鉴定机构作为专业技术鉴定机构应有的独立性;过窄,则会因为怠于履行法定职责而导致与鉴定结论有利害关系的公民、法人或者其他组织的权利受损。

(撰稿人:张　文　江传堤)

案例 21　蓬莱 A 有限公司诉济南市司法局司法行政处理案①

◆ **案情**

上诉人（原审被告）：济南市司法局

被上诉人（原审原告）：蓬莱 A 有限公司

原审第三人：山东 C 司法鉴定中心

在蓬莱 A 有限公司（以下简称 A 公司）与山东 B 有限责任公司（以下简称 B 公司）买卖合同纠纷一案中，B 公司就涉案设备向审理该案的青州市人民法院申请了鉴定。青州市人民法院受理 B 公司的申请后，将该案的鉴定工作委托给了山东 C 司法鉴定中心（以下简称 C 鉴定中心）。A 公司认为 C 鉴定中心在该起民事案件中存在违法违规鉴定行为，向山东省司法厅投诉。投诉主要内容如下：（1）C 鉴定中心没有按照《司法鉴定程序通则》规定与委托人签订委托协议，办理委托手续；（2）按照《司法鉴定程序通则》规定，现场勘验应有两名或者两名以上鉴定人参加。但 C 鉴定中心却只有一名鉴定人参加现场勘验，且现场勘验笔录只有复印件，没有原件；（3）按照《司法鉴定程序通则》规定，C 鉴定中心应在接受委托最长 60 日内完成委托鉴定事项，但 C 鉴定中心却在 2008 年 12 月 18 日勘验现场后，直到 2010 年 3 月 12 日才通知法院无法进行鉴定，并且通知只

---

① 来源：山东省济南市中级人民法院（2014）济行终字第 157 号行政判决书。

有复印件,没有原件;(4)C鉴定中心在不了解案件事实的情况下,在无法鉴定的通知书中错误地认定了当事人的责任,并且该通知书上没有鉴定人的签字盖章。C鉴定中心的上述违法行为,直接导致了法院作出错误判决,损害了当事人合法权益,要求尽快对C鉴定中心的违法行为予以查处和纠正。

山东省司法厅收到A公司的投诉材料后,转由济南市司法局处理。济南市司法局于2013年3月27日填写了《司法鉴定执业活动投诉登记表》,决定对该投诉予以立案调查。其后,济南市司法局作出《关于投诉山东C鉴定中心的答复》(济司鉴投字〔2013〕10号)。因A公司不服该答复,向山东省司法厅申请行政复议。山东省司法厅经审理后,撤销了《关于投诉山东C鉴定中心的答复》(济司鉴投字〔2013〕10号),并责令济南市司法局重新作出答复。2013年10月14日,济南市司法局作出《关于对投诉山东C司法鉴定中心有关问题的答复》(济司鉴投字〔2013〕14号,以下简称《答复》),主要内容如下:"一、关于该鉴定中心没有按照通则规定与委托人签订委托协议、办理委托手续的问题。该鉴定中心对该案进行审查,认为不符合受理条件,没有受理该案,因此不存在签订委托协议、办理委托手续的问题。二、关于该鉴定中心只有一名鉴定人参加现场勘验,并且现场勘验笔录只有复印件、没有原件的问题。该鉴定中心接到青州市人民法院的通知,要求派员到现场了解情况。该鉴定中心根据法院要求,派一名同志前往,并在法院调查笔录上签字。该鉴定中心派员配合法院了解情况,并非提取检材,法院勘验笔录是否是原件与该机构无关。三、关于该鉴定超出鉴定时限的问题。该鉴定中心没有受理该项委托,不存在鉴定超出时限的问题。四、关于该鉴定中心在不了解案件事实的情况下,在无法鉴定的通知书中认定了当事人的责任,并且该通知书上没有鉴定人的签字盖章的问题。应法院要求,该鉴定中心在给法院的说明函中,向法院阐明了无法鉴定的事实和理由,并未认定当事人的责任,且不是鉴定意见,不需要鉴定人签字盖章。五、关于该案审判结果与司法鉴定中心有无关系的问题。审判结果是人民法院根据事实和证据作出的。鉴定意见在法院审理过程中可以作为证据使用,而该鉴定中心并未出具鉴定意见。另外,经调查了解,青州市人民法院是根据当时的案情审理的,因该鉴定中心没有实施鉴定,不存在使用该鉴定中心鉴定结论的情况。因此,判决结果与该鉴定中心无关。"A公司对该答复不服,提起行政诉讼。

审理

一审法院认为,《司法鉴定执业活动投诉处理办法》第六条第二款规定:"省级司法行政机关负责指导、监督本行政区域内司法鉴定执业活动投诉处理工作。"该《办法》第十四条规定:"对涉及严重违法违规行为的投诉,省级司法行政机关可以直接受理,也可以交由下一级司法行政机关受理。"根据上述规定,被告济南市司法局对山东省司法厅交办的投诉,有处理职权和管辖权。本案中,各方当事人对被告济南市司法局作出《答复》的程序均无异议,但对《答复》认定的事实和适用依据有异议。

首先,《答复》的第一项和第三项认为,"该鉴定中心对该案进行审查,认为不符合受理条件,没有受理该案,因此不存在签订委托协议、办理委托手续的问题""该鉴定中心没有受理该项委托,不存在鉴定超出时限的问题"。对此,原告A公司认为"被告未查看第三人的受案登记簿、委托鉴定合同、财务收支账目、司法鉴定卷宗这些原始材料,也没有对司法鉴定的委托方青州市人民法院进行调查"。一审法院认为,《司法鉴定程序通则》(2007年)第十五条规定:"司法鉴定机构对符合受理条件的鉴定委托,应当即时作出受理的决定;不能即时决定受理的,应当在七个工作日内作出是否受理的决定,并通知委托人;对通过信函提出鉴定委托的,应当在十个工作日内作出是否受理的决定,并通知委托人;对疑难、复杂或者特殊鉴定事项的委托,可以与委托人协商确定受理的时间";该《通则》第十六条第二款规定:"对不予受理的,应当向委托人说明理由,退还其提供的鉴定材料。"依照上述规定,第三人 C 鉴定中心对委托人青州市人民法院的委托,应即时决定是否受理。若二者未因委托事项疑难、复杂或者特殊而另行商定受理时间,则第三人 C 鉴定中心应在法定期限内作出是否受理的决定,并通知委托人。决定不予受理的,第三人 C 鉴定中心不仅应通知委托人,还应当向委托人说明理由,退还其提供的鉴定材料。本案中,被告济南市司法局提交的证据,既无法证实第三人 C 鉴定中心与委托人青州市人民法院属于协商确定受理时间的情形,亦无法证实第三人 C 鉴定中心系在法定期限内作出不予受理决定,通知委托人,向委托人说明理由并退还了鉴定材料。故《答复》的第一项、第三项认定的第三人 C 鉴定中心没有受理委托,因此不存在签订委托协议、办理委托手续的问题、鉴定超出时限的问题,应视为认定事实的主要证据不足。

其次,《答复》第二项认为,"该鉴定中心接到青州市人民法院的通知,要求派员到现场了解情况。该鉴定中心根据法院要求,派一名同志前往,并在法院调查笔录上签字。该鉴定中心派员配合法院了解情况,并非提取检材,法院勘验笔录是否是原件与该机构无关"。对此,原告 A 公司认为"被告认为现场勘验笔录是法院的勘验笔录,与青州市人民法院判决书第四页倒数第二段倒数第四行载明的'鉴定中心提供的勘验笔录'相矛盾"。一审法院认为,被告济南市司法局提供的证据无法证实该《现场勘验笔录》是"法院调查笔录""法院勘验笔录",故《答复》的该部分内容所依据的主要证据不足。

再次,《答复》第四、五项认为,"应法院要求,该鉴定中心在给法院的说明函中,向法院阐明了无法鉴定的事实和理由,并未认定当事人的责任,且不是鉴定意见,不需要鉴定人签字盖章""审判结果是人民法院根据事实和证据作出的。鉴定意见在法院审理过程中可以作为证据使用,而该鉴定中心并未出具鉴定意见。另外,经调查了解,青州市人民法院是根据当时的案情审理的,因该鉴定中心没有实施鉴定,不存在使用该鉴定中心鉴定结论的情况。因此,判决结果与该鉴定中心无关"。一审法院认为,《司法鉴定执业活动投诉处理办法》第八条规定:"公民、法人和其他组织认为司法鉴定机构和司法鉴定人在执业活动中有下列违法违规情形的,可以向司法鉴定机构住所地或者司法鉴定人执业机构所在地的县级以上司法行政机关投诉:(一)超出登记的业务范围或者执业类别从事司法鉴定活动的;(二)违反司法鉴定程序规则从事司法鉴定活动的;(三)因不负责任给当事人合法权益造成损失的;(四)违反司法鉴定收费管理规定的;(五)司法鉴定机构无正当理由拒绝接受司法鉴定委托的;(六)司法鉴定人私自接受司法鉴定委托的;(七)司法鉴定人经人民法院通知,无正当理由拒绝出庭作证的;(八)司法鉴定人故意做虚假鉴定的;(九)其他违反司法鉴定管理规定的行为。"根据上述规定,被告济南市司法局有权对第三人C鉴定中心是否因不负责任给当事人合法权益造成损失予以查处,但前提是对第三人C鉴定中心是否违法违规、是否不负责任进行认定。现被告济南市司法局作出的《答复》对第三人C鉴定中心是否存在违法违规行为的认定,事实不清,主要证据不足,自然也就无法进一步判断第三人C鉴定中心是否因违法违规给当事人合法权益造成损失,故应认定被告济南市司法局《答复》的该部分内容所依据的主要证据不足。综上,判决撤销被告济南市司法局作出的《关于对投诉山东C司法鉴定中心有关问题的答复》(济司鉴投字〔2013〕14号),并责令被告济南市司法局在法定期限内重新作出具体行政行为。

济南市司法局不服该判决,提出上诉称:(1)原审法院认为上诉人作出《答复》第一项和第三项的认定事实主要证据不足,是错误的。上诉人根据被上诉人提交的《现场勘察笔录》(以下简称《笔录》)等材料、对第三人C鉴定中心相关工作人员进行调查以及与青州市人民法院审判庭、技术室的承办法官进行核实,第三人C鉴定中心是在接到青州市人民法院电话通知后,于2008年12月18日到青州市人民法院谭坊法庭了解相关鉴定情况,当时法院并未向第三人C鉴定中心出具书面委托,也未委托第三人C鉴定中心到机器停放现场进行勘验,故不存在进行司法鉴定现场勘验或退回鉴定材料之说。从《笔录》记载内容可见,当时案件的双方当事人对是否进行鉴定未达成一致,不具备鉴定的条件。并且,第三人C鉴定中心也已明确表示鉴定的条件必须是对设备进行调试,如果不满足这个条件,委托事项就不能进行此次鉴定,第三人C鉴定中心已当即表示不具备鉴定受理条件。之后,法院也再未就鉴定事项通知第三人C鉴定中心或与第三人C鉴定中心协商签订委托协议,第三人C鉴定中心在该环节并不存在严重违法违规行为。上诉人在行政答复中认定第三人C鉴定中心没有受理委托,不存在签订委托协议,办理委托事项,鉴定超出时限的问题,认定事实清楚,证据充分。原审法院在判决中认为第三人C鉴定中心未出具书面不予受理决定,退回鉴定材料就应当视为受理,属于片面和错误地理解《司法鉴定通则》的相关规定,认定上诉人作出的行政答复认定事实的主要证据不足,没有任何事实和法律依据。(2)原审法院认定上诉人作出的《答复》第二项认定事实方面证据不足,是错误的。上诉人作出的《答复》第二项主要针对被上诉人投诉的关于只有一名人员参加且笔录只有复印件、没有原件问题进行答复。原审法院认为上诉人无证据证明《笔录》是"法院调查笔录""法院勘察笔录"为由,认定该部分内容主要证据不足,撤销上诉人的答复无任何事实和法律依据。从《笔录》记载的地点是青州市人民法院谭坊法庭和《笔录》记载的当事人身份可见,笔录存在询问方和被询问方,而《笔录》载明第三人 C 鉴定中心及案件双方当事人均为被询问方,试问询问方是谁呢?如果是第三人 C 鉴定中心,为何《笔录》还要载明第三人 C 鉴定中心为被询问方?从《笔录》的内容可见,记载的是案件双方当事人就有关鉴定事项协商过程的记录,并非鉴定机构现场提取检材勘验过程。由此可见,该《笔录》并非司法鉴定程序中的现场勘验笔录。《司法鉴定程序通则》规定,"对需要现场提取检材的,应当由不少于二名司法鉴定人员提取"。据此,上诉人认为第三人 C 鉴定中心派一名人员到法院了解情况,并在《笔录》上签字,不存在违法违规行为,上诉人作出的行政答复事实清楚、证据充分。(3)原审法院认定上诉人作出的《行政答复》第四项、第五项主要证据不足,是错误的。根据《司法鉴定执业活动投诉处理办法》第十二条规定,对鉴定意见有异议的不属于投诉受理范围。可见,上诉人主要是对司法鉴定机构和司法鉴定人在执业活动中的违法违规行为进行管理,对鉴定意见的内容的投诉不属于上诉人的职责范围。上诉人作出投诉处理决定必须在法定职责范围内,并且必须严格依据《司法鉴定执业活动投诉处理办法》第八条关于司法鉴定机构和司法鉴定人在执业活动中的违法违规情形作出。从第三人 C 鉴定中心向青州市人民法院出具的说明函的内容上看,仅是向法院进一步阐明无法进行鉴定的原因,没有确认任何一方的责任,系单位之间的来往信函,并未出具鉴定意见。第三人 C 鉴定中心出具说明函的行为并未违法违规。相反,更进一步明确第三人 C 鉴定中心未受理司法鉴定的事实。关于青州市人民法院将《现场勘验笔录》和第三人 C 鉴定中心的说明函作为证据使用,属于司法审判认定问题,不能作为认定第三人 C 鉴定中心违法违规的证据。上诉人据此作出的答复事实清楚,证据充分。综上,上诉人在处理投诉过程中经过调查并未发现第三人 C 鉴定中心存在违规收案、现场鉴定违规、超出鉴定时限、鉴定意见错误认定当事人责任等问题,依法作出的济司鉴投字(2013)14号行政答复,程序合法、事实清楚、证据充分、适用法律正确,原审法院认定事实不清,适用法律错误,撤销上诉人作出的行政答复无任何事实和法律依据,请求二审法院依法撤销原审判决,驳回被上诉人的诉请。

被上诉人A公司辩称:(1)经过一审法院的庭审调查,有充分的证据证明,第三人C鉴定中心已经受理了青州市人民法院的鉴定委托,并且主持进行了现场勘验,而且向青州市人民法院出具了加盖司法鉴定专用章的书面文件,在该文件中认定了当事人的责任。但是,上诉人却对这些证据视而不见,认定第三人C鉴定中心没有受理青州市人民法院的鉴定委托,没有认定当事人的责任。(2)根据一审法院庭审已经查明的证据,不管认定第三人C鉴定中心对本案争议的鉴定事项是否受理,第三人C鉴定中心的行为都违反了《司法鉴定程序通则》的规定,被告都应当依法对第三人C鉴定中心予以行政处罚。①如果认定第三人C鉴定中心对本案争议的鉴定事项已经受理,则第三人C鉴定中心存在以下七项违反《司法鉴定程序通则》的行为,即违反了《司法鉴定程序通则》第十七条、第十九条、第二十六条、第二十七条、第三十四条、第三十五条、第三十八条规定的行为。②如果认定第三人C鉴定中心对本案争议的鉴定事项没有受理,则第三人C鉴定中心存在以下三项违反《司法鉴定程序通则》的行为,即违反了《司法鉴定程序通则》第十五条、第十一条、第三十五条规定的行为。(3)上诉人在认定第三人C鉴定中心在司法鉴定活动中是否具有违法违规行为时,没有进行必要的调查工作,没有依法对第三人C鉴定中心予以行政处罚,敷衍了事,存在着严重的行政不作为,违反了《司法鉴定执业活动投诉处理办法》第十七条和第二十一条的规定。主要表现在为:一是上诉人接到被上诉人的投诉以后,应当依据《司法鉴定执业活动投诉处理办法》的规定对第三人C鉴定中心的违法违规行为进行调查处理,并依据调查结果对第三人C鉴定中心给予行政处罚;但是上诉人却没有进行必要的调查,仅仅听信第三人C鉴定中心的一面之词,无视被上诉人提供的大量客观证据,片面地认定第三人C鉴定中心没有违反规定从事司法鉴定活动。我们所说的必要的调查工作是指《司法鉴定执业活动投诉处理办法》第十七条规定的调查事项,要认定第三人C鉴定中心是否受理司法鉴定,是否存在违法违规行为,应当查看第三人C鉴定中心的收案登记簿、委托鉴定合同、财务收支账目、司法鉴定卷宗等原始证据材料,还应当对司法鉴定的委托方青州市人民法院进行调查,不能仅仅听取第三人C鉴定中心的口头解释。但是在本案中,上诉人根本就没有对必要的原始证据材料进行调取和查看,仅仅把第三人C鉴定中心的行政主任张某和鉴定人杨某叫到办公室中做了一个问话笔录,张某和杨某回答说没有受理鉴定,没有认定责任,只有一份青州市人民法院的司法鉴定委托书的情况下,上诉人就再也没做任何调查工作,就认定第三人C鉴定中心没有违法违规行为。被上诉人认为,上诉人的这种做法是不负责任的。二是上诉人提供的调查笔录,调查地点写的是办公室,究竟是谁的办公室、哪个地方的办公室,无人能看得明白,由此也可看出上诉人粗心大意、敷衍了事的工作作风和态度。三是上诉人当庭提供一个其他案件的结案报告来证明本案争议的行政投诉案件程序合法,已经结案,更可以看出上诉人的行政不作为和严重的官僚主义作风。四是《司法鉴定执业活动投诉处理办法》第二十一条规定:"司法行政机关应当根据调查结果,作出如下处理:(一)被投诉人有应当给予行政处罚的违法违规行为的,移送有处罚权的司法行政机关依法给予行政处罚;(二)被投诉人违法违规情节轻微,没有造成危害后果,依法可以不予行政处罚的,应当给予批评教育、训诫、通报、责令限期整改等处理;(三)投诉事项查证不实或者无法查实的,对被投诉人不作处理,并应当将不予处理的理由书面告知投诉人。"综上所述,可以看出,上诉人对被上诉人的答复这一行政行为是严重错误的,是极端不负责任的,上诉人对第三人C鉴定中心没有依法进行监督管理,严重损害了被上诉人的合法权益,因此,一审判决依法撤销上诉人这一错误的行政行为是非常正确的,具有充分的事实依据和法律依据。希望二审法院依法驳回上诉人的上诉,维持正确的一审判决,并责令被告依法履行法定职责,在法定期限内依法重新做出具体行政行为,维护被上诉人的合法权益。

原审第三人C鉴定中心辩称:我单位没有受理该起鉴定业务,没有与青州市人民法院及被上诉人成立委托关系。事实是,我们接到青州市法院电话通知后,于2008年12月18日到青州市法院谭坊法庭了解鉴定情况,法院没有向我单位出具书面的委托手续,也没有委托我们到机器停放现场进行勘验。在法院组织了解鉴定情况的当场,双方当事人对是否进行鉴定未达成一致,不具备鉴定条件,我们已履行了告知义务,我们认为从法理看委托关系的成立是以要约和承诺的程序来确认的,因为我们没有接到任何的要约,就谈不上承诺的问题。委托关系无法成立,更谈不上被上诉人说的受理和不受理的问题。从实际看,我们没有与任何单位签订委托合同,也没有任何单位履行相应的对价义务,所以并没有产生任何的委托关系,我们对本起鉴定事项没有受理。

二审法院经审理认为,《司法鉴定执业活动投诉处理办法》第八条规定:"公民、法人和其他组织认为司法鉴定机构和司法鉴定人在执业活动中有下列违法违规情形的,可以向司法鉴定机构住所地或者司法鉴定人执业机构所在地的县级以上司法行政机关投诉:(一)超出登记的业务范围或者执业类别从事司法鉴定活动的;(二)违反司法鉴定程序规则从事司法鉴定活动的;(三)因不负责任给当事人合法权益造成损失的;(四)违反司法鉴定收费管理规定的;(五)司法鉴定机构无正当理由拒绝接受司法鉴定委托的;(六)司法鉴定人私自接受司法鉴定委托的;(七)司法鉴定人经人民法院通知,无正当理由拒绝出庭作证的;(八)司法鉴定人故意做虚假鉴定的;(九)其他违反司法鉴定管理规定的行为。"被上诉人 A 公司认为原审第三人 C 鉴定中心违反司法鉴定程序,不负责任给其合法权益造成损害,有权向司法行政机关投诉。《司法鉴定执业活动投诉处理办法》第六条第二款规定:"省级司法行政机关负责指导、监督本行政区域内司法鉴定执业活动投诉处理工作。"该《办法》第十四条规定:"对涉及严重违法违规行为的投诉,省级司法行政机关可以直接受理,也可以交由下一级司法行政机关受理。"根据上述规定,上诉人济南市司法局对山东省司法厅交办的投诉,有处理职权和管辖依据。《司法鉴定执业活动投诉处理办法》第十六条第一款规定:"司法行政机关受理投诉后,应当进行调查。调查应当全面、客观、公正。调查工作不得妨碍被投诉人正常的司法鉴定活动。"第十七条第一款规定:"司法行政机关进行调查,可以要求被投诉人说明情况、提交有关材料,可以调阅被投诉人有关业务案卷和档案材料,可以向有关单位、个人核实情况、收集证据,可以听取有关部门的意见和建议。"从上述规定可以看出,司法行政机关受理投诉后,要进行全面调查,可以要求被投诉人说明情况,如果有必要还要向有关单位、个人核实情况、收集证据。本案中,上诉人提交的证据仅能够证明其向被投诉人即本案的原审第三人 C 鉴定中心及其工作人员进行了调查,不能证明其进行了全面的调查,其对于青州市人民法院是否委托原审第三人 C 鉴定中心进行司法鉴定的事实认定不清。由于上述事实是上诉人济南市司法局作出济司鉴投字〔2013〕14号《关于对投诉山东 C 司法鉴定中心有关问题的答复》依据的主要事实,因此,其作出的《答复》主要事实不清,原审判决撤销其《答复》并无不当。上诉人主张其作出的《答复》程序合法,认定事实清楚,适用法律正确的上诉理由不能成立,本院不予支持。综上所述,原审判决应予维持,判决如下:驳回上诉,维持原判。

评析

本案主要涉及如下法律问题:

一、如何认识"调查"在司法鉴定执业活动投诉处理程序中的地位?

根据《司法鉴定执业活动投诉处理办法》(2010年)第八条和第二十一条①的规定,司法行政机关有权处理公民、法人和其他组织对司法鉴定机构和司法鉴定人的执业活动提出的投诉,并应当根

---

① 《司法鉴定执业活动投诉处理办法》(2019年)第十条规定:"公民、法人和非法人组织认为司法鉴定机构或者司法鉴定人在执业活动中有下列违法违规情形的,可以向司法鉴定机构住所地或者司法鉴定人执业机构住所地的县级以上司法行政机关投诉:(一)司法鉴定机构组织未取得《司法鉴定人执业证》的人员违规从事司法鉴定业务的;(二)超出登记的业务范围或者执业类别从事司法鉴定活动的;(三)司法鉴定机构无正当理由拒绝接受司法鉴定委托的;(四)司法鉴定人私自接受司法鉴定委托的;(五)违反司法鉴定收费管理规定的;(六)违反司法鉴定程序规则从事司法鉴定活动的;(七)支付回扣、介绍费以及进行虚假宣传等不正当行为的;(八)因不负责任给当事人合法权益造成损失的;(九)司法鉴定人经人民法院通知,无正当理由拒绝出庭作证的;(十)司法鉴定人故意做虚假鉴定的;(十一)其他违反司法鉴定管理规定的行为。"第二十四条规定:"司法行政机关应当根据对投诉事项的调查结果,分别作出以下处理:(一)被投诉人有应当给予行政处罚的违法违规行为的,依法给予行政处罚或者移送有处罚权的司法行政机关依法给予行政处罚;(二)被投诉人违法违规情节轻微,没有造成危害后果,依法可以不予行政处罚的,应当给予批评教育、训诫、通报、责令限期整改等处理;(三)投诉事项查证不实或者无法查实的,对被投诉人不作处理,并向投诉人说明情况。涉嫌违反职业道德、执业纪律和行业自律规范的,移交有关司法鉴定协会调查处理;涉嫌犯罪的,移送司法机关依法追究刑事责任。"

据调查结果,作出如下处理:(1)被投诉人有应当给予行政处罚的违法违规行为的,移送有处罚权的司法行政机关依法给予行政处罚;(2)被投诉人违法违规情节轻微,没有造成危害后果,依法可以不予行政处罚的,应当给予批评教育、训诫、通报、责令限期整改等处理;(3)投诉事项查证不实或者无法查实的,对被投诉人不作处理,并应当将不予处理的理由书面告知投诉人。对于涉嫌犯罪的,移送司法机关依法追究刑事责任。不过,司法行政机关的投诉处理权的行使,需要以司法行政机关对相关事实的调查作为前提和基础。换言之,司法行政机关在对司法鉴定机构和司法鉴定人进行监督管理以及作出相应处理前,需要对司法鉴定机构和司法鉴定人是否存在违法、违规的情形进行调查,否则,司法行政机关对投诉人作出的答复,便可能因为认定事实不清、主要证据不足等原因,在行政复议和行政诉讼程序中被撤销,或者是被确认违法。

本案中,济南市司法局根据山东省司法厅的委托,在处理被上诉人A公司针对第三人山东C司法鉴定中心的投诉时,没有就青州市人民法院是否委托C鉴定中心进行司法鉴定的事实展开有效调查,便向A公司作出答复。缘此,济南市司法局在处理司法鉴定投诉的过程中,也因为调查工作的不足,其所作出的答复被人民法院以认定事实不清、主要证据不足为由撤销。

二、司法行政机关针对投诉进行"调查"时,应该遵循何种原则和要求?

正是基于"调查"活动在司法鉴定执业活动投诉处理过程中的重要地位,该调查活动需要遵循一定的原则和具体要求,并区分不同情况作出不同的处理。

首先,就调查工作的原则和要求来说,"应当全面、客观、公正"①。其中,尤为重要的是调查的全面性原则,对此,《司法鉴定执业活动投诉处理办法》(2010年)第十七条第一款专门规定:"司法行政机关进行调查,可以要求被投诉人说明情况、提交有关材料,可以调阅被投诉人有关业务案卷和档案材料,可以向有关单位、个人核实情况、收集证据,可以听取有关部门的意见和建议。"另外,为了保障司法行政机关之调查活动的客观性和公正性,《司法鉴定执业活动投诉处理办法》(2010年)第十七条第二款也作出规定:"调查应当由两名以上工作人员进行,并制作笔录。调查笔录应当由被调查人签字或者盖章;不能签字、盖章的,应当在笔录中注明有关情况。"且被投诉人应当如实陈述事实、提供有关材料,不得提供虚假、伪造的材料或者隐匿、毁损、涂改有关证据材料②。在本案中,上诉人提交的证据仅能够证明其向被投诉人即本案的原审第三人C鉴定中心及其工作人员进行了调查,但不能证明其进行了全面的调查,其对于青州市人民法院是否委托原审第三人C鉴定中心进行司法鉴定的事实,仍然存在认定不清的疑问。

其次,根据调查活动查明的具体情况,司法行政机关应采取不同处理方式:(1)司法行政机关在调查过程中发现有《司法鉴定执

---

① 《司法鉴定执业活动投诉处理办法》(2010年)第十六条,《司法鉴定执业活动投诉处理办法》(2019年)第十八条。
② 《司法鉴定执业活动投诉处理办法》(2010年)第十八条,《司法鉴定执业活动投诉处理办法》(2019年)第二十一条。

业活动投诉处理办法》(2010年)第十二条规定情形的[①],可以终止投诉处理工作,并将终止理由告知投诉人[②];(2)司法行政机关在调查过程中,发现被投诉人的违法违规行为仍处在连续或者继续状态的,应当责令被投诉人立即停止违法违规行为[③];(3)被投诉人有应当给予行政处罚的违法违规行为的,移送有处罚权的司法行政机关依法给予行政处罚;(4)被投诉人违法违规情节轻微,没有造成危害后果,依法可以不予行政处罚的,应当给予批评教育、训诫、通报、责令限期整改等处理;(5)投诉事项查证不实或者无法查实的,对被投诉人不作处理,并应当将不予处理的理由书面告知投诉

---

① 《司法鉴定执业活动投诉处理办法》(2010年)第十二条规定:"有下列情形之一的,不予受理:(一)投诉事项已经司法行政机关处理,或者经行政复议、行政诉讼结案,且没有新的事实和证据的;(二)对人民法院采信鉴定意见的决定有异议的;(三)仅对鉴定意见有异议的;(四)对司法鉴定程序规则及司法鉴定技术规范有异议的;(五)投诉事项不属于违反司法鉴定管理规定的。"《司法鉴定执业活动投诉处理办法》(2019年)第十五条规定:"有下列情形之一的,不予受理:(一)投诉事项已经司法行政机关处理,或者经行政复议、行政诉讼结案,且没有新的事实和证据的;(二)对人民法院、人民检察院、公安机关以及其他行政执法机关等在执法办案过程中,是否采信鉴定意见有异议的;(三)仅对鉴定意见有异议的;(四)对司法鉴定程序规则及司法鉴定标准、技术操作规范的规定有异议的;(五)投诉事项不属于违反司法鉴定管理规定的。"

② 《司法鉴定执业活动投诉处理办法》(2010年)第十九条规定:"司法行政机关在调查过程中发现有本办法第十二条规定情形的,可以终止投诉处理工作,并将终止理由告知投诉人。"《司法鉴定执业活动投诉处理办法》(2019年)第二十二条规定:"司法行政机关在调查过程中发现有本办法第十五条规定情形的,或者投诉人书面申请撤回投诉的,可以终止投诉处理工作,并将终止决定和理由书面告知投诉人、被投诉人。"

③ 《司法鉴定执业活动投诉处理办法》(2010年)第二十条、《司法鉴定执业活动投诉处理办法》(2019年)第二十三条规定:"司法行政机关在调查过程中,发现被投诉人的违法违规行为仍处在连续或者继续状态的,应当责令被投诉人立即停止违法违规行为。"

人；(6)对于涉嫌犯罪的,移送司法机关依法追究刑事责任①。但是,如果尚未进行全面、客观、公正的调查,司法行政机关不得作出上述任何一种处理决定。就此而言,在本案中,济南市司法局作出的济司鉴投字〔2013〕14号《关于对投诉山东C司法鉴定中心有关问题的答复》并不具备合法性的事实基础。

司法行政执法提示

　　司法行政机关在依法对司法鉴定机构和司法鉴定人的执业活动实施监督管理时,"调查"乃是一项重要的基础性工作,应当秉持"全面、客观、公正"的原则,并以此确保后续的"处理"工作能够事实清楚、证据确凿。

(撰稿人:张　文　江传堤)

---

① 对第(3)(4)(5)(6)等四种情形的处理的具体规定,参见《司法鉴定执业活动投诉处理办法》(2010年)二十一条,《司法鉴定执业活动投诉处理办法》(2019年)第二十四条。

案例22　白某某诉杭州市司法局、杭州市人民政府
司法行政处理案①

案情

上诉人(原审原告):白某某

被上诉人(原审被告):杭州市司法局

被上诉人(原审被告):杭州市人民政府

被上诉人(原审第三人):浙江A司法鉴定中心

浙江A司法鉴定中心(以下简称A鉴定中心)的《司法鉴定许可证》(有效期限:2015年9月26日至2020年9月25日)记载,其鉴定业务范围为法医病理鉴定、法医临床鉴定、法医物证鉴定、文书鉴定、痕迹鉴定、声像资料鉴定(录音资料鉴定、图像资料鉴定)。2015年10月15日,衢州市柯城区人民法院(以下简称柯城法院)根据白某某的申请,委托A鉴定中心对赖某与白某某机动车交通事故责任纠纷一案中,对赖某的伤残等级、护理期限、营养期限进行重新鉴定、对赖某的误工期限进行文证审查。A鉴定中心于2015年10月23日决定受理,同年11月3日向柯城法院发出《鉴定检查通知函》及《关于赖某鉴定中补充材料函》,要求补充所有门诊病历和损伤影像片。同年11月10日,A鉴定中心对赖某进行法医临床检验,白某某亦到场。同年11月24日,A鉴定中心向柯城法院发出

---

① 来源:浙江省杭州市中级人民法院(2017)浙01行终286号行政判决书。

《关于赖某鉴定中补充材料函》，要求补充左肩关节MRI片。同年
12月21日，A鉴定中心作出案涉司法鉴定意见书。

2016年1月19日，杭州市司法局（以下简称市司法局）收到白
某某对A鉴定中心的投诉书，主要内容为："2015年12月21日，浙
江A司法鉴定中心出具的浙江A〔2015〕临鉴字第726号《司法鉴定
意见书》，系该鉴定人员在严重违反司法鉴定法定程序，明知被鉴
定人因交通事故伤害鉴定评估不足以构成伤残事实的情形下作
出的，违反司法鉴定人员基本职业道德，恳请贵局及时调取该鉴定
中心2015年11月10日的监控视频和录音。现将该中心严重违规
行为举例部分：一、鉴定过程中，被鉴定人左臂上举过165度，后伸
两手一致，当场鉴定人员将上述结果告诉诉讼双方当事人。二、鉴
定过程中，鉴定人员要求双方当事人在空白纸上指定处签名。三、
2015年3月20日的片子，系有争议的片子。"2016年1月22日，市司
法局作出杭司鉴投受〔2016〕4号《受理通知书》，并送达白某某及A
鉴定中心。2016年3月18日，市司法局作出杭司鉴投复〔2016〕4号
《关于白某某投诉事项的答复函》，并送达白某某及A鉴定中心。
主要内容为："……经调查，现答复如下，2015年10月15日，浙江省
衢州市柯城区人民法院委托浙江A司法鉴定中心进行鉴定，鉴定
要求为：一、对申请人赖某的伤残等级进行重新鉴定。二、对申请
人赖某的误工期限进行文证审查。三、对申请人赖某的护理期限
进行重新鉴定。四、对申请人赖某的营养期限进行重新鉴定。经
审查，委托符合受理条件，浙江A司法鉴定中心于2015年10月23
日决定予以受理，指定张某、汪某某两位司法鉴定人对本案进行鉴
定。2015年11月10日，浙江A司法鉴定中心对被鉴定人赖某进行
法医临床检查，在法医临床检查时，白某某在场。经检验，于2015
年12月21日出具司法鉴定意见书（浙江A〔2015〕临鉴字第726
号）。针对白某某的投诉理由，调查认为：一、经查阅本案卷宗，有

对被鉴定人赖某肩关节活动度进行检查时所拍摄的照片,其中左臂前屈上举为145度,左臂外展上举的数据为140度,未发现你提出的左臂上举过165度的情况。在无其他证据材料佐证的情况下,你的该项投诉理由我局无法查实。二、经查阅本案的卷宗,在2015年11月10日的《法医临床检验记录》中,有被鉴定人'赖某'和在场人员'白某某'的签名。根据《司法鉴定程序通则》《法医临床检验规范》等相关法规、规范,未要求被鉴定人及在场人员在鉴定时签名。故你的该项投诉理由查证不实。三、根据调查取得的材料,本案鉴定材料中影像学片均由被鉴定人赖某提供,浙江A司法鉴定中心在鉴定中予以使用。《司法鉴定程序通则》第十三条规定:'委托人应当向司法鉴定机构提供真实、完整、充分的鉴定材料,并对鉴定材料的真实性、合法性负责……'浙江省高级人民法院、浙江省司法厅《关于进一步规范司法鉴定工作若干事项的意见》第二条规定:'规范委托程序……司法鉴定机构不得直接接受当事人提交而未经人民法院确认的材料。'根据以上规定,鉴定材料应由委托人向司法鉴定机构提供,而非由被鉴定人向鉴定机构提供。本案的委托人为浙江省衢州市柯城区人民法院,浙江A司法鉴定中心接受被鉴定人赖某提供的影像学片,违反了《司法鉴定程序通则》第十三条之规定及浙江省高级人民法院、浙江省司法厅《关于进一步规范司法鉴定工作若干事项的意见》第二条之规定。2016年2月17日,浙江省衢州市柯城区人民法院致函浙江A司法鉴定中心,该院对2015年3月13日拍的X线片、2015年3月20日拍的CT片、2015年7月15日拍的MRI片等六张影像学片进行了比对,核对一致。四、浙江A司法鉴定中心在接受我局的调查过程中,未能提供本案的视频监控,违反了浙江省高级人民法院、浙江省司法厅《关于进一步规范司法鉴定工作若干事项的意见》第九条之规定。综上,浙江A司法鉴定中心直接接受被鉴定人赖某提交的鉴定材料影像学片,虽事后经本案委托方浙江省衢州市柯城区人民法院对部分影像学片进行追认,但其行为已违反《司法鉴定程序通则》第十三条之规定,浙江省高级人民法院、浙江省司法厅《关于进一步规范司法鉴定工作若干事项的意见》第二条之规定。同时,浙江 A 司法鉴定中心未能提供本案鉴定时的视频监控,违反了浙江省高级人民法院、浙江省司法厅《关于进一步规范司法鉴定工作若干事项的意见》第九条之规定。根据《司法鉴定执业活动投诉处理办法》第二十一条第一款第(二)项之规定,我局决定给予浙江 A 司法鉴定中心批评教育的处理。你对浙江 A 司法鉴定中心对被鉴定人赖某的影像学片的阅片意见有异议,认为浙江 A 司法鉴定中心出具的鉴定意见错误等,属于对浙江 A 司法鉴定中心出具的鉴定意见有异议。根据《司法鉴定执业活动投诉处理办法》第十二条第(三)项之规定,对鉴定意见有异议的,不属于投诉受理范围。根据《全国人民代表大会常务委员会关于司法鉴定管理问题的决定》第十一条之规定及《民事诉讼法》第七十八条之规定,你可通过申请司法鉴定人出庭作证或者是申请重新鉴定等方式解决。如你认为浙江 A 司法鉴定中心的鉴定意见存在故意或重大过失给你造成损失,你可通过民事诉讼的方式要求浙江 A 司法鉴定中心承担民事法律责任。如你对本答复有异议,可以自收到本答复之日起 60 日内,向浙江省司法厅或杭州市人民政府申请行政复议,也可以在 6个月内向杭州市下城区人民法院提起行政诉讼。"白某某不服,于2016 年 4 月 26 日向杭州市人民政府(以下简称市政府)申请行政复议,市政府经延长复议期限后,于同年 7 月 13 日作出杭政复〔2016〕191 号《行政复议决定书》,维持原行政行为,并邮寄白某某,白某某于同年 7 月 17 日签收。白某某不服,提起行政诉讼。

◇ **审理**

一审法院认为,《司法鉴定执业活动投诉处理办法》第八条规定:"公民、法人和其他组织认为司法鉴定机构和司法鉴定人在执业活动中有下列违法违规情形的,可以向司法鉴定机构住所地或者司法鉴定人执业机构所在地的县级以上司法行政机关投诉:(一)超出登记的业务范围或者执业类别从事司法鉴定活动的;(二)违反司法鉴定程序规则从事司法鉴定活动的;(三)因不负责任给当事人合法权益造成损失的;(四)违反司法鉴定收费管理规定的;(五)司法鉴定机构无正当理由拒绝接收司法鉴定委托的;(六)司法鉴定人私自接收司法鉴定委托的;(七)司法鉴定人经人民法院通知,无正当理由拒绝出庭作证的;(八)司法鉴定人故意做虚假鉴定的;(九)其他违法司法鉴定管理规定的行为。"本案中,白某某投诉的理由属于上述规定的情形,市司法局具有处理白某某投诉的职权。

关于赖某左臂上举幅度问题,鉴定检查照片、A鉴定中心情况说明、调查笔录、临床检验记录均证明赖某左肩关节前屈上举145度,外展上举140度。白某某仅以听到鉴定人说过赖某上举幅度为165度而否定上述证据的主张,不能成立。

关于A鉴定中心鉴定人员要求白某某在空白纸签字问题,根据调查笔录,白某某在《法医临床检验记录》签字时间为在法医对赖某进行临床检验之前。一审法院认为,该表所记录内容系法医临床检验的数据及资料,并由法医进行填写。白某某在"在场人员"处签字表明其在该次法医临床检验的现场,其在临床检验之前完成签字并未影响法医临床检验的进行。因此,该行为虽有不妥之处,但未影响白某某的合法权益。故市司法局作出案涉相关回复并无不妥。

关于调取鉴定监控视频问题,根据浙江省高级人民法院、浙江省司法厅《关于进一步规范司法鉴定工作若干事项的意见》第九条之规定,司法鉴定机构对鉴定的全过程应进行视频监控。本案中,白某某投诉的左臂上举幅度问题已有证据证明;而A鉴定中心让白某某在空白纸上签字的问题,市司法局也予以回复,并未影响白某某合法权益。故市司法局认定A鉴定中心未能提供本案鉴定时的视频监控违反了上述规定,并无不妥。

关于2015年3月20日影像学片问题,市司法局经调查,认为案涉鉴定材料中影像学片均由被鉴定人赖某提供,A鉴定中心在鉴定中予以使用。而鉴定材料应由委托人向司法鉴定机构提供,而非由被鉴定人向鉴定机构提供。鉴定的委托人为柯城法院,A鉴定中心接受被鉴定人赖某提供的影像学片。针对A鉴定中心接受被鉴定人赖某提供的影像学片的行为,因被柯城法院确认系柯城法院要求赖某将所有病历原件、CT片原件等所有材料向A鉴定中心提交,且与衢州市中医院的病人存档资料一致,未对白某某造成实际影响。故市司法局认定A鉴定中心违反了《司法鉴定程序通则》第十三条之规定及浙江省高级人民法院、浙江省司法厅《关于进一步规范司法鉴定工作若干事项的意见》第二条之规定,并无不妥。至于2015年3月20日影像学片对鉴定意见的作用,系法医临床鉴定的技术问题,非司法鉴定程序问题,不是本案的审查范围。

综上,A鉴定中心未按规定保存司法鉴定监控视频且接受当事人自行提供的影像学片,市司法局均在《关于白某某投诉事项的答复函》中予以认定,但上述行为均未影响白某某的合法权益。故市司法局根据《司法鉴定执业活动投诉处理办法》第二十一条第一款第(二)项之规定,认定A鉴定中心属于违法违规情节轻微,没有造成危害后果,给予A鉴定中心批评教育的处理,并无不妥。

行政行为程序方面,《司法鉴定执业活动投诉处理办法》第十五条规定："司法行政机关应当自收到投诉材料之日起七日内作出是否受理的决定,并书面告知投诉人或者其代理人。"该办法第二十二条规定："司法行政机关受理投诉的,应当自受理之日起六十日内办结。"该办法第二十三条规定："司法行政机关应当自作出处理决定之日起七日内将投诉处理结果告知投诉人、被投诉人。"本案中,市司法局于2016年1月19日收到白某某的投诉,于2016年1月22日决定受理,并作出受理通知书送达白某某;于2016年3月18日作出答复,并送达原告,符合上述规定,程序合法。市政府在收到复议申请后及时受理,通知市司法局进行复议答复并要求提交相关证据、依据,依法决定延期并作出复议决定,维持原行政行为,并将《行政复议决定书》送达白某某,符合《行政复议法》第十七条第一款、第二十三条第一款、第二十八条第一款第(一)项、第三十一条之规定,复议程序合法。综上,白某某的诉讼请求缺乏法律依据,判决驳回白某某的诉讼请求。

白某某不服该判决提出上诉,认为原审法院认定事实不清,适用法律不当,请求撤销(2016)浙8601行初153号行政判决书,并支持上诉人的一审行政诉讼请求。

被上诉人市司法局答辩称:市司法局具有查处投诉的法定职责,查处程序合法,认定事实清楚,证据确凿充分,适用法律正确,请求驳回上诉,维持原判。

被上诉人市政府答辩称:市政府作出的复议决定程序合法,认定事实清楚,于法有据,请求驳回上诉,维持原判。

被上诉人A鉴定中心口头答辩称:同意市司法局、市政府的答辩意见。

二审法院经审理认为,本案被诉具体行政行为系被上诉人市司法局根据上诉人白某某2016年1月19日的《投诉书》所作出的杭司鉴投复〔2016〕4号《关于白某某投诉事项的答复函》。本案中,市司法局接到白某某的投诉后,在法定期限内受理,并经调查、询问后,作出被诉答复函,就白某某的投诉事项进行了逐一回应,认定A司法鉴定中心存在直接接受被鉴定人提交的鉴定材料及未能提供本案鉴定时的视频监控的违法违规情形,并认定被投诉人行为情节轻微,决定给予A司法鉴定中心批评教育的处理,认定事实清楚,法律适用正确,程序合法。

上诉人白某某称被鉴定人赖某左臂上举幅度为165度,但在案证据如鉴定检查照片、A鉴定中心情况说明、调查笔录、临床检验记录等均证明赖某左肩关节前屈上举145度,外展上举140度。上诉人白某某未能提供充分的证据否定在案证据的证明效力,因此本院认为白某某该上诉理由不能成立,本院不予支持。白某某对于市司法局未能调取监控录像的异议,本院认为,A鉴定中心未能根据浙江省高级人民法院、浙江省司法厅《关于进一步规范司法鉴定工作若干事项的意见》第九条之规定提供鉴定的视频监控,存在违规之处,但鉴于白某某投诉的被鉴定人左臂上举幅度问题,已有在案证据予以证明,市司法局作出被诉回复函并无不当。

根据《司法鉴定执业活动投诉处理办法》第十二条规定,投诉人对人民法院采信鉴定意见的决定有异议的,或仅对鉴定意见有异议的,不属于司法行政机关的审查范围。故上诉人对鉴定意见的异议,不属于本案的审查范围。综上,原判认定事实清楚,适用法律正确,审判程序合法,判决驳回上诉,维持原判。

评析

本案主要涉及以下法律问题:

一、司法行政机关在何种情况下可以决定不予行政处罚?

《行政处罚法》(2009年)第二十七条第二款规定:"违法行为轻微并及时纠正,没有造成危害后果的,不予行政处罚。"针对该条文所蕴含的不予行政处罚之构成要件,有学者专门从理论层面进行了梳理和归纳,即所谓违法行为轻微、及时纠正和没有造成危害后果等三个方面。其中,该学者尤其针对"违法行为轻微"的具体认定要素作了细致的论述和说明,即违法行为轻微主要可以从数量(金额和次数)、主观恶意、行为仅违反程序性规定等三个方面加以认定[1]。在本案中,上诉人根据A鉴定中心存在如下两点违规之处,即"A鉴定中心未能根据浙江省高级人民法院、浙江省司法厅《关于进一步规范司法鉴定工作若干事项的意见》第九条之规定提供鉴定的视频监控,存在违规之处",以及"杭州市司法局认定A司法鉴定中心存在直接接受被鉴定人提交的鉴定材料",进而认为杭州市司法局作出的杭司鉴投复〔2016〕4号《关于白某某投诉事项的答复函》违法。客观来说,A鉴定中心确有违规,即违反了浙江省高级人民法院、浙江省司法厅《关于进一步规范司法鉴定工作若干事项的意见》第九条的规定,同时违反了《司法鉴定程序通则》第十三条的规定及浙江省高级人民法院和浙江省司法厅《关于进一步规范司法鉴定工作若干事项的意见》第二条的规定。但是,以前述有关不予行政处罚的理论表述来审视A鉴定中心的前述两方面违规情形,其要么属于"仅违反程序性规定"的情形,要么属于"没有造成危害后果"的情形,亦即A鉴定中心的鉴定活动满足了《行政处罚法》(2009年)第二十七条第二款所设置的不予行政处罚的规范性要求。

与本案直接相关的实证法规范《司法鉴定执业活动投诉处理办法》(2010年)也对不予行政处罚的问题提供了更为直接的实证法规范基础,并针对不予行政处罚的替代性措施作了明确规定。该办法第二十一条第一款规定:"司法行政机关应当根据调查结

---

[1] 尹培培:《不予行政处罚论——基于我国〈行政处罚法〉第27条第2款规定之展开》,《政治与法律》2015年第11期。

果,作出如下处理:(一)被投诉人有应当给予行政处罚的违法违规行为的,移送有处罚权的司法行政机关依法给予行政处罚;(二)被投诉人违法违规情节轻微,没有造成危害后果,依法可以不予行政处罚的,应当给予批评教育、训诫、通报、责令限期整改等处理;(三)投诉事项查证不实或者无法查实的,对被投诉人不作处理,并应当将不予处理的理由书面告知投诉人。"换言之,在杭州市司法局基于案件事实,对 A 鉴定中心作出不予行政处罚的决定时,可以采取批评教育、训诫、通报、责令限期整改等非处罚性行政措施,并以此达成对 A 鉴定中心的鉴定活动的合法性控制。

此外,理论上,无论是《行政处罚法》(2009 年)第二十七条第二款,或是《司法鉴定执业活动投诉处理办法》(2010 年)第二十一条第一款第(二)项,还是其他对不予行政处罚的情形作出指引性规定的实证法规范条文,其法理基础都在于行政处罚法领域的所谓"过罚相当原则",此与域外行政秩序罚领域的"便宜原则"具有类似之处①。唯其需要进一步指出的是,在对"便宜原则"进行论述的过程中,人们多侧重于对不予处罚的种种情形予以认定和论证,但在对"过罚相当原则"展开论述时,学者们多以作出处罚为前提,而对不予处罚的情形似乎未能充分予以关照。在笔者看来,在《行政处罚法》尚未引入"便宜原则",而仅有"过罚相当原则"的情境下,可以、甚至是有必要对"过罚相当原则"作某种逻辑上的推演,即

---

① 学者洪家殷认为,适用便宜原则之实质理由,并非源自于行政机关为了要履行其行政任务,而须依据该原则作合义务之裁量,而是在于违反秩序之意义及处罚之目的,即违反秩序行为对法秩序之危害较少,且比起应受到的行政罚之行为,显示出较小的不法内涵。质言之,在特别情形下,违反秩序之不法内涵是如此的渺小,以及对危险是如此的遥远,以至于加以追诉及处罚是不恰当的,或无论如何不再是必要的,故例外地不予追诉及处罚。参见洪家殷:《行政制裁》,载翁岳生编:《行政法》(下册),中国法制出版社2002 年版,第 834-835 页。

"便宜原则"在某种程度上可视为"过罚相当原则"的一种极端情形。质言之,"过罚相当原则"可被视为行政处罚领域更为宽泛的原则,其不仅包含在已然需要作出处罚的情况下,处罚的手段与违法行为的性质和情节之间具有"相当性",还包含不需要作出处罚的情况下,可以用其他非处罚性手段予以监督管理的情形,并以此确保行政机关在其裁量空间之内的执法灵活性得到有效提升。

二、如何把握司法鉴定执业活动投诉处理的范围?

在司法行政机关针对司法鉴定机构的监管实践中,公民、法人和其他组织投诉司法鉴定机构的直接诱因往往是对鉴定意见不满。但是,根据《司法鉴定执业活动投诉处理办法》(2010年)第十二条"有下列情形之一的,不予受理:(一)投诉事项已经司法行政机关处理,或者经行政复议、行政诉讼结案,且没有新的事实和证据的;(二)对人民法院采信鉴定意见的决定有异议的;(三)仅对鉴定意见有异议的;(四)对司法鉴定程序规则及司法鉴定技术规范有异议的;(五)投诉事项不属于违反司法鉴定管理规定的"之规定,"仅对鉴定意见有异议"的投诉,司法行政机关是不能受理的。换言之,公民、法人或其他组织因对鉴定意见有异议而进行投诉时,司法行政机关受理该投诉的前提是该异议产生于司法鉴定机构实施了《司法鉴定执业活动投诉处理办法》(2010年)第八条规定的九种行为[1]。

---

[1] 九种行为即:(1)超出登记的业务范围或者执业类别从事司法鉴定活动的;(2)违反司法鉴定程序规则从事司法鉴定活动的;(3)因不负责任给当事人合法权益造成损失的;(4)违反司法鉴定收费管理规定的;(5)司法鉴定机构无正当理由拒绝接受司法鉴定委托的;(6)司法鉴定人私自接受司法鉴定委托的;(7)司法鉴定人经人民法院通知,无正当理由拒绝出庭作证的;(8)司法鉴定人故意做虚假鉴定的;(9)其他违反司法鉴定管理规定的行为。

在本案中,A鉴定中心虽然违反了《司法鉴定程序通则》第十三条和浙江省高级人民法院、浙江省司法厅《关于进一步规范司法鉴定工作若干事项的意见》第二条等的规定,但该行为并未对司法鉴定意见的结果产生实质性影响,故人民法院一方面认定杭州市司法局对A鉴定中心予以批评教育的行政措施予以肯定,另一方面也认为上诉人针对鉴定意见的异议而进行的投诉不属于司法行政机关的受理范围。

司法行政执法提示

随着社会的复杂化发展,司法鉴定机构和司法鉴定人的违法违规情形也呈现多元化趋势。为确保司法行政机关在其法定的裁量空间之内的执法灵活性得到有效提升,根据行政处罚的便宜原则或是过罚相当原则,司法行政机关可以适当适用批评教育、训诫、通报、责令限期整改等非处罚性措施。

（撰稿人:张　文　江传堤）

案例23　戴某某诉长沙市司法局司法鉴定投诉案①

案情

上诉人(原审原告):戴某某

被上诉人(原审被告):长沙市司法局

原审第三人:湖南省A司法鉴定中心

2016年8月12日上午10时许,何某在湖南省长沙市安仁县某路段与牌号为湘L×××××号的三一牌重型特殊结构货车相撞,造成何某死亡、车辆受损的交通事故。当日,安仁县公安局交警大队出警处理事故。安仁县交警大队委托湖南省A司法鉴定中心(以下简称A鉴定中心)对"2016.8.12"交通事故的车辆碰撞状态、车辆碰撞前瞬时速度、事故中无号威士宝莱牌自行车运行方式等进行技术鉴定。A鉴定中心分别出具三份鉴定意见书:一是湘A司鉴中心〔2016〕汽鉴字第264号《"2016.8.12"交通事故车辆碰撞前瞬时速度鉴定意见书》,鉴定意见为:湘L×××××号三一牌重型特殊结构货车碰撞前瞬时速度在61.2—62.7/km/h之间;无号威士宝莱自行车碰撞前瞬时速度在5.3—5.5km/h之间。二是湘A司鉴中心〔2016〕汽鉴字第265号《"2016.8.12"交通事故车辆碰撞状态鉴定意见书》,鉴定意见为:(1)该事故碰撞状态为,湘L×××××号三一牌重型特殊结构货车由南往北行驶,正面碰撞由西往东横穿公路的无号威士宝

---

① 来源:长沙市中级人民法院(2017)湘01行终659号行政判决书。

莱自行车车身右侧,两车碰撞后,无号威士宝莱自行车向左侧倒,被湘L×××××号三一牌重型特殊结构货车碾压;(2)两车在路面上的接触点为,横向距离:距由南往北方向道路右侧311cm;纵向距离:距本次事故定位点(通往清溪镇罗山村南转角)1014cm。三是湘A司鉴中心〔2016〕汽鉴字第278号《"2016.8.12"交通事故中无号威士宝莱牌自行车运行方式鉴定意见书》,鉴定意见为:无号威士宝莱牌自行车与湘L×××××号三一牌重型特殊结构货车碰撞时,无号威士宝莱牌自行车为骑行状态。安仁县公安局交通警察大队于2016年9月27日作出安公交认字〔2016〕第00263号《道路交通事故认定书)》,认定:2016年8月12日10时左右,案外人周某某驾驶湘L×××××号重型特殊结构货车从安仁县灵官镇方向驶往安仁县城方向,当行驶到××县××镇××村街上路段时,恰遇何某骑行自行车由西往东横过道路经过此处,两车发生碰撞,造成何某经医院抢救无效死亡,车辆受损的交通事故。上述《道路交通事故认定书》认定证据及事故形成原因分析为:当事人周某某驾驶机动车上道路行驶,遇非机动车通行时未做到及时有效的避让,其行为违反《湖南省实施〈道路交通安全法〉办法》第二十五条第四款之规定,是造成本次事故发生的原因之一;当事人何某骑行自行车横过机动车道时未下车推行,其行为违反了《湖南省实施〈道路交通安全法〉办法》第七十条第一款之规定,是造成本次事故的另一原因。该认定书认定该次交通事故中周某某、何某承担本次事故的同等责任。上述认定书下达后,何某的儿子戴某某对上述认定书不服,向郴州市公安局交警支队提起复议,郴州市公安局交警支队以上述认定书认定事实不清、证据不足为由,责令安仁县公安局交通警家大队对该次交通事故重新调查、认定。安仁县公安局交通警察大队于2016年11月7日再次作出安公交重认字(2016)第0071号《道路交通事故认定书》,仍认定周某某、何某分别承担本次事故的同等责任。

戴某某向湖南省司法厅(以下简称省司法厅)提交《司法鉴定复核申请》,要求省司法厅:(1)撤销A鉴定中心〔2016〕汽鉴定字第264号、第265号、第278号,司法鉴定许可证号430104026号;(2)对事故形成原因及当事人责任重新作出鉴定;(3)请求省司法厅委托有关部门对受害人何某的死因作出司法鉴定,确定被害人何某的死亡与A鉴定中心的行为之间的因果关系,以便认定犯罪嫌疑人周某某应当承担的罪责。2017年3月30日,省司法厅司法鉴定管理处对市司法局作出〔2017〕第010号《湖南省司法鉴定执业活动投诉事项转办单》,将收到的戴某某在《司法鉴定复核申请》中投诉反映的"A司法鉴定中心因不负责任给当事人合法权益造成损失等"投诉事项及相关材料转交给市司法局处理,要求依法依规审查受理和调查处理,并及时答复投诉人,于2017年6月30日前将该投诉事项的办理情况上报省司法厅。

市司法局收到上述转办单后,向戴某某发送2017年4月7日制作的长司〔2017〕4号《长沙市司法局司法鉴定投诉案件补充材料告知书》,要求补充相关材料。2017年4月13日,市司法局作出长司信字〔2017〕4号《司法鉴定投诉事项受理通知书》,告知戴某某,对其提出的"A鉴定中心因不负责任给当事人的合法权益造成损失等"投诉事项,决定予以受理。

2017年6月6日,市司法局作出长司鉴投复字〔2017〕4号《关于戴某某投诉湖南省A司法鉴定中心的答复》,对戴某某在《司法鉴定复核申请》请求的三项投诉内容,在指派专人进行调查核实后,答复如下:(1)基本情况。经调查查明,2016年8月12日,安仁县公安局交通警察大队事故处理中队委托A鉴定中心进行司法鉴定,鉴定内容为:①对湘L×××××号重型特殊结构货车与自行车碰撞前瞬间速度作出鉴定;②对湘L×××××号重型特殊结构货车与自行车碰撞状态作出鉴定;③对当事车辆运行方式作出鉴定。安仁交警中队提供了与鉴定相关的鉴定材料,并指派干警陪同 A 鉴定中心两名工作人员到现场提取鉴定材料。A 鉴定中心收取鉴定资料后于 2016 年 8 月 12 日受理此案,指定了两名具有该鉴定事项执业资格的司法鉴定人蒙某、李某共同实施鉴定,分别于 2016 年 8 月 25 日和 9 月 20 日出具了湘 A 司鉴中心〔2016〕汽鉴字第 264、265、278 号鉴定意见书(以下简称 264、265、278 号鉴定意见书)。(2)处理意见:①关于戴某某投诉 A 司鉴中心三份鉴定意见书有明显错误的问题。a.关于"A 鉴定中心 264、265 号意见书中货车中网数据为110—160cm,在 278 号鉴定意见书中数据改成 130—165cm,有明显的改动数据和修改过"的问题。经调查核实,第 264、265 号鉴定意见书中第三部分检验过程中对货车中网的表述为"该车中网损坏开裂,距地高 110—160cm"。第 265 号鉴定意见书中第四部分分析说明中第 3 节表述为"由湘 L ×××××号三一牌重型特殊结构货车中网破损位置高度,可确定两车碰撞后,无号威士宝莱自行车骑车人与湘 L ×××××号三一牌重型特殊结构货车接触后抛出"。第 278 号鉴定意见书中第三部分检验过程表述为"该车前面罩及中网由外向内损坏开裂,距地高 130—165cm"。第四部分第 2 节表述为"由湘 L ×××××号三一牌重型特殊结构货车前面罩及中网破损高度与人体碰撞伤高度进行对比分析:何某头部损伤与湘 L ×××××号三一牌重型特殊结构货车前面罩破损受力方向吻合,右肘关节外侧损伤与湘 L ×××××号三一牌重型特殊结构货车中网破损外部形态相同,何某身高 157cm,湘 L ×××××号三一牌重型特殊结构货车前面罩破损高度 130-165cm,符合人体骑车碰撞高度"。经调查核实,278 号鉴定意见书中表述的前面罩和中网属于货车上不同的物体,前面罩是指发动机室前部盖板,中网是附着于前面罩内侧的网格状物体。由于 A 鉴定中心文书制作不严谨,在第 278 号鉴定意见书

第三部分检验过程中将"该车前面罩由外向内破损开裂,距地高130-165cm"错误地表述为"该车前面罩及中网由外向内破损开裂,距地高130-165cm",鉴定意见书发出后又未及时发现补正。依据《司法鉴定文书规范》第九条第四款之规定,司法鉴定文书表述应当文字精练,用词准确,语句通顺,描述客观、清晰。A鉴定中心这一行为系工作不细致出现的校稿错误。在调查过程中市司法局并未发现A鉴定中心有故意修改数据的事实。b.戴某某提出的"湖南A司法鉴定中心鉴定部位不清、无图像、无部位,部位造假,俗称'太阳穴'医学是颅骨中颞骨位置,颞骨下有脑膜中动脉,图像为证"的问题,经调查核实,死者的损伤情况不属于委托人安仁交警中队委托A鉴定中心的委托事项,死者的损伤情况系委托人提供给A鉴定中心的鉴定材料。依据《司法鉴定程序通则》第十二条之规定,委托人委托鉴定的,应当向司法鉴定中心提供真实、完整、充分的鉴定材料,并对鉴定材料的真实性、合法性负责。戴某某若对鉴定材料有异议,可以向委托人安仁交警中队提出。c.戴某某提出的"2016.8.12交通事故碰撞状态图的图纸都是错误的,'十'字路口画成'T'字路口,A鉴定中心连鉴定的方向都不清楚,鉴定是由东到西,实际是由西到东"的问题。经调查核实,第264、265号鉴定意见书上对于无号威士宝莱自行车运行方向的描述为"由西往东横穿马路"。第265号鉴定意见书中的2016.8.12交通事故碰撞状态图上的自行车运动方向为由西向东。交通事故发生在××县××镇××村街上路段。事发时两车相撞的地点及事发后货车停车、自行车倒地以及自行车骑车人抛出后着地点均在这条南北向道路上。2016年8月12日交通事故碰撞状态图的图纸主要体现的也是该起交通事故中两车碰撞后车及人的状态。A鉴定中心受委托的鉴定事项针对的是发生在××县××镇××村街上路段的交通事故,A鉴定中心所作出的3份鉴定意见书与交通事故事发路段到底是"十"字路口或者是"T"字路口并无关联。戴某某所说的"A鉴定中心鉴定的方向都不清楚"与事实不符。d.关于戴某某所提供的几份证明交通事故死者何某被撞时是推着自行车的证人证言的问题。经调查核实,这些证人证言都不在委托人提供的鉴定材料里面。依据《司法鉴定程序通则》第十二条之规定,委托人委托鉴定的,应当向司法鉴定机构提供真实、完整、充分的鉴定材料,并对鉴定材料的真实性、合法性负责。戴某某若对鉴定材料有异议,应当向委托人提出。e.戴某某提出的"第278号鉴定意见书仅仅依据死者身高157cm,就判断死者是骑车通过,判断很不严谨""车速计算错误"以及"死者被碰撞时是否为骑车状态"的问题。依据《关于司法鉴定管理问题的决定》第十条和《司法鉴定程序通则》第五条之规定,司法鉴定实行鉴定人负责制度,由鉴定人依法独立、客观、公正地进行鉴定,并对自己作出的鉴定意见负责,A鉴定中心在鉴定意见书中的分析说明及最后出具的鉴定意见均系鉴定人运用自身专门知识对委托鉴定事项进行的专业判断和鉴别,此项内容属于鉴定专业技术范畴。司法行政机关无权对其鉴定过程中的专业判断进行干预,这项内容不属于市司法局投诉受理范围。②关于另外三项投诉:a.撤销A鉴定中心湘A司鉴中心〔2016〕汽鉴字第264、265、278号鉴定意见书的问题,这不属于市司法局职权范围。戴某某对鉴定意见不服可以依照相关法律规定提出异议,申请重新鉴定。b."对该事故形成的原因及当事人责任重新作出鉴定"和"对A鉴定中心鉴定不服,要求重新作出司法鉴定"的问题,均不属于市司法局职权范围,请依照法律法规规定向相关部门提出申请。c.要求市司法局委托有关部门对受害人何某的死因作出司法鉴定的问题,这不属于市司法局职权范围,如对何某的死因有疑问,可以依法依规向相关部门提出请求,委托相关司法鉴定机构对此予以鉴定。根据调查和证据,市司法局认为A鉴定中心在第278号鉴定意见书中第三部分检验过程中将"该车前面罩由外向内破损开裂,距地高130—165cm"表述为"该车前面罩及中网由外向内破损开裂,距地高130—165cm",鉴定意见书发出后又未及时发现补正的行为,违反了《司法鉴定文书规范》第九条的相关规定。依据《司法鉴定执业活动投诉处理办法》第二十一条第二款之规定,对A鉴定中心负责人进行了诫勉谈话,给予批评教育的处理。市司法局对戴某某的其他投诉请求不予支持。

戴某某收到上述答复后,提起诉讼。

审理

一审法院认为,《司法鉴定执业活动投诉处理办法》第八条第(八)项规定,司法鉴定人有故意作虚假鉴定的违法违规行为,公民、法人或者其他组织可以向司法鉴定机构住所地或者司法鉴定人执业机构所在地的县级以上司法行政机关投诉;该办法第十二条第(三)项规定,仅对鉴定意见有异议的投诉,司法行政机关不予受理;该办法第二十一条第一款规定:司法行政机关应当根据调查结果,作出如下处理:(一)被投诉人有应当给予行政处罚的违法违规行为的,移送有处罚权的司法行政机关依法给予行政处罚;(二)被投诉人违法违规情节轻微,没有造成危害后果,依法可以不予行政处罚的,应当给予批评教育、训诫、通报、责令限期整改等处理;投诉事项查证不实或者无法查实的,对被投诉人不作处理,并应当将不予处理的理由书面告知投诉人。根据上述规定,戴某某向省司法厅提交的《司法鉴定复核申请》的大部分内容系对A鉴定中心执业行为的投诉,省司法厅根据《司法鉴定执业投诉处理办法》的规定,将上述投诉事项交由市司法局处理,市司法局负有进行调查处理并将结果告知投诉人的法定职责。本案事故发生后,安仁县公安局交警大队委托A鉴定中心就车辆碰撞状态、车辆碰撞前瞬时速度、事故中无号威士宝莱牌自行车运行方式等三方面进行技术鉴定。A鉴定中心出具对应鉴定意见,戴某某收到三份鉴定意见后,就264、265号鉴定意见中数据改动、278号鉴定意见认定死者在事故发生时与自行车是骑行状态、车速计算错误、鉴定部位不清、部位造假、事故发生路段是"T"字路口还是"十"字路口等问题向湖南省司法厅投诉,市司法局收到省司法厅转办函后,依程序在2017年4月13日进行了受理,启动调查程序,要求作为被投诉人的A鉴定中心进行情况说明并提交有关材料。A鉴定中心对戴某某投诉事项书面逐一进行了详细地解释、说明。市司法局对A鉴定中心的材料及说明审查后,于2017年6月6日作出长司鉴投复字(2017)4号《关于戴某某投诉A鉴定中心的答复》,对A鉴定中心278号鉴定意见书中数据错误的行为,认为系工作不细致导致的校稿错误,未发现A鉴定中心有故意修改数据的事实,市司法局对A鉴定中心负责人进行了诫勉谈话,给予了批评教育的处理;对其他投诉事项均逐一调查了解后作出了详细解释说明;对戴某某投诉要求的该事故形成的原因即当事人责任重新作出鉴定、对何某的死因作出鉴定、确定何某的死亡与A鉴定中心的行为之间的因果关系等事项,市司法局在答复中告知了戴某某上述事项不属于其查处的职权范围,并告知原告寻求救济的途径和办法。市司法局的行为符合《司法鉴定执业活动投诉处理办法》第十七条之规定"司法行政机关进行调查,可以要求被投诉人说明情况、提交有关材料,可以调阅被投诉人有关业务案卷和档案材料,可以向有关单位、个人核实情况、收集证据,可以听取有关部门的意见和建议",第二十一条之规定"司法行政机关应当根据调查结果,作出如下处理:(一)被投诉人有应当给予行政处罚的违法违规行为的,移送有处罚权的司法行政机关依法给予行政处罚;(二)被投诉人违法违规情节轻微,没有造成危害后果,依法可以不予行政处罚的,应当给予批评教育、训诫、通报、责令限期整改等处理;(三)投诉事项查证不实或者无法查实的,对被投诉人不作处理,并应当将不予处理的理由书面告知投诉人。对于涉嫌犯罪的,移送司法机关依法追究刑事责任",第二十二条之规定"司法行政机关受理投诉的,应当自受理之日起六十日内办结",以及第二十三条之规定"司法行政机关应当自作出处理决定之日起七日内,将投诉处理结果书面告知投诉人、被投诉人的规定"。综上,市司法局在接到省司法厅转办的戴某某对 A 鉴定中心的投诉后,在法定期间内予以受理并书面通知戴某某和被投诉人 A 鉴定中心,在审查过程中履行了调查、取证的职责,及时作出涉案书面答复,答复程序合法,内容适当,戴某某要求撤销市司法局所作答复等诉讼请求缺乏事实和法律依据,判决驳回戴某某的全部诉讼请求。

戴某某不服一审判决,提出上诉称:事发时,何某是推着自行车,而不是骑着自行车,目击者看到何某推着自行车;是"十"字路口而不是"T"字路口;有路牌划分成无路牌;肇事司机严重超载未核实。为此,上诉人请求撤销一审判决,并要求市司法局重新调查,做出司法鉴定。

被上诉人市司法局的答辩意见与一审的答辩意见一致,请求驳回上诉,维持原判。

二审法院经审理认为,法律法规并未规定司法鉴定意见复核程序,未规定当事人对司法鉴定意见不服的可申请司法行政部门进行复核,未赋予司法行政部门对司法鉴定意见予以撤销的职权,也未规定司法行政部门具有对交通事故形成原因、当事人责任进行鉴定的职责以及委托有关部门进行司法鉴定的职责,因此,上诉人申请司法行政部门对司法鉴定意见进行复核,明显无法律依据,其请求事项明显不属司法行政部门的职责,被上诉人对上诉人提出的事项不予复核,对上诉人提出的撤销案涉司法鉴定意见、就有关事项重新鉴定及委托有关部门鉴定等请求予以拒绝,并在法定期限内告知上诉人,并无不当。上诉人的请求事项无法律依据,不予支持。对被上诉人的投诉处理行为的合法性问题,一审已有充分阐释,二审法院未予赘述。

不过,二审法院特别指出,本案中,上诉人为避免案涉司法鉴定意见对其今后诉讼产生不利影响,故通过先向司法行政部门提出复核申请进而提起本案诉讼,系认为司法鉴定意见决定了交通事故责任划分,交警部门及人民法院均无权否定,只有司法行政部门才有权否定。但是,司法鉴定意见只是一种证据,能否采信,应由相关处理部门进行审查认定,其本身并不具有确定相关事实的效力,当事人认为司法鉴定意见错误与事实不符的,可在有关处理程序中向处理部门提出,由处理部门决定是否采信。上诉人认为不先否定司法鉴定意见,则交警部门作出的责任认定在诉讼中也必然采信,属法律认识错误。事实上,上诉人所提请求事项中,要求撤销司法鉴定意见更像是应在诉讼中向人民法院提出的对司法鉴定意见和交警部门出具的责任认定书的质证意见,要求对事故责任等重新鉴定更像是应向交警部门提出的对交通事故责任认定书的复议申请,要求委托有关部门鉴定更像是应向司法鉴定机构提出的重新鉴定的申请。上诉人将这些应在不同程序中向不同部门及机构提出的申请,以一个臆想的司法鉴定复核程序申请一并向司法行政部门提出,属救济途径选择错误。

综上,二审法院认为,上诉人的上诉理由不能成立,其诉讼请求没有事实根据和法律依据,判决驳回上诉,维持原判。

评析

本案主要涉及如下法律问题:

一、如何认识司法鉴定执业活动投诉不予受理的范围及其标准?

司法鉴定作为司法实践中广泛存在的一种辅助性活动,一方面因为其作为司法审判之事实认定的前提,其客观性、中立性必须得到保障;另一方面则因其技术性和专业性而在应然层面亦获得了某种相对的独立性。也正因为此,《司法鉴定执业活动投诉处理办法》(2010年)在明确列举公民、法人和其他组织可以投诉的司法鉴定执业活动的具体范围和情形的同时[①],也规定了不予受理的投诉情形。就后者而言,《司法鉴定执业活动投诉处理办法》(2010年)第十二条规定:"有下列情形之一的,不予受理:(一)投诉事项已经司法行政机关处理,或者经行政复议、行政诉讼结案,且没有新的事实和证据的;(二)对人民法院采信鉴定意见的决定有异议的;(三)仅对鉴定意见有异议的;(四)对司法鉴定程序规则及司法鉴定技术规范有异议的;(五)投诉事项不属于违反司法鉴定管理规定的。"不难发现,仅仅因为对司法鉴定意见有异议,公民、法人和其他组织是无法通过向司法行政机关进行投诉而获得救济的。

事实上,在一定程度上来看,公民、法人和其他组织针对司法鉴定机构的投诉,与某种客观权利的救济颇为类似,而非属主观权利的救济机制。无论是《司法鉴定执业活动投诉处理办法》(2010

---

① 《司法鉴定执业活动投诉处理办法》(2010年)第八条:"公民、法人和其他组织认为司法鉴定机构和司法鉴定人在执业活动中有下列违法违规情形的,可以向司法鉴定机构住所地或者司法鉴定人执业机构所在地的县级以上司法行政机关投诉:(一)超出登记的业务范围或者执业类别从事司法鉴定活动的;(二)违反司法鉴定程序规则从事司法鉴定活动的;(三)因不负责任给当事人合法权益造成损失的;(四)违反司法鉴定收费管理规定的;(五)司法鉴定机构无正当理由拒绝接受司法鉴定委托的;(六)司法鉴定人私自接受司法鉴定委托的;(七)司法鉴定人经人民法院通知,无正当理由拒绝出庭作证的;(八)司法鉴定人故意做虚假鉴定的;(九)其他违反司法鉴定管理规定的行为。"

年)第十二条第(五)项所指出的那样,只有"投诉事项不属于违反司法鉴定管理规定"及其类似情形,方才属于司法行政机关"不予受理"的范围,抑或是《司法鉴定执业活动投诉处理办法》(2010年)第八条第(九)项所规定的那样,只有"其他违反司法鉴定管理规定的行为"及其类似情形,方才属于司法行政机关对投诉予以受理的范围。质言之,司法行政机关对于司法鉴定执业活动投诉的受理,无论是《司法鉴定执业活动投诉处理办法》(2010年)第八条的肯定性指引,还是《司法鉴定执业活动投诉处理办法》(2010年)第十二条的否定性排除,其统一性的标准在于被投诉的司法鉴定行为是否"违反司法鉴定管理规定"这一客观标准,而非其他以投诉人的认知为基础的某种主观性标准。

二、当事人对司法鉴定意见不服,如何寻求法律救济?

如果认可前述司法行政机关司法鉴定执业活动投诉受理标准的所谓"客观标准说",那么,公民、法人和其他组织认为自己的相关权利因为司法鉴定意见的结果而受到重大影响时,其权利救济的渠道、方式、抑或是可能性,便成为一个至关重要的问题。必须正视的现实是,当前的实证法规范体系并未规定司法鉴定意见复核程序,未赋予司法行政机关对司法鉴定意见予以撤销的职权,也未规定司法行政机关具有对交通事故形成原因、当事人责任进行鉴定的职责以及委托有关部门进行司法鉴定的职责。因此,本案上诉人申请司法行政机关对司法鉴定意见进行复核,明显无法律依据,其请求事项明显不属于司法行政机关的职责。被上诉人对上诉人提出的事项不予复核,对上诉人提出的撤销案涉司法鉴定意见、就有关事项重新鉴定及委托有关部门鉴定等请求予以拒绝,并在法定期限内告知上诉人,并无不当。

实际上,正如本案法官指出的那样,司法鉴定意见只是一种证据,其本身并不具有确定相关事实的效力,当事人认为司法鉴定意见错误与事实不符的,可在有关处理程序中向处理部门提出,由处理部门决定是否采信。上诉人认为不先否定司法鉴定意见,则交警部门作出的责任认定在诉讼中也必然被采信,属法律认识错误。事实上,上诉人所提请求事项中,要求撤销司法鉴定意见更像是应在诉讼中向人民法院提出的对司法鉴定意见和交警部门出具的责任认定书的质证意见,要求对事故责任等重新鉴定更像是应向交警部门提出的对交通事故责任认定书的复议申请,要求委托有关部门鉴定更像是应向司法鉴定机构提出的重新鉴定的申请。上诉人将这些应在不同程序中向不同的部门及机构提出的申请,以一个臆想的司法复核程序申请一并向司法行政机关提出,属救济途径选择错误。换言之,当事人仅仅是对司法鉴定意见不服,一般无法直接通过对鉴定意见本身的质疑来寻求行政系统内的救济,而应在司法裁判的制度框架内,针对司法裁判过程中的证据采纳等方面提出抗辩,进而寻求救济。

三、司法行政机关如何保障对司法鉴定投诉所作处理的合法性?

司法行政机关在处理公民、法人和其他组织针对司法鉴定机构执业活动的投诉时,其处理方式是多元化的。如果说在前述案例中,我们仅仅看到了以《司法鉴定执业活动投诉处理办法》(2010年)第二十一条第一款为规范基础的行政处罚和不予行政处罚等两种典型处理方式,那么,在对行政行为的合法性要求愈发严格的背景下,在司法行政执法活动中,司法行政机关还需要履行"说明理由"[1]和"告知"等两项重要义务,否则,行政行为也会面临合法性不足的质疑。

---

[1] 章剑生:《论行政行为说明理由》,《法学研究》1998年第3期,第121-131页。

本案中,长沙市司法局作出的长司鉴投复字〔2017〕4号《关于戴某某投诉A鉴定中心的答复》中,长沙市司法局针对A鉴定中心278号鉴定意见书中数据错误的行为,指出此系工作不细致导致的校稿错误,未发现A鉴定中心有故意修改数据的事实,市司法局对A鉴定中心负责人进行了诫勉谈话,给予了批评教育的处理。与此同时,长沙市司法局针对上诉人在投诉活动中的其他投诉事项,均逐一调查了解后作出了详细解释说明。而且,长沙市司法局也对戴某某投诉要求获悉的该事故形成的原因,即当事人责任重新作出鉴定、对何某的死因作出鉴定、确定何某的死亡与A鉴定中心的行为之间的因果关系等一系列事项,在答复中告知了戴某某上述事项不属于其查处的职权范围,并告知其寻求救济的途径和办法。可以说,这为司法行政机关如何履行说明义务和告知义务提供了借鉴。

司法行政执法提示

在司法鉴定执业活动投诉的处理过程中,司法行政机关决定是否受理投诉的最终标准具有相当程度上的客观性内涵,即被投诉的司法鉴定执业行为是否"违反司法鉴定管理规定"。

司法鉴定意见只是一种证据,能否采信,应由相关处理部门进行审查认定,其本身并不具有确定相关事实的效力,当事人认为司法鉴定意见错误与事实不符的,可在有关处理程序中向处理部门提出,由处理部门决定是否采信。

(撰稿人:张 文 江传堤)

案例24　张某某诉济南市司法局司法行政处理案①

案情

上诉人(原审被告):济南市司法局

被上诉人(原审原告):张某某

原审被告:济南市人民政府

原审第三人:山东A司法鉴定所

因认为山东A司法鉴定所(以下简称A司法鉴定所)收取专家费后没有聘请专家出具鉴定意见,在司法鉴定过程中存在违规行为,张某某于2016年4月20日向济南市司法局(以下称市司法局)提出了书面投诉。市司法局同日制作《司法鉴定职业活动投诉登记表》,并于2016年4月27日作出《受理告知书》。经调查,市司法局认为,《山东A司法鉴定所司法鉴定意见书》对张某某比较疑难的听力下降问题聘请了专家并提供了咨询意见,鉴定程序符合法律规定,且认为投诉信中反映的其他问题不属于司法行政机关投诉管辖范围,故于同年6月16日作出济司鉴投复字〔2016〕12号《关于投诉山东A司法鉴定所有关问题的答复》(以下简称《答复》)。张某某不服《答复》,向济南市人民政府(以下简称市政府)申请复议。市政府于2016年7月8日受理张某某的行政复议申请后,于2016年8月30日作出济政复决字〔2016〕233号《行政复议决定书》,

---

① 来源:济南市中级人民法院(2017)鲁01行终811号行政判决书。

维持《答复》，并依法送达。张某某不服，提起行政诉讼。

◣ 审理

一审法院认为，第一，《答复》程序是否合法的问题。《司法鉴定执业活动投诉处理办法》第十条规定："司法行政机关收到投诉材料后，应当即时填写《司法鉴定执业活动投诉登记表》。登记表应当载明投诉人及其代理人的姓名（名称）、性别、职业、住址、联系方式，被投诉人的姓名（名称）、投诉事项、投诉请求、投诉理由以及相关证明材料目录，投诉的方式和时间等信息。"第二十二条规定："司法行政机关受理投诉的，应当自受理之日起六十日内办结……"第二十三条规定："司法行政机关应当自作出处理决定之日起七日内，将投诉处理结果书面告知投诉人、被投诉人。"本案中，被告市司法局在收到投诉材料后即时填写登记表，表中按照要求载明投诉相关信息，在该决定作出之日起的七日内将投诉处理结果书面告知当事人，并在受理之日起六十日内办结该投诉案件，程序合法完备。第二，关于被诉《答复》事实是否清楚，主要证据是否充分的问题。针对原告张某某投诉称A司法鉴定所收取专家费后没有外聘专家，存在欺骗当事人的问题，被告市司法局作出的被诉《答复》称："对原告比较疑难的听力下降问题聘请了专家并提供了咨询意见，鉴定程序符合法律规定，且认为投诉信中反映的其他问题不属于司法行政部门投诉管辖范围。"但在被告市司法局调查的证据中，存在针对专家身份、聘用关系、聘期超期等疑问，被告未作出详细、全面的调查和回应，应视为证据不足以证明《答复》的内容，故认为被告市司法局作出的《答复》依法应予撤销。本案中，被告市政府于2016年7月8日依法受理原告行政复议申请后，于2016年8月30日作出济政复决字〔2016〕233号《行政复议决定书》并依法送达。综上，被告市政府作出济政复决字〔2016〕233号《行政复议决定书》程序合法。因被告市司法局作出的《答复》应予撤销,故被告市政府作出济政复决字(2016)233号《行政复议决定书》一并予以撤销。据此,判决如下:(1)撤销被告济南市司法局作出的济司鉴投复字〔2016〕12号《关于投诉山东A司法鉴定所有关问题的答复》,对原告张某某的投诉重新作出处理。(2)撤销被告济南市人民政府作出的济政复决字(2016)233号《行政复议决定书》。

市司法局不服一审判决,提出上诉称:一审判决在对本案事实的认定上存在认识上的错误,依法应予以纠正。关于被上诉人投诉一审第三人收取专家费后没有聘请专家,并在此情况下违规出具鉴定意见书的问题。上诉人接到投诉后进行了必要的了解和调查,其中一审中所举证据10《关于张某某伤情关系的意见》就系一审第三人聘请的专家王某某亲笔书写和出具,证实神经外科专家王某某确实接受A鉴定所的聘请就被上诉人的伤情提供了咨询意见;所举证据11《专家医师执业、职称证明》足以证实王某某的执业医师资格身份和主任医师的职称级别,王某某具有主任医师高级职称级别是客观事实,具有高级职称的技术人员显属专家系列,由此其专家身份已经核实清楚,聘期问题无法否定王某某的专家身份。上诉人所举证的证据12系一审第三人作出的司法鉴定意见书,证实了一审第三人系在接受法院的委托下结合鉴定材料作出的鉴定结论。上述证据反映了上诉人对本案外聘专家事实的调查核实,且作出《答复》中的表述与上述证据证明的内容相一致。根据《司法鉴定程序通则》第二十五条之规定,上诉人认为对一审第三人外聘专家进行咨询这一程序亦有法定依据。上诉人作出的《答复》是根据被上诉人投诉一审第三人"没有外聘专家的情况下,收取了外聘专家费,属典型的欺骗行为"这一内容进行调查、核实的,调查核实结果足以确认存在外聘专家王某某出具咨询意见的事实,故在事实认定上,上诉人不能接受一审判决认识的观点。综上,请求:撤销一审判决,依法改判驳回被上诉人的一审诉讼请求。

被上诉人张某某在二审程序中辩称:上诉人的说法没有事实依据,请求法院维持原判。作为一审第三人聘请的专家王某某的聘书已经超期,并且王某某出具的伤情意见书上面并没有王某某本人的公章,而是由一审第三人盖的公章,被上诉人对此提出异议。作为被害人,张某某并没有接受所谓的专家王某某亲自会诊,就凭一纸过期的聘书以及盖有一审第三人公章的专家意见书,被上诉人并不承认。被上诉人通过××法院委托做鉴定,找到了第三人,第三人收了5200元鉴定费,但是没有专家亲自给被上诉人会诊。而且,被上诉人在四大省级医院做出来的结果都能够上伤残等级,但第三人出具的鉴定意见却是没有构成伤残。被上诉人怀疑鉴定费有问题,经山东省物价局工作人员查实,第三人在没有聘请专家的情况下,多收了3000元,山东省物价局工作人员已经通过媒体通报了这个事实。报道以后,第三人同意退被上诉人3000元,但至今没有退。一审时,第三人的代理人也承认了多收费的事实。被上诉人在受伤之前,身体条件一直很好,而且耳朵也是健康状态,被上诉人可以出具2012年做的一个查体的身体条件证明。

一审被告市政府二审中辩称:市政府作出的涉案行政复议决定程序合法,请求法院依法驳回被上诉人的诉讼请求。

一审第三人述称:首先,第三人至今没有收到山东省物价局认为第三人乱收费的通知。另外第三人给被上诉人出具的发票已经载明了是鉴定费和专家费。关于被上诉人说的采访问题,第三人鉴定意见为不构成伤残,被上诉人曾多次找第三人主张赔偿,要第三人赔偿30万元,在第三人不同意的情况下,被上诉人带媒体给第三人施加压力,要求第三人更改鉴定意见书。第三人至今不同意,医院的检查是一个检查结果,不是鉴定意见,医院没有鉴定资质,不能医院说构成伤残就构成伤残,不构成伤残的原因,鉴定意见已经载明,且鉴定人员已经到委托鉴定的××法院出庭接受了质询。关于专家王某某,因为其不是鉴定人,所以在鉴定书中不能出现专家的签字。另外关于聘书的问题,一审程序中第三人提交的聘书,当时是找王某某专家要相关专家身份证明时给的,这个聘书是用来证明王某某主任医师身份的,不是和第三人有聘任关系,专家说主任医师一旦评上属于终身制。对原审判决第三人同意上诉人的意见。

二审中上诉人市司法局提交了新证据:(1)2017年12月11日,山东大学第二医院人力资源部出具的证明一份;(2)山东大学第二医院神经外科官方网站对王某某的个人介绍。

被上诉人对上诉人提交的新证据质证称,因上诉人提交的证据是新补充的,被上诉人不予承认。一审被告及一审第三人对上诉人提交的新证据均无异议。

二审法院经审理认为,行政机关作出行政行为应当事实清楚,证据确凿、充分。本案焦点是上诉人作出的被诉《答复》事实是否清楚,主要证据是否充分。针对被上诉人张某某所投诉的A司法鉴定所收取专家费后没有外聘专家,存在欺骗当事人的问题,被上诉人市司法局作出了《答复》,该答复中提及第三人聘请了专家并提供了咨询意见,鉴定程序符合法律规定,且认为投诉信中反映的其他问题不属于司法行政部门投诉管辖范围。但针对被上诉人的上述投诉,上诉人市司法局履行职责过程中调查的有关证据,不足以排除对专家身份、聘用关系、聘期超期等问题的疑问,对相关问题并未作出全面调查及回应。据此,一审法院认定上诉人市司法局提交的证据不足以证明《答复》的内容,其作出的《答复》依法应予撤销,并无不当。被上诉人市政府复议程序合法,但结果错误,一审法院撤销市政府作出的济政复决字(2016)233号《行政复议决定书》于法有据。综上,判决驳回上诉,维持原判。

评析

　　本案涉及的法律问题主要是,针对公民、法人和其他组织就司法鉴定机构执业行为提出的投诉,司法行政机关在作出答复时应当满足两方面要求:程序性要求和实体性要求。

　　一、司法鉴定投诉答复合法的程序性要求

　　司法行政机关在处理司法鉴定投诉,作出答复时,应当在程序上满足以下四个方面的要求:

　　第一,就司法鉴定投诉登记形式来说,根据《司法鉴定执业活动投诉处理办法》(2010年)第十条的规定,司法行政机关收到投诉材料后,应当及时地按要求填写《司法鉴定执业活动投诉登记表》。登记表应当载明如下具体内容:投诉人及其代理人的姓名(名称)、性别、职业、住址、联系方式,被投诉人的姓名(名称)、投诉事项、投诉请求、投诉理由以及相关证明材料目录,投诉的方式和时间等信息等。

　　第二,就受理司法鉴定投诉的时间来看,根据《司法鉴定执业活动投诉处理办法》(2010年)第十五条的规定,司法行政机关应当自收到投诉材料之日起七日内,作出是否受理的决定,并书面告知投诉人或者其代理人。情况复杂的,可以适当延长作出受理决定的时间,但延长期限不得超过十五日,并应当将延长的理由告知投诉人。投诉人补充投诉材料所需的时间和投诉案件移送、转办的流转时间,不计算在前款规定期限内。

　　第三,就处理司法鉴定投诉的时间来看,根据《司法鉴定执业活动投诉处理办法》(2010年)第二十二条的规定,司法行政机关受理投诉的,应当自受理之日起六十日内办结。

　　第四,就处理司法鉴定投诉过程中的告知义务来看,根据《司法鉴定执业活动投诉处理办法》(2010年)第二十三条的规定,司法行政机关应当自作出处理决定之日起七日内,将投诉处理结果书面告知投诉人、被投诉人。

本案中,被告市司法局在收到投诉材料后及时按要求填写了投诉登记表,表中载明投诉相关信息,在七日内受理,并在受理之日起六十日之内办结了该投诉案件,而且,在该决定作出之日起七日之内也履行了告知义务,将投诉处理结果书面告知双方当事人,即张某某和 A 司法鉴定所。因此,被告市司法局作出《答复》的程序是合法的。

二、司法鉴定投诉答复合法的实体性要求

司法鉴定投诉答复在实体方面,应当做到答复事实清楚,且主要证据充分。但是,到底何为"事实清楚,且主要证据充分"? 这实际上是难以直接作出认定的,往往需要作某种转化,即转化为司法行政机关对于投诉事项的"全面、客观、公正"的调查义务。《司法鉴定执业活动投诉处理办法》(2010年)对司法行政机关的此种调查,也提出了一些要求,如"司法行政机关进行调查,可以要求被投诉人说明情况、提交有关材料,可以调阅被投诉人有关业务案卷和档案材料,可以向有关单位、个人核实情况、收集证据,可以听取有关部门的意见和建议。调查应当由两名以上工作人员进行,并制作笔录。调查笔录应当由被调查人签字或者盖章;不能签字、盖章的,应当在笔录中注明有关情况"①。

在笔者看来,司法行政机关的调查工作虽然在"范围"上需要满足全面原则的要求,但是在"程度"上则需要保持一定的克制,亦即对司法鉴定机构的技术专业性保持相当程度的尊重,即《司法鉴定执业活动投诉处理办法》(2010年)所规定的,司法行政机关的调

① 《司法鉴定执业活动投诉处理办法》(2010年)第十七条。

查工作不得妨碍被投诉人正常的司法鉴定活动①。就本案来说,原告张某某投诉的是 A 司法鉴定所收取专家费后没有外聘专家、欺骗当事人等,实际上非属技术性专业性问题,司法行政机关在进行调查时,应当、而且也能够作出实质性调查。就此而言,被告市司法局作出的"对原告比较疑难的听力下降问题聘请了专家并提供了咨询意见,鉴定程序符合法律规定,且认为投诉信中反映的其他问题不属于司法行政部门投诉管辖范围"等答复内容存在瑕疵,不满足答复在实体层面的要求。

当然,在此需要进一步指出的是,即使涉及司法鉴定工作的技术专业性的问题,司法行政机关也应当履行一定程度的调查义务,只是这种调查义务的具体内容应止步于"要求被投诉人说明情况"。

司法行政执法提示

司法行政机关针对司法鉴定机构执业活动投诉作出的答复,不仅要满足程序合法性的要求,而且要满足实体合法性的要求。答复的程序合法性和实体合法性任何一方面的欠缺,均使答复存在被撤销的风险。

（撰稿人：张　文　江传堤）

---

① 《司法鉴定执业活动投诉处理办法》(2010年)第十六条第一款。

案例25　李某某诉杭州市司法局司法行政管理案^①

◆ **案情**

上诉人（原审原告）：李某某

被上诉人（原审被告）：杭州市司法局

被上诉人（原审被告）：浙江省司法厅

被上诉人（原审第三人）：浙江 A 司法鉴定中心

2014 年 8 月 3 日，李某某在人行横道上行走时与案外人江某驾驶的大型普通客车发生道路交通事故，李某某被撞倒并受伤。2016 年 3 月 7 日，李某某向宁波市北仑区人民法院提起民事诉讼，要求江某赔偿医疗费、护理费等损失。2016 年 4 月 6 日，李某某向宁波市北仑区人民法院提出鉴定申请。

2016 年 5 月 25 日，宁波市北仑区人民法院向浙江 A 司法鉴定中心作出《司法鉴定委托书》（〔2016〕甬仑法委鉴字第 52 号），并移交《鉴定申请书》《质证笔录》《民事起诉状》《道路交通事故认定书》《门诊病历》《住院病历》《检验检查报告单》及相关票据等司法鉴定材料，委托浙江 A 司法鉴定中心进行以下司法鉴定：(1)李某某因上述交通事故造成的颈部 5 个椎间盘突出压迫脊膜囊变形、肺部挫伤、应激性心肌病等人身伤害的伤情，护理费、营养费、后续治疗费；(2)李某某的伤残等级、三期（护理期、营养期、病休期）期限、后

---

① 来源：杭州市中级人民法院（2018）浙 01 行终 273 号行政判决书。

续治疗费与上述交通事故的因果关系(损伤参与度)。

2016年6月17日,浙江A司法鉴定中心向宁波市北仑区人民法院发函,告知"本中心经初步仔细审核所送材料,未发现李某某本次交通事故受伤前一周的颈部MRI片,受伤之前是否患有心肌病的诊断依据、临床表现等病史资料及相关检验结果报告单……请贵院于二十个工作日内务必将上述材料补充齐全,待上述所有材料齐全后,本中心经再次审核后再决定是否受理"。

宁波市北仑区人民法院向李某某转告了浙江A司法鉴定中心的上述要求。2016年8月15日,宁波市北仑区人民法院请李某某提供浙江A司法鉴定中心要求补充提供的上述材料,李某某称交通事故受伤前没有颈部伤病,也无心肌病,所以无法提供上述材料。宁波市北仑区人民法院对该情况制作了《质证笔录》。2016年9月14日,宁波市北仑区人民法院向浙江A司法鉴定中心移交了李某某补充提交的胸椎管内占位手术指征的门诊病历2页,MRI诊断报告2份及片子,CT诊断报告2份及片子,照片6张,CT报告及片子7份,文字说明及病历资料共18张,以及上述质证笔录1份。

2016年9月22日,浙江A司法鉴定中心审查后认为,经提请补充材料后,仍未见李某某该次交通事故受伤前一周的颈部MRI片、受伤之前是否患有心肌病的书面证明材料,鉴定材料不完整、不充分,依据《司法鉴定程序通则》第十五条第(二)项规定,决定对涉案司法鉴定事项不予受理,同时通知宁波市北仑区人民法院并退回相关鉴定材料。

随后,宁波市北仑区人民法院告知李某某上述不予受理结果。2016年10月19日,李某某向宁波市北仑区人民法院提交不予受理异议书。2016年10月29日,宁波市北仑区人民法院通知浙江A司法鉴定中心对李某某的相关异议进行回复。2016年12月22日,浙江A司法鉴定中心向宁波市北仑区人民法院作出回复。

2016年12月23日,李某某向杭州市司法局提交《司法鉴定不予受理申诉书》,主要投诉内容为:李某某在涉案道路交通事故发生前一周内没有做过MRI检查,事故发生前也没有心肌病,所以浙江A司法鉴定中心关于补充提交材料的要求不合理;李某某已经提交了交通事故发生前3天的颈椎CT、前2天的头颅MRI片子(拍出颈部上段)、交通事故发生前后的胸椎管占位MRI片作为对照;浙江A司法鉴定中心补充鉴定通知中要求提供受伤前是否患有心肌病的病史资料,但不予受理时却称缺少是否患有心肌病的书面证明材料,前后表述不一致;浙江A司法鉴定中心关于鉴定材料不完整、不充分的说法错误;浙江A司法鉴定中心的不予受理行为违反最高人民法院、司法部《关于建立司法鉴定管理与使用衔接机制的意见》第二条规定;要求浙江A司法鉴定中心公开道歉,并依法受理涉案司法鉴定事项。

2016年12月29日,杭州市司法局收到上述《司法鉴定不予受理申诉书》并予以登记。2017年1月5日,杭州市司法局受理李某某的投诉并告知李某某和浙江A司法鉴定中心,同时要求浙江A司法鉴定中心在15日内提交书面说明等材料。2017年1月22日,杭州市司法局执法人员调查浙江A司法鉴定中心工作人员马某某、骆某、王某某,并制作调查笔录,同时调取了涉案《司法鉴定委托书》等材料复印件。2017年2月13日,浙江A司法鉴定中心向杭州市司法局提交《关于李某某案的情况说明》,主要说明:(1)要求补充李某某受伤前一周的颈部MRI片,目的是与受伤之后的情况进行比对,以明确这些变化是否由交通事故造成,即进行伤、病关系分析,而且该要求并不违法;(2)目前还未见心肌病的发生与外伤有关的报道,浙江A司法鉴定中心要求补充李某某受伤前是否患有心肌病的资料是为确定李某某受伤前确实没有心肌病,是合理的;(3)浙江A鉴定中心在某些措辞(如受伤前一周)存在不严密之处,今后将注意用词。

2017年3月2日,杭州市司法局向李某某作出《答复函》,告知:对委托鉴定事项,司法鉴定机构应对鉴定材料进行审查,如鉴定材料不完整、不充分,不能满足鉴定需要的,司法鉴定机构不得受理,而鉴定材料是否完整、充分的判断权利在司法鉴定机构;浙江A司法鉴定中心在回复宁波市北仑区人民法院的《函》存在用词不规范、不严谨之处,即"……未发现原告本次交通事故受伤前一周的颈部MRI片……",浙江A司法鉴定中心在未进行解释说明的情况下要求提供受伤前一周的颈部MRI片,易引起误解;根据《司法鉴定执业活动投诉处理办法》第二十一条第一款第(二)项之规定,责令浙江A司法鉴定中心限期整改,并向宁波市北仑区人民法院作出说明。2017年3月3日,杭州市司法局向浙江A司法鉴定中心下发《责令整改通知书》,要求限期整改,并要求其在收到该通知书15日内向宁波市北仑区人民法院作出书面解释说明。2017年3月7日,杭州市司法局将上述答复函邮寄送达李某某、浙江A司法鉴定中心。2017年3月20日,浙江A司法鉴定中心向宁波市北仑区人民法院作出《关于李某某案的解释说明》。

李某某对杭州市司法局作出的《答复函》不服,于2017年4月11日向浙江省司法厅申请行政复议。因快递公司投递原因,浙江省司法厅于2017年6月12日收到申请。2017年6月13日,浙江省司法厅向李某某发送《行政复议申请材料补正通知书》,要求其明确行政复议请求。2017年6月19日、6月20日,浙江省司法厅收到李某某提交的补正申请。2017年6月21日,浙江省司法厅向杭州市司法局发送《行政复议答复通知书》,向浙江A司法鉴定中心发送《参加行政复议通知书》。因案情复杂,2017年8月15日,浙江省司法厅决定延期30日作出行政复议决定,同时向李某某、杭州市司法局和浙江A司法鉴定中心进行了告知。2017年9月8日,浙江省司法厅作出浙集复09〔2017〕5号行政复议决定书,决定维持杭州市司法局作出的《答复函》,并送达李某某、杭州市司法局和浙江A司法鉴定中心。李某某不服,提起行政诉讼。

审理

　　一审法院认为,根据《浙江省司法鉴定管理条例》第二十七条规定,省、设区的市司法行政部门应当就公民、法人或者其他组织对司法鉴定机构、司法鉴定人的投诉进行调查处理,并将结果告知投诉人。据此,杭州市司法局具有处理李某某案涉投诉事项的法定职权。根据《司法鉴定程序通则》(司法部令第132号)第十四条规定,司法鉴定机构应当对委托鉴定事项、鉴定材料等进行审查。第十五条第(二)项规定,发现鉴定材料不真实、不完整、不充分或者取得方式不合法的,司法鉴定机构不得受理。由此可见,司法鉴定机构可对鉴定材料是否完整、是否充分进行判断,并据此作出是否受理的决定。判断鉴定资料是否完整、是否充分,具有较强的专业性,如果没有充分证据或理由推翻,应尊重鉴定机构的意见。李某某认为浙江A司法鉴定中心作出的不予受理鉴定申请决定系错误的主要理由是:(1)李某某在道路交通事故发生前一周内没有做过颈部MRI检查,事故发生前也没有心肌病,浙江A司法鉴定中心要求补充提交不存在的材料属不合理;(2)浙江A司法鉴定中心补充鉴定通知中要求提供受伤前是否患有心肌病的病史资料,但不予受理时却称缺少是否患有心肌病的书面证明材料,前后表述不一致。浙江A司法鉴定中心则认为:(1)要求补充李某某受伤前一周的颈部MRI片,目的是与受伤之后的情况进行比对,以明确这些变化是否由交通事故造成,即进行伤、病关系分析,该要求并不违法;(2)目前还未见心肌病的发生与外伤有关的报道,要求补充李某某受伤前是否患有心肌病的资料是为确定其受伤前确实没有心肌病,是合理的;(3)浙江A司法鉴定中心在某些措辞(如受伤前一周)存在不严密之处,今后将注意用词。对此,一审法院认为,李某某的理由尚不足以说明其提交的鉴定材料已经充分和完整,故其关于杭州市司法局没有追究浙江A司法鉴定中心拒绝鉴定的责任系违法的主张,不予采纳。结合李某某的投诉理由和案涉鉴定事项较为复杂的事实,杭州市司法局经调查,认为浙江A司法鉴定中心在不予受理的理由说明上存在用词不规范、不严谨的瑕疵,就此责令浙江A司法鉴定中心限期整改,并向委托人宁波市北仑区人民法院作出说明,并无不当。程序上,杭州市司法局收到李某某投诉后及时受理、调查,并在法定期限内作出回复,程序合法。综上,杭州市司法局向李某某作出《回复函》,认定事实清楚,程序合法,适用法律法规正确。浙江省司法厅收到李某某的行政复议申请后,及时受理,依法履行了通知、送达等法定程序,并在法定期限内作出行政复议决定,符合《行政复议法》第十七条、第二十三条、第三十一条的规定,复议决定合法。李某某的行政赔偿请求,没有事实和法律依据,不予支持。综上,判决驳回李某某的诉讼请求。

李某某不服一审判决,提出上诉称:原判决脱离案件争议焦点,无视事实,滥用法律法规为被上诉人作辩护。本案争议焦点是司法鉴定中心的拒绝鉴定理由是否正当,但判决书笼统地说被上诉人认定事实清楚,程序合法。浙江A司法鉴定中心以上诉人不能提交"受伤前一周的颈椎磁共振片子和受伤前应激性心肌病的病史资料"为理由拒绝鉴定,正说明除这两项外,其余都完整了,而这两项材料是不存在的。被上诉人以要求提交不存在的材料故意刁难上诉人,剥夺上诉人得到依法鉴定的权利,是违法侵权行为。司法鉴定机构的确具有审查判定鉴定资料的权利,但权利是在法律法规框架下使用的,不得随心所欲地滥用。如按照原判决的逻辑,司法鉴定机构就可以肆意妄为,不受任何人的监督。浙江A司法鉴定中心故意刁难上诉人,以上诉人提交不了根本不存在的就医资料而拒绝受理法院委托的司法鉴定,杭州市司法局和浙江省司法厅故意错误认定事实,原判决偏离本案争议焦点,偏听偏信被上诉人的胡搅蛮缠,违法侵害上诉人的合法权益。请求:(1)撤销一审判决,并判令两被上诉人依法履行对浙江A司法鉴定中心的监督管理职责,对上诉人的伤情重新委托鉴定;(2)判令两被上诉人依法赔偿由于其违法行为对上诉人造成的各项损失8500元(精神损害医疗费8000元、两次诉讼费100元、开庭车旅费280元、复印打印费120元)。

被上诉人杭州市司法局答辩称:市司法局收到上诉人的投诉材料后,及时受理,依法进行了调查,要求被投诉人说明情况、提交材料,对相关人员制作调查笔录,最终作出责令限期整改的决定,并将该决定书面告知上诉人。上诉人认为其提供的鉴定材料已完整、充分,而实际上判断鉴定材料是否完整、充分有较强的专业性,应当尊重鉴定机构的意见。一审法院认定事实清楚,法律适用正确,上诉理由不能成立,请求判决驳回上诉,维持原判。

被上诉人浙江省司法厅答辩称:本案事实清楚,鉴定机构不予受理的理由客观,依据正确。因此,杭州市司法局的回复函、浙江省司法厅的行政复议决定及一审判决认定事实清楚,适用法律正确。杭州市司法局作出答复及省司法厅作出行政复议决定的程序合法。上诉人所提赔偿诉求缺乏事实和法律依据。杭州市司法局办理投诉及省司法厅办理行政复议期间均依法履行了职责,不存在违法行为,也未侵犯上诉人的合法权益。同时,杭州市司法局与省司法厅考虑到上诉人实际情况,努力推动上诉人伤情的司法鉴定,但提出的方案皆被上诉人否定。一审法院在庭审后也组织了相关调解工作,但上诉人拒绝接受。故上诉人提出国家赔偿没有事实和法律依据。请求依法驳回上诉,维持原判。

二审法院经审理认为,《司法鉴定程序通则》(司法部令第132号)第十四条规定:"司法鉴定机构应当对委托鉴定事项、鉴定材料等进行审查。对属于本机构司法鉴定业务范围,鉴定用途合法,提供的鉴定材料能够满足鉴定需要的,应当受理。对于鉴定材料不完整、不充分,不能满足鉴定需要的,司法鉴定机构可以要求委托人补充;经补充后能够满足鉴定需要的,应当受理。"第十五条第(二)项规定:"发现鉴定材料不真实、不完整、不充分或者取得方式不合法的",司法鉴定机构不得受理。本案中,李某某就浙江A司法鉴定中心不予受理鉴定委托向杭州市司法局提出投诉,杭州市司法局受理后,根据《司法鉴定程序通则》第十四、十五条的规定对浙江A司法鉴定中心的不予受理决定进行调查,作出《责令整改通知书》,并向李某某作出《关于李某某投诉事项的答复函》,处理依据和程序均无不当。

司法鉴定是指在诉讼活动中鉴定人运用科学技术或者专门知识对诉讼涉及的专门性问题进行鉴别和判断并提供鉴定意见的活动,具有极高的专业技术性。鉴定材料是否满足鉴定需要,判断权利在鉴定机构,鉴定机构作出的"鉴定材料不齐全、不完整"的判断如遇当事人投诉,其是否存在违法违规问题,则由司法行政主管部门进行调查评判。本案中,浙江A司法鉴定中心对鉴定委托不予受理的理由是缺少"李某某本次交通事故受伤前一周的颈部MRI片、受伤之前是否患有心肌病的书面证明材料"。杭州市司法局的调查程序中,浙江A司法鉴定中心根据医学规律对为何需要这两项材料进行了合理说明,杭州市司法局尊重专业机构的专业判断,对浙江A鉴定中心不予受理鉴定委托的决定不作否定性评判,并无不当。对浙江A鉴定中心回复宁波市北仑区人民法院的《函》中存在的用词表述不规范、不严谨之处,杭州市司法局作出责令整改的处理决定,符合《司法鉴定执业活动投诉处理办法》(司法部令第

123号)第二十一条第(二)项的规定。浙江省司法厅的复议程序合法。国家赔偿以行政行为违法为前提,李某某提出的赔偿请求缺乏事实与法律依据。最终,判决驳回上诉,维持原判。

评析

本案集中诠释了司法行政机关与司法鉴定机构的监管关系:前者需要对后者形成有效监督,但也应尊重后者的专业判断。其中,前者主要表现在监督的范围层面,而后者主要表现在监督的强度层面。

一、如何界定司法行政机关对司法鉴定机构的监督范围?

就监督范围来说,司法行政机关对于司法鉴定机构的监督主要针对的是后者在司法鉴定活动中出现的种种违反司法鉴定管理规定的客观性违法行为。如《司法鉴定执业活动投诉处理办法》(2010年)所列举的超出登记的业务范围或者执业类别从事司法鉴定活动、违反司法鉴定程序规则从事司法鉴定活动、因不负责任给当事人合法权益造成损失、违反司法鉴定收费管理规定、司法鉴定机构无正当理由拒绝接受司法鉴定委托、司法鉴定人私自接受司法鉴定委托、司法鉴定人经人民法院通知却无正当理由拒绝出庭作证、司法鉴定人故意做虚假鉴定等等情形[1]。

需要再次予以强调的是,司法行政机关与司法鉴定机构之间形成监督关系的重要标准在于,司法鉴定机构是否违反了司法鉴定管理的相关实证法规范的具体规定,具有明显的客观性考量,而非其他任何主观性标准。实际上,《司法鉴定执业活动投诉处理办法》(2010年)将针对司法鉴定机构并非违反司法鉴定管理规定的执业活动投诉,如投诉人仅对鉴定意见有异议,投诉人对司法鉴定

---

[1] 参见《司法鉴定执业活动投诉处理办法》(2010年)第八条。

程序规则及司法鉴定技术规范有异议等等情形,列入不予受理的范围①,这也从侧面说明了司法行政机关对司法鉴定机构的监督范围应遵循客观标准。

二、如何确定司法行政机关对司法鉴定机构的监督强度?

在监督的强度方面,必须考虑司法鉴定活动具有高度的专业性这一特征。司法鉴定一般是指在诉讼活动中,司法鉴定人运用科学技术或者专门知识对诉讼涉及的专门性问题进行鉴别和判断,并提供鉴定意见的活动②。《司法鉴定程序通则》(2016年)第十四条规定:"司法鉴定机构应当对委托鉴定事项、鉴定材料等进行审查。对属于本机构司法鉴定业务范围,鉴定用途合法,提供的鉴定材料能够满足鉴定需要的,应当受理。对于鉴定材料不完整、不充分,不能满足鉴定需要的,司法鉴定机构可以要求委托人补充;经补充后能够满足鉴定需要的,应当受理。"而第十五条第(二)项则进一步规定,"发现鉴定材料不真实、不完整、不充分或者取得方式不合法的",司法鉴定机构不得受理。而且,需要进一步明确的是,在投诉处理实践中涉及鉴定材料是否满足鉴定需要的问题时,判断的权利在司法鉴定机构一方,而非属作为监督者的司法行政机关一方。质言之,司法鉴定机构作出的"鉴定材料不齐全、不完

---

① 《司法鉴定执业活动投诉处理办法》(2010年)第十二条规定:"有下列情形之一的,不予受理:(一)投诉事项已经司法行政机关处理,或者经行政复议、行政诉讼结案,且没有新的事实和证据的;(二)对人民法院采信鉴定意见的决定有异议的;(三)仅对鉴定意见有异议的;(四)对司法鉴定程序规则及司法鉴定技术规范有异议的;(五)投诉事项不属于违反司法鉴定管理规定的。"

② 例如,《浙江省司法鉴定管理条例》第三条第一款对司法鉴定的定义为:"司法鉴定人运用科学技术或者专门技术,对诉讼涉及的专门性问题进行鉴别和判断并提供鉴定意见的活动,包括法医类鉴定、物证类鉴定和声像资料鉴定,以及其他类鉴定。"

整"的判断如遇当事人投诉,其是否存在违法违规问题,在司法行政主管部门进行调查评判的过程中,仍须止步于司法鉴定机构是否违反了司法鉴定管理的相关规定。

从另一角度来说,在司法行政机关对司法鉴定活动是否违反司法鉴定管理的相关规定进行调查时,司法鉴定机构需要对自身技术专业性问题的判断履行某种合理说明的义务。本案中,浙江A司法鉴定中心明确表示,对鉴定委托不予受理的理由在于缺少"李某某本次交通事故受伤前一周的颈部MRI片、受伤之前是否患有心肌病的书面证明材料",并在接受杭州市司法局的调查过程中,进一步根据医学规律对为何需要这两项材料,向杭州市司法局进行了合理说明。因此,法院最终认定,杭州市司法局尊重专业机构的专业判断,对浙江A司法鉴定中心不予受理鉴定委托的决定并未作出否定性评判,并无不当。

司法行政执法提示

针对司法鉴定机构作出的技术专业性判断是否存在违法违规问题,司法行政机关在进行调查评判的过程中,须止步于司法鉴定机构是否违反了司法鉴定管理的相关规定。当然,与此同时,司法鉴定机构需要对自身技术专业性问题的判断进行合理说明。

(撰稿人:张 文 江传堤)

6

政府信息公开

案例 26 蒋某某诉上海市虹口区司法局政府信息公开答复案①

▷ **案情**

上诉人（原审原告）：蒋某某

被上诉人（原审被告）：上海市虹口区司法局

蒋某某于 2013 年 11 月 14 日向上海市虹口区司法局（以下简称虹口司法局）提出政府信息公开申请，要求获取"2012 年 8 月 23 日上午，虹口区旧改征收工作指挥部对天宝路×××弄×××号甲×××楼居民进行强制搬迁时，虹口公证处对虹口区天宝路×××弄×××号甲×××楼所做的财产保全的公证文件（含当天虹口区旧改征收工作指挥部对天宝路×××弄×××号甲×××楼进行强制搬迁时，对天宝路×××弄×××号甲×××楼居民家中财物进行登记清单及整个强制搬迁的视频录像"。11 月 19 日，虹口司法局出具《收件回执》。经审查，虹口司法局于 2013 年 12 月 3 日作出虹司信公开（2013）第 KB×××××××号-答《政府信息公开申请答复书》，认定蒋某某申请公开的信息不属于《政府信息公开条例》（以下简称《条例》）第二条和《上海市政府信息公开规定》（以下简称《规定》）第二条所指的政府信息，遂依据《规定》第二十三条第（三）项作出答复。蒋某某不

---

① 来源：上海市第二中级人民法院（2014）沪二中行终字第 474 号行政判决书。

服,诉至法院,要求撤销虹口司法局作出的答复,并责令虹口司法局向其公开其申请获取的信息。

审理

一审法院经审理认为,虹口司法局作为行政机关,具有受理向其提出的政府信息公开申请并作出答复的法定职权。虹口司法局收到蒋某某提出的政府信息公开申请后,向其出具收件回执,并在法定期限内作出答复,符合法定程序。虹口司法局经审查,认定蒋某某申请获取的信息非行政机关制作,虹口司法局也从未依职权获取,故不属于《条例》和《规定》第二条所指的政府信息,遂依据《规定》第二十三条第(三)项作出答复,该答复并无不当,判决驳回蒋某某的诉讼请求。

蒋某某对该判决不服,提起上诉,称:监督公证处是司法局的法定职责,上诉人要求获取的虹口公证处制作的公证文件属于被上诉人应予公开的范围。上诉人要求撤销原审判决,撤销被诉政府信息公开申请答复。

二审程序中,上海市第二中级人民法院经审理认为,被上诉人依法具有受理向其提出的政府信息公开申请并作出答复的法定职权。被上诉人收到上诉人的政府信息公开申请后依法受理,并于法定答复期限内作出被诉政府信息公开申请答复,执法程序合法。根据《条例》和《规定》第二条之规定,政府信息是指行政机关在履行职责过程中制作或者获取的,以一定形式记录、保存的信息。本案中,上诉人要求获取的是虹口公证处作出的公证文件,该文件不是由行政机关制作,也不是被上诉人在履行职责过程中获取的信息,被上诉人依据《规定》第二十三条第(三)项之规定,答复上诉人其申请公开的信息不属于《条例》和《规定》第二条所指的政府信息,并无不当。最终,判决驳回上诉,维持原判。

◁▷ **评析**

2007年1月17日,国务院第165次常务会议通过《政府信息公开条例》。该行政法规自2008年5月1日实施,其制定目的是"保障公民、法人和其他组织依法获取政府信息,提高政府工作的透明度,促进依法行政,充分发挥政府信息对人民群众生产、生活和经济社会活动的服务作用"[①]。在《政府信息公开条例》(2007年)出台前,我国部分地区已开始政府信息公开的立法与实践,如《上海市政府信息公开规定》自2004年5月1日起就已施行。《政府信息公开条例》(2007年)出台后,各地大都对已有的政府信息公开立法进行了修改,其中,2008年4月7日上海市人民政府第5次常务会议通过《上海市政府信息公开规定》,该地方政府规章与《政府信息公开条例》同日实施。本案发生在上海市虹口区,虹口区司法局在法律适用方面,自然受到《政府信息公开条例》(2007年)和《上海市政府信息公开规定》的双重约束。

本案的争议焦点是政府信息的界定,同时也涉及对政府信息公开申请进行答复时的法律适用问题。

一、什么是政府信息?

"政府信息"是《政府信息公开条例》(2007年)中的核心概念。正确理解"政府信息"的内涵和外延是正确适用《政府信息公开条

[①] 《政府信息公开条例》(2007年)第一条。需要补充说明的是,2019年4月3日国务院以国务院令第711号公布修订后的《政府信息公开条例》。修订后的《政府信息公开条例》自2019年5月15日起施行。根据法不溯及既往原则,本书所涉及的案例均应适用2008年5月1日起实施的《政府信息公开条例》。为避免误解,除直接援引行政法律文书和法院的裁判文书外,下文分别以《政府信息公开条例》(2007年)和《政府信息公开条例》(2019年)表示修订前后的《政府信息公开条例》。

例》(2007年)的前提。

《政府信息公开条例》(2007年)第二条规定:"本条例所称政府信息,是指行政机关在履行职责过程中制作或者获取的,以一定形式记录、保存的信息。"①根据这一规定,政府信息具有以下特征:

(一)政府信息在本质上是一种信息

"信息"一词在英文、法文、德文、西班牙文中均是"Information",在日文中为"情报",我国台湾地区称之为"资讯"。对信息的内涵,不同领域的专家有不同的解读。其中,经济管理领域的专家一般将信息视作提供决策的有效数据。从这一角度看,决策者掌握的信息的数量和质量直接决定了决策的质量。正因如此,信息成为决策者争夺的一种资源。

根据不同标准,信息可分成多种类型。其中,根据控制主体的差异,信息可分为私人信息、企业信息和政府信息等。作为政府信息,其控制主体是政府。这样,政府信息的范围,取决于"政府"这一概念的外延有多大。

(二)政府信息是在行政机关控制之下的信息

在我国,"政府"有广义、中义和狭义之分,前者能够囊括所有国家机构,后者仅指各级人民政府,中义的"政府"则与"行政机关"相等同。从《政府信息公开条例》(2007年)第二条的规定来看,该行政法规是在中义的意义上使用"政府",即特指行政机关。

那么,什么是行政机关?一般认为,行政机关是与权力机关、审判机关、法律监督机关、监察机关和军事机关相区别而称的一类国家机构,它依据宪法或组织法的规定,能够以自己的名义独立行使行政权并承担法律责任。根据管辖区域的不同,行政机关可分

---

① 《政府信息公开条例》(2019年)第二条将政府信息界定为"行政机关在履行行政管理职能过程中制作或者获取的,以一定形式记录、保存的信息。"

为中央行政机关和地方行政机关,前者如国务院、国务院组成部门、国务院直属机构、国务院部委管理的国家局,后者如省(自治区、直辖市)、市(设区的市、自治州)、县(县级市、自治县、区)、乡(民族乡、镇)等地方各级人民政府、县级以上人民政府的工作部门与直属机构以及行政公署、区公所和街道办事处等派出机关。

与此同时,《政府信息公开条例》(2007年)第三十六条规定:"法律、法规授权的具有管理公共事务职能的组织公开政府信息的活动,适用本条例。"这意味着,政府信息的控制主体并不限于行政机关,还包括法律、法规授权的具有管理公共事务职能的组织。目前,从表现形式上看,"法律、法规授权的具有管理公共事务职能的组织"可能是行政机关的内设机构、事业单位、基层群众自治组织、社会团体、行业协会,甚至可能是企业①。

本案中,蒋某某申请公开的是"2012年8月23日上午,虹口区旧改征收工作指挥部对天宝路×××弄×××号甲×××楼居民进行强制搬迁时,虹口公证处对虹口区天宝路×××弄×××号甲×××楼所做的财产保全的公证文件(含当天虹口区旧改征收工作指挥部对天宝路×××弄×××号甲×××楼进行强制搬迁时,对天宝路×××弄×××号甲×××楼居民家中财物进行登记清单及整个强制搬迁的视频录像)"。简言之,蒋某某申请公开的是公证文件和视频录像,二者的控制主体是虹口公证处。从性质上来看,根据《公证法》(2005年)第六条的规定,公证机构是依法设立,不以营利为目的,依法独立

---

① 如《武汉市轨道交通管理条例》(2012年9月25日武汉市第十三届人民代表大会常务委员会第五次会议通过,2012年12月3日湖北省第十一届人民代表大会常务委员会第三十三次会议批准)第五条第二款规定:"轨道交通运营单位负责轨道交通运营的日常管理,并依照有关法律、法规和本条例的规定实施行政处罚。"根据这一规定,作为企业的轨道交通运营单位享有一定的公共事务管理职能,因此也受《政府信息公开条例》的约束。

行使公证职能、承担民事责任的证明机构,既不是行政机关,也不是"法律、法规授权的具有管理公共事务职能的组织"。

(三)政府信息是行政机关在履行职责过程中制作或者获取的信息

从政府信息的产生方式上看,政府信息不仅包括行政机关在履行职责过程中制作的信息,还包括行政机关在履行职责过程中从其他机关、组织、个人那里获取的信息。简言之,政府信息包括制作类信息和获取类信息。

实践中,获取类信息主要与行政机关作出行政行为时的事实认定相关,而事实认定又是影响行政行为合法性与合理性的重要因素。如,《公证法》(2005年)第十九条规定:"从事法学教学、研究工作,具有高级职称的人员,或者具有本科以上学历,从事审判、检察、法制工作、法律服务满十年的公务员、律师,已经离开原工作岗位,经考核合格的,可以担任公证员。"第二十一条规定:"担任公证员,应当由符合公证员条件的人员提出申请,经公证机构推荐,由所在地的司法行政部门报省、自治区、直辖市人民政府司法行政部门审核同意后,报请国务院司法行政部门任命,并由省、自治区、直辖市人民政府司法行政部门颁发公证员执业证书。"这样,省级司法行政部门在审核公证员执业申请时,就会要求申请人提交从事法学教学、研究工作的证明与高级职称证书,或本科以上的学历证书与从事审判、检察、法制工作、法律服务满十年的证明等材料。如果申请人不符合法定条件而获得了公证员执业证书,则意味着审核行为违法。因此,涉及事实认定的获取类信息对于履行职责行为受到公众监督具有重要意义。另外,有些时候,获取类信息是行政机关履行职权的前提,如,根据《地方各级人民代表大会和地方各级人民政府组织法》第五十九条第(五)项的规定,县级以上的地方各级人民政府行使执行国民经济和社会发展计划的职权。同时,根据该法第八条第(二)项的规定,县级以上的地方各级人民代表大会行使审查和批准本行政区域内的国民经济和社会发展计划、预算以及它们执行情况的报告之职权。这样,县级以上的地方各级人民政府虽然不是本地国民经济和社会发展计划的制作主体,但在履行执行国民经济和社会发展计划的职权时,必然要从其所属的人民代表大会获取国民经济和社会发展计划①。当然,《政府信息公开条例》(2007年)将获取类信息纳入政府信息的范畴,也是对某些国家相关立法的借鉴,如《日本行政机关拥有信息公开法》将适用该法的行政文件定义为"行政机关的职员在职务活动中制作或获得的,供组织性使用的,且由该行政机关拥有的文书、图画以及电磁性记录"。

本案中,蒋某某向虹口区司法局申请公开的是虹口公证处制作的公证文件和视频录像。显然,这两项信息不是虹口区司法局在履行职责过程中制作的。那么,虹口区司法局在履行职责过程中,是否应当获取该信息?根据《公证法》(2005年)第五条的规定,司法行政部门依照《公证法》(2005年)规定对公证机构进行监督、指导。从《公证法》(2005年)的具体规定来看,司法行政部门在履行监督、指导职责时,并不必然要获取公证机构制作的公证文书和视频录像。

(四)政府信息应当是以一定形式记录、保存的信息

正是因为政府信息以一定形式予以记录、保存,所以保存者才可能将其公开。至于记录和保存的形式,既可以是纸质文件,也可以是胶卷、磁带、磁盘以及其他储存介质。对于没有载体的口头消息、社会传闻,则不属于政府信息。

---

① 也正因此,《政府信息公开条例》(2007年)第十条将"国民经济和社会发展规划"列为县级以上各级人民政府及其部门应当重点公开的政府信息。

本案中,虹口公证处制作的公证文书和视频录像分别以纸质文件和录像制品的形式存在,符合政府信息在表现形式方面的特征。

基于如上分析,笔者认为,虹口公证处制作的公证文书和视频录像是否属于政府信息具有不确定性——如果某一行政机关在履行职责过程中需要获取、并且客观上也获取了该信息,那么它就具有了政府信息的属性。但是,案涉公证文书和视频录像并不是虹口司法局在履行职责过程中必然要获取的信息。因此,至少在本案中,虹口公证处制作的公证文书和视频录像不是政府信息。

二、行政机关应当如何答复政府信息公开申请?

对当事人的政府信息公开申请,《政府信息公开条例》(2007年)第二十一条规定了四种答复方式:一是属于公开范围的,应当告知申请人获取该政府信息的方式和途径;二是属于不予公开范围的,应当告知申请人并说明理由;三是依法不属于本行政机关公开或者该政府信息不存在的,应当告知申请人,对能够确定该政府信息的公开机关的,应当告知申请人该行政机关的名称、联系方式;四是申请内容不明确的,应当告知申请人作出更改、补充。在这四种答复方式中,除第四种外,其余三种均是以当事人申请公开的信息是政府信息为前提的。

这便存在一个问题:当当事人申请公开的信息根本不属于政府信息时,行政机关应如何答复?遗憾的是,《政府信息公开条例》(2007年)对此未作规定。就本案而言,值得庆幸的是,《上海市政府信息公开规定》第二十三条第(三)项规定的恰恰是这种情形,即"申请内容不属于本规定的政府信息范围的,应当告知申请人并说明有关情况。"也正因此,本案中,法院在认定蒋某某申请公开的信息不属于政府信息时援引的法律依据是《政府信息公开条例》

（2007年）第二条和《上海市政府信息公开规定》第二条①，但在对答复方式进行评价时，则只援引了《上海市政府信息公开规定》第二十三条第（三）项。

司法行政执法提示

　　面对政府信息公开申请，司法行政机关首先需要根据《政府信息公开条例》的规定，判断申请人申请公开的信息是否是"政府信息"，然后再根据判断结果来确定答复方式。需特别说明的是，不属于本机关公开的信息，不一定不是政府信息。

（撰稿人：李春燕　江传堤）

---

① 《上海市政府信息公开规定》第二条与《政府信息公开条例》（2007年）第二条完全相同。

案例27　余某诉深圳市龙岗区司法局不履行政府
信息公开法定职责案①

案情

上诉人(原审原告):余某

被上诉人(原审被告):深圳市龙岗区司法局

余某于2015年11月3日通过邮政快递(EMS)方式,向深圳市龙岗区司法局提交政府信息公开申请书,深圳市龙岗区司法局已收到该申请。至2015年12月25日,深圳市龙岗区司法局仍未针对余某的申请作出处理,余某提起行政诉讼,请求之一是确认深圳市龙岗区司法局未在法定期限内对政府信息公开申请作出处理违法。余某提起行政诉讼后,深圳市龙岗区司法局于2016年1月13日向余某作出《关于政府信息公开申请的答复》:"根据《广东省政府信息依申请公开工作规程》第三条第二款的规定,我局认为您所申请公开的文件不属于政府信息公开的范围,特此函告。"余某确认收到该答复。

审理

一审法院经审理认为,《政府信息公开条例》第二十四条第一、二款规定,行政机关收到政府信息公开申请,能够当场答复的,应

---

① 来源:广东省深圳市中级人民法院(2016)粤03行终330号行政判决书。

当当场予以答复。行政机关不能当场答复的,应当自收到申请之日起15个工作日内予以答复;如需延长答复期限的,应当经政府信息公开工作机构负责人同意,并告知申请人,延长答复的期限最长不得超过15个工作日。本案中,深圳市龙岗区司法局作为行政机关,依法具有受理并处理余某政府信息公开申请的职责,深圳市龙岗区司法局未在法定期限内进行处理,而是在余某提起诉讼后,才对余某的申请作出答复,深圳市龙岗区司法局属拖延履行法定职责。为此,根据《行政诉讼法》第七十四条第二款第(三)项的规定,判决确认深圳市龙岗区司法局拖延履行法定职责违法,并驳回余某的其他诉讼请求。

余某对一审判决确认深圳市龙岗区司法局拖延履行法定职责违法无异议,对驳回其其他诉讼请求有异议,提起上诉,请求判决深圳市龙岗区司法局公开其申请的信息。

被上诉人深圳市龙岗区司法局答辩称:原审法院认定事实清楚,审判程序合法,应予维持。深圳市龙岗区司法局在一审期间已经对自己存在的工作过失及时纠正。

二审程序中,深圳市中级人民法院经审理认为,根据《政府信息公开条例》第二十四条第一、二款规定,行政机关收到政府信息公开申请,能够当场答复的,应当当场予以答复。行政机关不能当场答复的,应当自收到申请之日起15个工作日内予以答复;如需延长答复期限的,应当经政府信息公开工作机构负责人同意,并告知申请人,延长答复的期限最长不得超过15个工作日。本案中,上诉人于2015年11月3日向深圳市龙岗区司法局申请信息公开,而深圳市龙岗区司法局于2016年1月13日才对余某的申请进行回复,超过了法定期限,故被上诉人未在法定期限内对上诉人的政府信息公开申请作出处理的行为违法。本案审查的是被上诉人是否履行信息公开法定职责的问题,上诉人如对《关于政府信息公开申请的答复》内容

有异议应另行提起诉讼。判决驳回上诉,维持原判。

◆ 评析

本案是司法行政机关在法定期限内未对当事人的政府信息公开申请作出答复而引发的诉讼。面对公民、法人和其他组织的政府信息公开申请,司法行政机关应当在法定期限内,根据不同情形,作出适当答复。未经法定延期程序直接逾期答复的,将构成不作为违法。

一、政府信息公开申请的答复期限是怎样的?

期限是行政程序的重要构成要素。在法定期限内履行职责,是依法行政原则对行政机关提出的基本要求。在实践中,公民、法人或其他组织申请政府信息公开的原因虽各不相同,但都期待行政机关能够尽快答复。而且,某些时候,行政机关答复时间的早晚,可能直接影响到公民、法人和其他组织相关合法权益的维护。为此,《政府信息公开条例》(2007年)对行政机关答复政府信息公开申请的期限做出了明确规定。

根据《政府信息公开条例》(2007年)第二十四条的规定,行政机关答复政府信息公开申请的期限如下:

第一,当场答复。行政机关收到政府信息公开申请后,对于能够当场答复的,应当当场予以答复。

第二,限期答复。行政机关不能当场答复的,应当自收到申请之日起15个工作日内予以答复。

第三,延期答复。行政机关在15个工作日内无法答复的,可以延期答复,但延长答复的期限最长不得超过15个工作日[①]。延期答

[①] 《政府信息公开条例》(2019年)第三十三条第二款规定,限期答复的时限为"20个工作日",延期答复最长不得超过"20个工作日"。

复时,必须遵守如下规则:一是在内部程序上,应当经政府信息公开工作机构负责人同意。二是在外部程序上,应当告知申请人。对于具体的告知内容,《政府信息公开条例》(2007年)未作规定。理论上,行政机关应当告知申请人延期答复的事由和延长答复的期限。

二、如何计算政府信息公开申请的答复期限?

在计算政府信息公开申请的答复期限时,应当遵循如下规则:

第一,答复期限从行政机关收到公民、法人或其他组织的申请之日起计算。这意味着,从申请人提交申请至行政机关收到申请之间的"在途期间"不计算在内。"到达主义"规则的确立,符合客观实际。试想,行政机关在没有收到当事人的政府信息公开申请的情况下,怎么可能作出答复呢?司法实践中,在判断行政机关是否"收到"政府信息公开申请时,人民法院倾向于持有利于申请人的立场。具体来说,各行政机关根据《政府信息公开条例》(2007年)第四条的要求,将指定机构(以下统称政府信息公开工作机构)负责本行政机关政府信息公开的日常工作。不过,行政机关内部的工作分工并不具有对抗申请人的效力。换言之,社会公众无须知晓行政机关内部哪个机构是政府信息公开工作机构,只需向行政机关提出政府信息公开申请即可。只要行政机关收到政府信息公开申请,就开始计算答复期限。申请人当面提交政府信息公开申请的,以提交之日为收到申请之日;申请人以邮寄方式提交政府信息公开申请的,以行政机关签收之日为收到申请之日;申请人通过政府信息公开工作机构的传真提交政府信息公开申请的,以双方确认收到之日为收到申请之日。收到政府信息公开申请后,行政机关应当做好登记,以便在诉讼中证明自身是否在法定期限内作出了答复①。

第二,答复政府信息公开申请的期限是工作日,不是自然日。申请人可能不了解工作日与自然日的区别,因此,在可能的情况下,行政机关可以向申请人进行必要的说明,以消除申请人的误解。

第三,申请公开的政府信息涉及第三方权益时,行政机关应当书面征求第三方意见。行政机关书面征求第三方意见的期间不计算在前述政府信息公开申请的答复期限内。由于申请人未必知道行政机关将书面征求第三方意见,从建设服务型政府的角度看,即便《政府信息公开条例》(2007年)未要求行政机关把向第三方征求意见这一事实告知申请人,行政机关也可以告知申请人。同时,对第三方的答复期限和逾期答复的处理,《政府信息公开条例》(2007年)未作规定,《政府信息公开条例》(2019年)第三十二条则规定:"第三方应当自收到征求意见书之日起15个工作日内提出意见。第三方逾期未提出意见的,由行政机关依照本条例的规定决定是否公开。"

本案中,余某于2015年11月3日向深圳市龙岗区司法局申请政府信息公开,而深圳市龙岗区司法局于2016年1月13日才对余某的申请进行回复。从庭审情况看,深圳市龙岗区司法局并未因余某申请公开的信息涉及第三方的商业秘密、个人隐私而向第三

---

① 《政府信息公开条例》(2019年)第三十一条明确规定了行政机关收到政府信息公开申请的时间的确定规则,即:(一)申请人当面提交政府信息公开申请的,以提交之日为收到申请之日;(二)申请人以邮寄方式提交政府信息公开申请的,以行政机关签收之日为收到申请之日;以平常信函等无需签收的邮寄方式提交政府信息公开申请的,政府信息公开工作机构应当于收到申请的当日与申请人确认,确认之日为收到申请之日;(三)申请人通过互联网渠道或者政府信息公开工作机构的传真提交政府信息公开申请的,以双方确认之日为收到申请之日。

方书面征求意见,也未向余某告知将延长答复期限。在这种情况下,深圳市龙岗区司法局依法应当在收到余某的政府信息公开申请后15个工作日内作出答复。逾期答复的,应当被确认违法。同时,考虑到深圳市龙岗区司法局已于2016年1月13日对余某的申请进行了回复,法院也就没有必要判令其在规定期限内依法履行答复职责。至于余某对答复内容不满意一事,已经属于另一争议,法院驳回其诉讼请求具有合法性。

司法行政执法提示

　　面对公民、法人或其他组织的政府信息公开申请,司法行政机关应当在法定期限内作出答复。即便申请人申请公开的信息不是政府信息,或者不是依法应当公开的政府信息,司法行政机关也要在规定期限内作出答复。凡是未在规定期限内作出答复的,都属于不履行法定职责,构成行政不作为违法。

（撰稿人:李春燕　江传堤）

案例28　黄某诉长沙市司法局不履行信息公开法定职责案[①]

案情

上诉人(原审原告):黄某

被上诉人(原审被告):长沙市司法局

2013年11月13日,黄某通过邮寄的方式向长沙市司法局递交了政府信息公开申请表,申请公开长沙市雨花区人民法院阳某法官和徐某某法官的《法律职业资格证书》。2013年11月15日,长沙市司法局签收该邮件,签收人为伍某并加盖单位收发章。长沙市司法局收到该邮件后未就黄某的政府信息公开申请在规定时间内作出答复。2014年2月27日,黄某提起行政诉讼,请求法院确认长沙市司法局不履行政府信息公开义务的行政行为违法,责令长沙市司法局限期公开原告申请公开的政府信息。2014年3月7日,长沙市司法局作出《关于对黄某申请查询阳某和徐某某法律职业资格证书一事的回复》,要求提供查询人的身份证号码,并于当日采用EMS邮政特快专递的方式邮寄送达给黄某,黄某于2014年3月10日收到了该邮件。2014年3月12日,法院立案受理该案。

[①] 来源:湖南省长沙市天心区人民法院(2014)天行初字第27号行政判决书;湖南省长沙市中级人民法院(2014)长中行终字第00289号行政判决书。

◆◆◆ 审理

一审法院判决认为,根据《政府信息公开条例》第二十四条第一款、第二款的规定,被告长沙市司法局作为行政机关在收到原告黄某政府信息公开申请后,负有在法律规定的期限内进行答复的义务。被告长沙市司法局在2013年11月15日收到原告黄某的信息公开申请后,直至2014年3月7日才向原告黄某作出了信息公开答复。该答复行为超过了《政府信息公开条例》规定的最长答复期限。但被告长沙市司法局在本院立案受理之前已向原告黄某作出了回复,履行了政府信息公开的法定职责,原告黄某请求法院确认被告不履行信息公开义务的行政行为违法并判令被告限期公开政府信息的诉讼请求,无事实与法律依据,不予支持。据此,依照《政府信息公开条例》第二十四条第一款、第二款,《最高人民法院关于审理政府信息公开行政案件若干问题的规定》第十二条第(八)项之规定,判决驳回原告黄某的全部诉讼请求。

黄某不服一审判决,提出上诉,认为被上诉人未在法定期限内履行信息公开职责的行为违法。被上诉人长沙市司法局答辩称,答辩人在法院立案前依法对上诉人黄某的信息公开申请进行了答复,行政行为合法有效。

二审法院经审理认为,本案审查的是被上诉人长沙市司法局是否履行了信息公开的法定职责,即其作出的《关于对黄某申请查询阳某和徐某某法律职业资格证书一事的回复》是否符合法律规定。根据《政府信息公开条例》第二十一条第(四)项的规定"对申请公开的政府信息,行政机关根据下列情况分别作出答复……(四)申请内容不明确的,应当告知申请人作出更改、补充",被上诉人告知上诉人,要查询相关人员的法律职业资格证书,需提供查询人的身份证号码。被上诉人答复内容并无不当。

根据《政府信息公开条例》第二十四条第一、二款的规定："行政机关收到政府信息公开申请,能够当场答复的,应当当场予以答复。行政机关不能当场答复的,应当自收到申请之日起15个工作日内予以答复;如需延长答复期限的,应当经政府信息公开工作机构负责人同意,并告知申请人,延长答复的期限最长不得超过15个工作日"。本案中,被上诉人于2013年11月15日收到上诉人的信息公开申请,却迟至2014年3月7日才向上诉人作出回复。该答复行为超过了法定答复期限,有一定的瑕疵。

综上,被上诉人长沙市司法局已经履行了信息公开的法定职责,其作出的《关于对黄某申请查询阳某和徐某某法律职业资格证书一事的回复》符合法律规定,虽有瑕疵,但不影响其答复行为的合法性认定。原审判决认定事实清楚,适用法律正确,审判程序合法。最终,判决驳回上诉,维持原判。

◁ **评析**

本案是司法行政机关未在法定期限内对政府信息公开申请作出答复而引发的诉讼。本案值得讨论的问题主要有两个:

一、规定期限内未答复政府信息公开申请的行为是否合法?

根据《政府信息公开条例》(2007年)第二十四条第二款和第三款的规定,行政机关收到政府信息公开申请不能当场答复的,应当自收到申请之日起15个工作日内予以答复;如需延长答复期限的,应当经政府信息公开工作机构负责人同意,并告知申请人,延长答复的期限最长不得超过15个工作日。申请公开的政府信息涉及第三方权益的,行政机关征求第三方意见所需时间不计算在本条前述期限内。

本案中,长沙市司法局于2013年11月15日收到黄某的政府信息公开申请,却迟至2014年3月7日才作出回复,而这已经超出了

《政府信息公开条例》(2007年)规定的答复期限。对这一事实,一审法院和二审都予以确认。同时,黄某起诉时,长沙市司法局并未作出答复,黄某因此而诉请确认长沙市司法局在规定期限内不予答复的行为违法。但是,奇怪的是,两级法院审查的并不是长沙市司法局没有在规定期限内作出答复的行为,而是长沙市司法局逾期作出答复的行为——一审法院认为"被告长沙市司法局在本院立案受理之前已向原告黄某作出了回复,履行了政府信息公开的法定职责";二审法院认为"本案审查的是被上诉人长沙市司法局是否履行了信息公开的法定职责,即其作出的《关于对黄某申请查询阳某和徐某某法律职业资格证书一事的回复》是否符合法律规定""该答复行为超过了法定答复期限,有一定的瑕疵""但不影响其答复行为的合法性认定"。如果一审法院的理由成立,那就意味着,行政机关只要在法院立案受理之前对申请人的政府信息公开申请作出答复,就属于"履行了政府信息公开的法定职责"。这样一来,《政府信息公开条例》(2007年)第二十四条关于政府信息公开申请答复期限的规定就形同虚设。因此,一审法院认为长沙市司法局已经"履行了政府信息公开的法定职责"的观点值得商榷。与一审法院相比,二审法院虽对长沙市司法局的行为给予了负面评价——"有一定的瑕疵",但最终结论却是"不影响其答复行为的合法性认定"。然而,《行政诉讼法》(1989年)第五十四条第(二)项列出了行政行为违法应当判决撤销或部分撤销并可以判决被告重新作出具体行政行为的五种情形,其中第三种情形是"违反法定程序"。同时,行政机关行使职权的步骤、顺序、期限和方式被认为是构成行政程序的基本要素。因此,从规范角度看,逾期答复行为客观上已构成"违反法定程序",直接影响行政行为的合法性认定。在这种情况下,二审法院以长沙市司法局"作出的《关于对黄某申请查询阳某和徐某某法律职业资格证书一事的回复》符合法律规定,虽有瑕疵,但不影响其答复行为的合法性认定"为由判决驳回上诉、维持原判,着实令人费解。总之,两级法院不仅偏离了黄某的起诉对象,而且对逾期答复行为的合法性的判定已不具有法律依据。确切地说,二审法院援引《最高人民法院关于执行〈行政诉讼法〉若干问题的解释》(1999年11月24日最高人民法院审判委员会第1088次会议通过,法释〔2000〕8号)第五十七条第二款第(一)项"有下列情形之一的,人民法院应当作出确认被诉具体行政行为违法或者无效的判决:(一)被告不履行法定职责,但判决责令其履行法定职责已无实际意义的……"之规定,判决确认长沙市司法局未在规定期限内作出政府信息公开申请答复的行为违法更妥当。毕竟,长沙市司法局已经对黄某的政府信息公开申请作出了答复。

总之,笔者认为,行政机关未在法定期限内对政府信息公开申请作出答复,就构成了不履行法定职责违法。至于逾期答复,同样构成违法。对于法院来说,应当根据原告的诉讼请求来确定被诉行政行为并进行审查,而不应直接审查逾期答复行为。这非常类似于被告在原告起诉后变更了行政行为时,法院应如何确定审查对象的问题,即充分尊重原告的选择。原告不同意变更的,就只能审查原行政行为。就本案展示的案情而言,并未显示黄某将其起诉的行为变更为长沙市司法局的逾期答复行为。相应地,法院就应对长沙市司法局未在规定期限内对政府信息公开申请作出答复的行为进行审查,并判决确认违法。

二、政府信息公开申请的答复内容包括哪些?

对申请公开的政府信息,《政府信息公开条例》(2007年)第二十一条规定了四种答复内容:一是属于公开范围的,应当告知申请人获取该政府信息的方式和途径;二是属于不予公开范围的,应当告知申请人并说明理由;三是依法不属于本行政机关公开或者该政府信息不存在的,应当告知申请人,对能够确定该政府信息的公开机关的,应当告知申请人该行政机关的名称、联系方式;四是申请内容不明确的,应当告知申请人作出更改、补充。

本案中,二审法院抛开长沙市司法局逾期答复这一因素,对答复内容进行了审查,认为长沙市司法局告知黄某"要查询相关人员的法律职业资格证书,需提供查询人的身份证号码",这一告知内容"并无不当",其依据是《政府信息公开条例》(2007年)第二十一条第(四)项的规定,即"对申请公开的政府信息,行政机关根据下列情况分别作出答复……(四)申请内容不明确的,应当告知申请人作出更改、补充"。那么,《政府信息公开条例》(2007年)第二十一条第(四)项之"申请内容不明确"是否包含申请人(本案中的查询人)自身的信息不明确?从该条的行文看——"对申请公开的政府信息"根据情况作出不同答复,其中"申请内容不明确"指的应是申请人申请公开的政府信息的内容不明确,而不是申请人自身的信息不明确。因此,从严格意义上来说,《政府信息公开条例》(2007年)第二十一条第(四)项并不适用于本案。与此同时,关于政府信息公开申请的内容,《政府信息公开条例》(2007年)第二十条第二款规定:"政府信息公开申请应当包括下列内容:(一)申请人的姓名或者名称、联系方式;(二)申请公开的政府信息的内容描述;(三)申请公开的政府信息的形式要求。"可见,政府信息公开申请的内容比较广泛,包括申请人自身的信息。而且,实践中,确实存在申请人信息不明确而需要补充的情形。《政府信息公开条例》(2019年)对补正告知和答复做了区分,更为合理。第三十条规定:"政府信息公开申请内容不明确的,行政机关应当给予指导和释明,并自收到申请之日起7个工作日内一次性告知申请人作出补正,说明需要补正的事项和合理的补正期限。答复期限自行政机关收到补正的申请之日起计算。申请人无正当理由逾期不补正的,视为放弃申请,行政机关不再处理该政府信息公开申请。"第三十六条规定:"对政府信息公开申请,行政机关根据下列情况分别作出答复:(一)所申请公开信息已经主动公开的,告知申请人获取该政府信息的方式、途径;(二)所申请公开信息可以公开的,向申请人提供该政府信息,或者告知申请人获取该政府信息的方式、途径和时间;(三)行政机关依据本条例的规定决定不予公开的,告知申请人不予公开并说明理由;(四)经检索没有所申请公开信息的,告知申请人该政府信息不存在;(五)所申请公开信息不属于本行政机关负责公开的,告知申请人并说明理由;能够确定负责公开该政府信息的行政机关的,告知申请人该行政机关的名称、联系方式;(六)行政机关已就申请人提出的政府信息公开申请作出答复、申请人重复申请公开相同政府信息的,告知申请人不予重复处理;(七)所申请公开信息属于工商、不动产登记资料等信息,有关法律、行政法规对信息的获取有特别规定的,告知申请人依照有关法律、行政法规的规定办理。"

司法行政执法提示

司法行政机关应当在《政府信息公开条例》规定的期限内对政府信息公开申请作出答复,这是其应当履行的法定职责。不管申请人申请公开的是否是政府信息,以及是否是应当公开的政府信息,司法行政机关都没有拖延答复的权力。

(撰稿人:李春燕　江传堤)